図解即戦力

オールカラーの豊富な図解と
丁寧な解説でわかりやすい!

EC担当者の

実務と知識が
しっかりわかる
教科書

改訂2版

これ1冊で

株式会社これから 著
COREKARA Inc.

JN010405

技術評論社

Contents

Chapter 1 ECの基礎知識とEC担当者のお仕事

Chapter 2 ECビジネスで知っておきたいこと

Chapter 4 ECサイトの集客方法＜SEO&SNS編＞

Chapter 5 ECサイトの集客方法＜ウェブ広告編＞

Chap

1

ECの基礎知識とEC担当者のお仕事

指先ひとつで欲しいものがすぐに購入できるECサイト。

ここでは「ECとは何か」や「市場動向」などの

基本的な知識から、販売や販促、

お客様対応などEC担当者として

具体的に知っておきたい業務を紹介しています。

SECTION 01

国内EC市場の概要と歴史

そもそもECサイトとは？

EC業界の市場規模は年々伸びています。欲しい物がすぐに購入できることから、現在の人々の生活に欠かせない重要なインフラとなっています。

市場規模が伸び続けるEC業界

ECとは「Electronic Commerce」の略で、日本語では「電子商取引」と訳します。馴染みのある言葉で表現すると「ネットショップ」のことです。ECの中には、商品が実際に送られてくる物販ECと、電子書籍や音楽のようなダウンロード販売などの非物販ECがあります。一般的にECサイトといえば、物販ECを指すことが多く、本書でも主に物販ECについて解説します。

国内のBtoC-EC市場規模は2022年時点で22.7兆円となり、コンビニの市場規模12.7兆円をはるかに超えています。コロナ渦の影響で市場規模を大きく伸ばしましたが、今後の伸びも大いに期待されています。

市場の拡大に併せて新規参入も

日本のECサイトはEC先進国のアメリカと比較しても歴史が古く、1997年の楽天市場の開業をきっかけに参入企業が増えました。2000年代前半にPCやネット環境の普及により、さらに増えます。そして**2010年代のスマホの普及によって加速的にECは世の中に広がり**ました。**BtoC**や**BtoB**の業態だけではなく、**CtoC**のジャンルにおいても多くの人が参入しています。

現在、ECサイトは、欲しい物がすぐに購入できるサービスであり、生活を支える重要なインフラです。また、その発展とともに人々のライフスタイルをより豊かにするものとして、欠かすことのできない存在となっているのです。

BtoB　BtoC　CtoC
ECは顧客対象の違いから3つに分けられる。企業同士で行う取引のBtoB EC、ネットショップ企業と一般消費者間の取引のBtoC EC、オンラインオークションなどの消費者同士の取引のCtoC ECで、それぞれシステムも違う。

国内EC業界の主なできごと

1997年	エム・ディー・エム（現 楽天株式会社）が「楽天市場」を開始 ヨドバシカメラ、ノジマ、カゴメ、味の素などの大手企業が同時期にECを開始
1999年	Eストアー創業（独自ドメインのカートシステムのスタート）。「Yahoo! ショッピング」「Yahoo! オークション（現 ヤフオク!）」がサービス開始
2000年	Amazonが日本上陸。本販売のECを開始
2002年	Amazonマーケットプレイス開始
2003年	futureshopが自社ECのASPカートを提供開始。ADSLの普及
2004年	MakeShopが自社ECのASPカートを提供開始。ZOZOTOWN運営開始
2005年	カラーミーショップが自社ECのASPカートを提供開始。個人情報保護法施行
2008年	SoftbankがiPhone販売開始 Amazonがフルフィルメント（P.60）開始、取引高1兆円を突破
2009年	お取り寄せブーム、訳アリ商品が好調 消費者庁発足。ECの普及とともに消費者保護の動きが強まる
2010年	Yahoo!がGoogleの検索エンジンへ移行
2012年	無料でECサイトが開設できる「BASE」「STORES.jp」開始
2013年	Yahoo! ショッピングが出店料を無料化。フリマアプリ「メルカリ」開始
2014年	スマホの契約数がガラケーを抜く。Instagram日本語版ローンチ スマホ・SNSの爆発的普及がECの売上に貢献
2015年	Amazon Pay提供開始。ID決済の普及へ
2017年	Shopify日本上陸。TikTokサービス開始。ライブコマースの開始相次ぐ
2019年	ウェブ広告費が、TVを含む4マス広告を上回る。ECへの活用が大きく貢献
2020年	緊急事態宣言下、巣籠り消費によりEC化が促進。EC化率が30%伸びる
2022年	ChatGPTの登場で、EC業界へも生成AI活用の流れが広がる

SECTION 02

国内EC市場の推移と世界との比較

まだまだ成長する！ EC市場の動向

国内EC市場は25年で約11,000倍に拡大し、今後も成長が期待されています。ECは既に生活の一部に浸透しており、なくてはならない存在になりました。とはいえEC化率が10%に満たない日本のECマーケットは伸びしろが大いにあります。

25年で約11,000倍に拡大したマーケット

1998年に20億円だったBtoCのEC市場は、2022年には22兆7千億円と25年間で約11,000倍に拡大しています。2035年には30兆円を超えるという予測結果も出ており、今後も伸びる市場であると考えられます。昨今の分野別に見てみると、最もなじみのある物販系分野が、2019年から2022年のわずか3年間で30%以上の伸びを見せています。これはコロナ渦で実店舗へ買い物に行けなかった分、ECで買い物をする人が増え大きく数字を伸ばしたのは明らかですが、利便性を体験したことによりコロナ終息後もECが活用されています。

高齢者層へのECの浸透や、ECネイティブ世代が大人になっていくにつれ、EC人口はさらに伸びていくことが予想されます。また、即日･翌日配送やAR･VR技術を用いた商品シミュレーション、チャットやライブコマースといった便利な販売手法も浸透していくため、よりEC市場が拡大していくと想定されます。

EC化が進んでいない業界も

日本の市場規模は現在世界で第4位ですが、1位の中国とは14倍もの差があります。またECに対応していない企業も全体の90%以上を占め、他国と比べEC化が進んでいません。特に食品業界や医薬品業界は、市場の規模に対しEC化が遅れています。法規制の改善や物流の問題を解決することで、暮らしをもっと豊かにするEC化のポテンシャルがあるのが日本という国なのです。

過去18年間のBtoC EC市場規模の推移

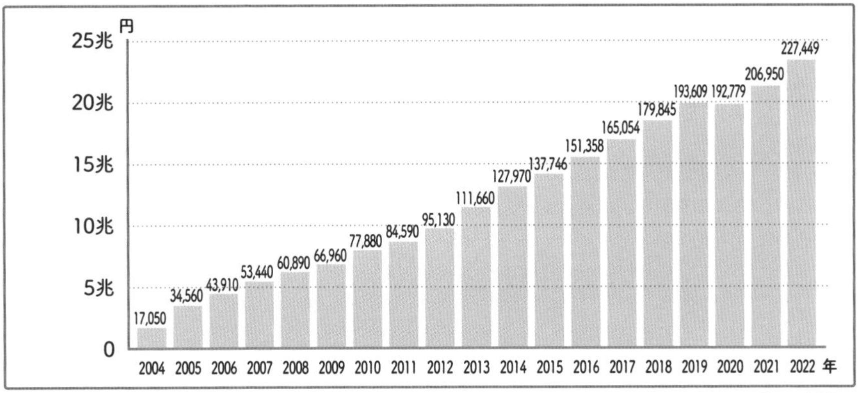

※「これから」調べ

BtoC EC分野別に見る市場の対前年伸び率

ECの種類	2019年	2022年	伸び率
A.物販系分野	10兆515億円 （EC化率6.76%）	13兆9,997億円 （EC化率9.13%）	32.35%
B.サービス系分野	7兆1,672億円	6兆1,477億円	−14.22%
C.デジタル系分野	2兆1,422億円	2兆5,974億円	21・25%
総計	19兆3,609億円	22兆7,449億円	17.4%

出所：経済産業省の最新の調査結果より：令和2年度電子商取引に関する市場調査・令和4年度電子商取引に関する市場調査

世界の市場規模ランキング

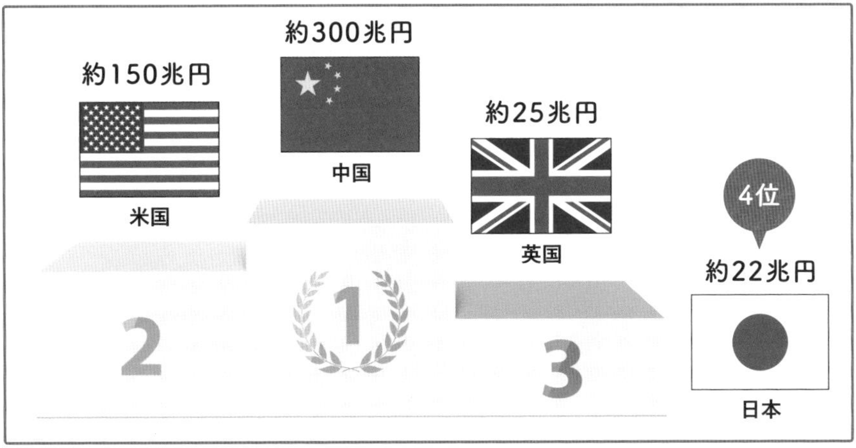

※2023年「これから」調べ

SECTION 03

ECビジネス・進化のキーワード

2030年代 ECはさらに進化する

ECという概念が生まれて約25年。インターネットを通じ、世界中のものを指先ひとつで買えるようになりました。まさに買い物革命です。そして次の10年でECはさらに進化し、より密接に生活と関わってくるでしょう。

2030年代　キーワードはAIと6G

ググる
検索エンジンの「Google」で検索をかけること。もとの単語と発音が似ており、短くて言いやすいことから、普及した。

2030年代には「**ググる**」という言葉がなくなるかもしれません。今までのネットショッピングでは、検索エンジンで検索をかけ、欲しいものを探し、比較検討するといったプロセスを踏んでいました。しかし、レビューの発達やSNSの普及により、「検索をしてものを探す」機会はどんどん減ってきています。今後この流れは、AIの発達によってさらに加速していくでしょう。つまり、最適化されたAIが、好みの傾向や、欲しいものの特徴を伝えなくても、あなたの**購買履歴や行動データをもとに、世界中のECサイトから心躍る商品を探し出してくれる**のです。自ら「検索する」という作業から解放され、優秀なコンシェルジュが誰にでもつくような購買体験が、もうじき実現されようとしています。EC事業者の立場から見ると、より一層商品の魅力を伝えたり、購買者とつながったり、購入後の体験を発信したりできるかが、次の購買者獲得へのポイントとなります。

6G
「第6世代移動通信システム」のこと。特徴として100Gbps以上のスピードでデータの伝送が行えること。多人数が同時に接続して情報の共有ができ、通信エリアや通信速度を意識する必要がなくなると見込まれる。

そして、このAI革命を支えるのが、次世代通信の**6G**です。2020年に5G通信が始まり、より多くのデータが瞬時に転送できるようになりました。2030年の実用化に向け開発が進んでいる6G時代には、さらに100倍の情報を消費者に届けることができるのです。たとえば、実店舗を仮想現実に表示し、来店しなくても実際に店内にいるかのような購買体験が可能になります。買い物に必要な情報がオンラインとオフラインの垣根なく、瞬時に行き交う時代になるのです。

O2OとOMOの違い

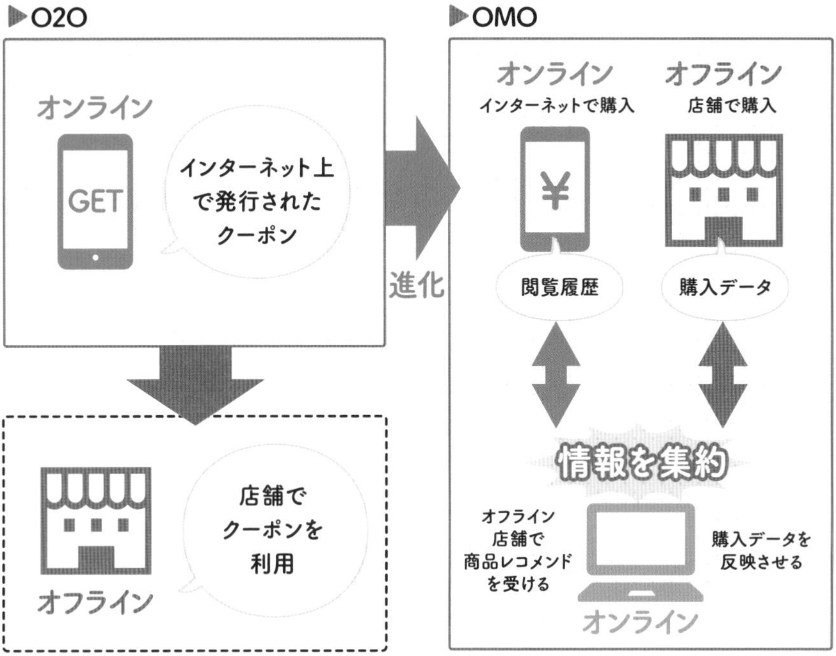

O2OからOMOへ

O2O（Online To Offline）とは、オンラインで得られた情報をオフラインでも活用していくという概念です。オンラインクーポンをオフライン店舗で使用する施策などが代表例です。この場合、あくまでもオンラインの世界とオフラインの世界を別々に捉えています。この O2O の進化系が、**OMO**（Online Merges with Offline）です。これは直訳すると「オンラインとオフラインの融合」を意味します。オフラインでの購入データをオンラインへ反映させたり、オンラインでの閲覧履歴を元にオフライン店舗で商品レコメンドを受けたりと、**オンラインとオフラインの垣根なく、買い物をますます便利にしていく**概念です。ユーザーに心地よく購入体験を積んでもらえるかが今後の成長のポイントになるでしょう。

O2O
ネット上（オンライン）からネット以外の店舗など（オフライン）での行動へと促す施策のこと。マーケティングの効果を測定しやすく、IT に詳しくない人でも効果を実感・把握できる利点がある。

OMO
「ネット」と「ネット以外」という垣根にこだわらず、人がモノやサービスに触れて得られる体験や経験を主軸に考えるマーケティングのひとつ。購入に関する行動をデータとして蓄積し、業務効率化やサービスの充実を図る。

SECTION 04

EC担当者のお仕事①

EC担当者の基本的な販売業務

EC 担当者の販売業務は、実店舗での業務とほとんど変わりません。ただし EC サイトでのお客様とのやり取りは「メール」が中心。お客様の満足度を高めるためにも 3 種類のメールを送ることが大切です。

ECサイトであっても実店舗と同様の作業が必須

EC サイトの運営における基本業務を、実店舗での必要業務に置き換えて考えてみましょう。実店舗の場合「商品の仕入れ・陳列」を行い、お客様に「商品案内」をし、「注文を受け」「代金を受け取り」「商品を渡す」というのが基本的な業務です。EC サイトにおいても、やり取り自体がウェブを介したものになりますが、実際に行う業務としては変わりません。

まず「商品の仕入れ・陳列」です。これは、販売する商品を実店舗同様に仕入れる作業と、EC サイト上に登録する作業です。商品名や価格、**在庫数**などをサイト上に登録することが陳列作業になります。また、商品を陳列する際に大切なのが「商品案内」です。実店舗であれば、商品を手に取ってもらったり、店員に直接相談していただいたりすることができます。しかし、EC サイトはそのような「商品案内」ができません。そのため、**実店舗で購入する際によく問い合わせがあるような項目について、EC サイト内に追加記載することが大切**です。

在庫数
実店舗と EC サイトの両方を運営している場合は、在庫数が双方で合致するように管理することが大切。

次は「注文を受け」「代金を受け取り」ます。注文が入ると運営者に注文内容がメールで届きます。後述しますが、注文を受けたら「注文確認メール」、代金を受け取ったら「入金確認メール」を送ります。

最後に「商品を渡す」作業です。契約をしている宅配業者に商品の配送を依頼します。なお、商品を配送する際は納品書を添付するのが一般的です。

ECサイトでの販売業務の流れ

1 商品の仕入れとECサイトへの登録
ECサイトで販売するための商品の仕入れと、ECサイトへの登録を行う。

2 受注内容の確認
注文があると、注文内容が記されたメールが届く。その際に配送先や決済方法、配送希望日を確認する。お客様に注文内容の確認メールを送付する。

3 入金確認
クレジットカード払い、後払い、代引きの場合はすぐに商品配送。銀行振込、コンビニ決済の場合は入金の確認を行う。入金が確認できた段階で、入金確認のメールを送付する。

4 在庫の確認と商品ピックアップ
在庫を確認し、配送する商品をピックアップする。

5 商品の検品作業、梱包
配送する商品を検品し、問題がなければ梱包を行う。その際、熨斗（のし）やラッピングなどが必要かどうか注意する。

6 配 送
指定の配送業者に依頼し配送する。

7 商品配送のメール
商品の配送をお客様へメールで送信する。

注文後に送付する3種類のメール

ECサイトではお客様とのやり取りは「メール」が中心になります。そのため、**お客様の満足度を高めるためにもメールは大切なツール**であり、注文から商品が配送されるまでに3種類のメールを送ります。

最初に必要なのが、①「注文確認メール」です。お客様は購入ボタンを押した際、正しく注文できているか不安を覚えます。お客様からの注文を確認したら、すぐにメールを送りましょう。

次に②「入金確認メール」を送ります。入金が確認できたタイミングで、メールを送ります。クレジットカード払いの場合は注文時にすぐ送付できますが、銀行振込の場合は入金の確認後に送付します。

そして最後に③「配送メール」です。配送会社の配送状況が確認できるURLを載せておきます。

SECTION 05

EC担当者のお仕事②

EC担当者が行うべき販促業務

EC 担当者は商品登録や配送作業という基本的な業務以外に、売上を上げるための施策を考えます。EC サイトを立ち上げただけでは、思うように売上は伸ばせないかもしれません。他の EC サイトを研究し、他社が行う施策を積極的に取り入れましょう。

競合調査と施策の分析で売上を伸ばす

EC 担当者にとって、サイトに商品の登録をし、受発注業務や配送処理を行うことは最低限必要な業務です。しかし本当に大切なのは、**EC サイトの売上を伸ばすための販売計画を立て、日々施策を実行する**ことです。

ベンチマークとなる競合他社の EC サイトをいくつかピックアップすることが売上アップへの近道です。それらのベンチマークサイトが行っていて、自社がやっていない施策をピックアップしてみましょう。

ベンチマーク
水準点や基準、指標を意味し、もともとは測量において水準点を表す言葉。比較対象となる他社の考察や展開方法を指標に、自社の問題点や改善点を洗い出すこと。

実際に商品を購入してサービスを体験する

ポイントは実際にその EC サイトで購入してみることです。①EC サイト内のどの部分を見て購入意欲が湧くか、②商品を購入してから到着するまでにどういったメールがどのタイミングで届くか、③同梱物はどのようなものが付いてくるか、④日々の更新内容など、競合サイトをさまざまな視点で研究することが大切です。そのうえで、**自社でも実施できる施策を積極的に取り入れて**いきましょう。

施策を取り入れたら、その 1 つひとつの施策の結果を分析していきましょう。仮に競合サイトが成功している施策であっても、自社に落とし込んだ際、必ずしも成功するとは限りません。そのため各施策を実際に行い、結果を確認し、**PDCA** をまわしていくことが、EC 担当者において最も大切な業務となります。

PDCA
Plan（計画）、Do（実行）、Check（評価）、Action（改善）の 4 つの頭文字を取ったもの。業務効率化の方法のひとつで、P → D → C → A → P…という順番で業務を行う（サイクルをまわす）ことで、成果の改善や仕事の効率化を実現する。

販促業務のPDCA

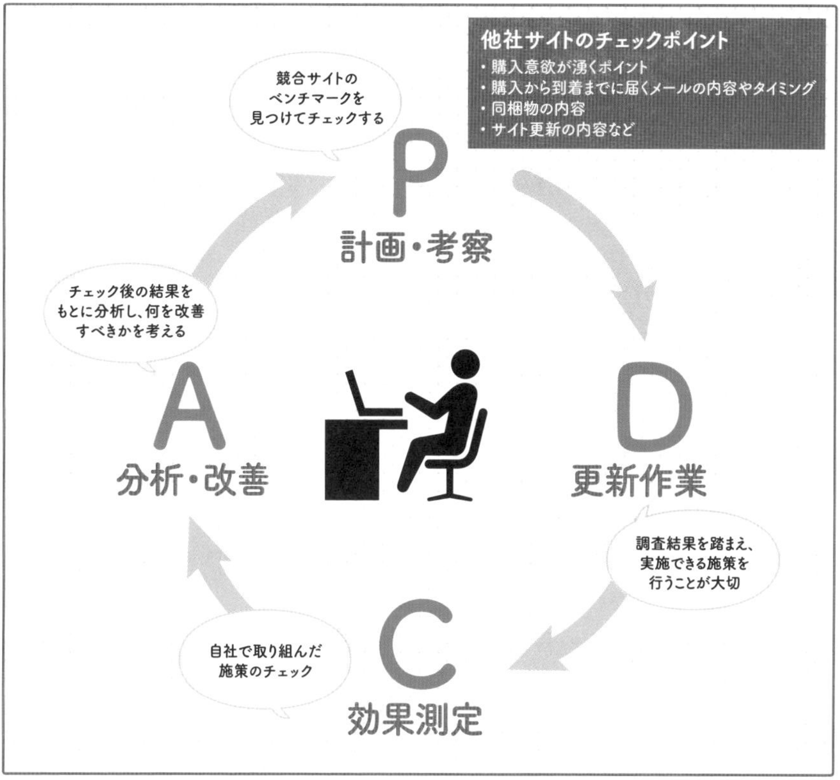

売上が伸びた理由を分析し、再現性の高い施策を

ECサイトを立ち上げただけでは、予想通りに売上が伸びるとは限りません。しかし、安心して下さい。正しく集客対策を行い、お客様が買いたいと思う魅力的なECサイトを更新し続けることで売上は上がっていきます。結果を分析し、ECサイトの売上がなぜ上がらないかだけでなく、**売上が上がっている理由も明確にする**ことが大切です。

そして、何の対策を行えば、どれだけ売上が伸びるかというデータを明確にし、再現性が高い施策をいくつか用意することが、より大切になります。

SECTION 06

EC担当者のお仕事③

サイト運営で必須のお客様対応

ECサイトは対面での接客ができないため、より丁寧でかつ素早い対応が好ましいとされています。ECサイトへの問い合わせが多いと他の業務に支障をきたすため、FAQページを充実させるなど、お客様対応への対策を事前に行うことも必要です。

問い合わせに対するECならではの注意点

ECサイトへの問い合わせの代表的な例は、右の図に挙げられます。実店舗と違い対面での対応ができない分、より丁寧でかつ素早い対応を心がけます。特に**メールのみのやり取りでは意図が伝わりきらず、問い合わせから不満へと発展してしまう**ケースもあるので、よくある質問には対処法を準備しておきましょう。

商品の購入前は「購入するまでの疑問」を解消するための問い合わせになります。特に商品の仕様や入荷、配送についてが主なものです。注意が必要な商材は、ギフト商材や季節商材。誕生日やクリスマスなど、到着日に合わせた配送が必要な商材に関しては、この到着日に関する問い合わせが多くなるため、全国の各地域ごとにいつまでに到着するかを把握しておく必要があります。

購入前の問い合わせは不安、到着後は不満

商品の購入後は、「注文内容の変更」「返品」と「配送の遅延」に関しての問い合わせが多くなります。特に注意が必要なのが返品に関する対応です。ECサイトの場合、**クーリングオフ**が適応されません。ただし、「イメージと違う」や「不必要になったから」という理由から商品の変更や、返品を求める問い合わせが来るケースもあります。このような場合、なぜイメージと違うか、不必要になったかなど、原因を丁寧に聞きだします。そして、返品の対象外であっても、可能な限り返品の対応を受け入れ、より一層利用したくなる店舗を目指すことが大切です。

クーリングオフ
契約の締結をした場合でも、一定期間であれば契約を解除できる制度。通販販売にクーリングオフは適応されないが、特定商取引法(P.42)改正により、返品の可否・条件を表示してない場合、8日以内であれば返品が可能となった。

ECサイトの問い合わせ代表例

受注前

- 商品の仕様
- 納期や入荷の予定
- 配送に関する確認
- 決済方法の確認
- サイトの表記漏れ

受注後

- 注文内容の変更、確認
- メールの不達
- 配送の遅延
- 商品の返品
- 使用法、用途の確認
- 商品の不良
- 商品の誤配送
- 商品のイメージ違い

配送中に発生したトラブルもEC担当が迅速に対応

配送中のトラブルで、商品がお客様のもとに到着しないなど、何らかの不具合が発生してしまうことをゼロにすることは難しいもの。出荷後の配送トラブルであっても、EC担当者が配送会社以上に誠意をもって対応することで、お客様との信頼関係を深めることが可能です。迅速に代替商品の到着日の案内ができれば、そのお客様がリピーターになってくれる可能性もあるので、EC担当者のミスでない場合でも誠意をもって対応しましょう。

ECサイトへの問い合わせが多いと、他の業務に多大な支障をきたします。**同じような問い合わせがないように、その原因を分析し、問い合わせを減らしていく工夫が必要**です。そのためにも**FAQページ**を充実させるなど、事前に対策することが大切です。

FAQページ
FAQとは、よくある質問とその回答のこと。それをホームページ上にまとめているページがFAQページ。このページを設けることで、お客様は質問をする手間を省くことができる。

SECTION 07

ECサイトの種類と特徴

自社ECサイトとモール型ECサイトの違い

ECサイトには、自社でECサイトを構築するものと、ECモールに出店するものの2種類があります。それぞれのメリット・デメリットを押さえることで、自社がどちらのECサイトに適しているかがわかります。

ECサイト・2つのタイプのメリット・デメリット

自社ECサイトとモール型ECサイトの違いを、実店舗に合わせイメージしてみます。自社ECサイトは、自分たちのお店を構える路面店のようなものになります。一方モール型ECサイトはショッピングモールなどに出店をするイメージです。では、それぞれの特徴について見ていきましょう。

まずモール型ECサイトについてです。これは、楽天市場やYahoo!ショッピングなどのECモールの中に、ECサイトをつくる方法です。メリットは、ECモール自体にブランド力があるため、自分たちのブランド力に関係なく集客が見込めるという点です。しかし、**ECモールのブランド力に集客を依存してしまう点や、ECモールの運営ルールに出店側が振り回されてしまう**などのデメリットがあります。たとえば、ECモール側に対応していない機能やデザインで制限がかかることがあります。また、出店料などECモールへの出店にお金がかかるだけでなく、売上件数によって**ロイヤリティ**が発生するケースも多くあります。

ロイヤリティ
ECモールによって異なるが、登録料や月額出店料、販売手数料などの費用がかかる。売上の件数や金額が増えればその分負担が多くなる場合がある。

一方、自社ECサイトは、文字通り自社のECサイトを立ち上げる方法です。最大のメリットは、ブランディングがきちんとできる点です。自社ECサイトは、サイト運営に原則制限がないため、販売のルールやサイト更新の方針などすべての決定権が自社にあります。**デザインや機能などの自由度が高く、自社サイトのブランド力を高めることもできます**が、立ち上げた直後は、ECモールと違いブランド力が弱いため、集客対策が必須です。

自社ECとモール型ECサイトを実店舗でたとえると

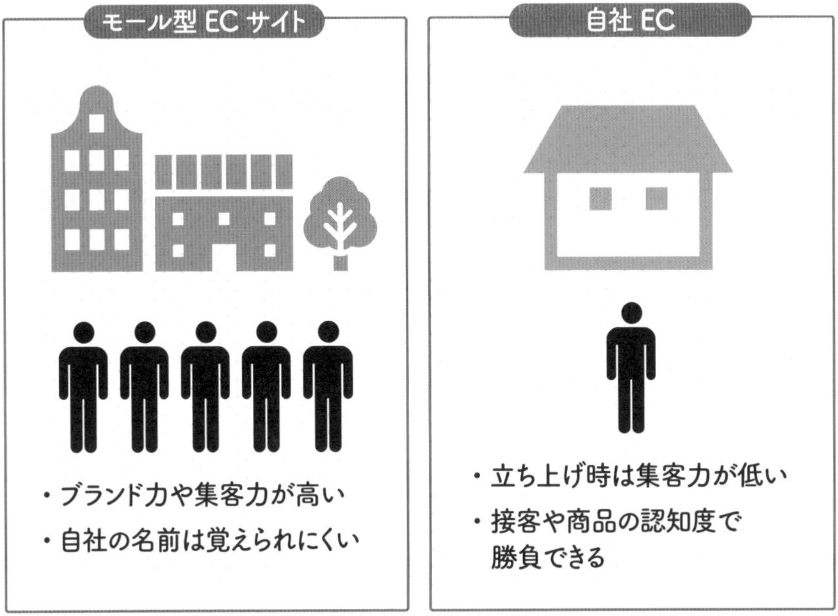

ECモールへの出店に向いている企業とは？

EC モールのもうひとつの特徴は、販売した金額に対し、**手数料**がかかることです。配送料についても手数料が発生する EC モールもあります。また、配送料を一律にするルールや、手数料の増額を実施されるなど、モール側のルール変更もあります。自社 EC サイトの運営と比較しても利益を出しにくいため、売上を伸ばすには販売数を伸ばしていく必要もあります。

手数料
業務の手続きや、仲介などを行った場合に、発生する費用のこと。

このようなことから、モール型 EC サイトでは**利益率の高い商品やオリジナル商品の販売などのほうが適している**ことがわかります。

モール型 EC サイトで特に相性のいいものは、「価格競争で勝てる商材」です。モール型 EC サイトは、モール内をウィンドウショッピングのように回遊し、商品を比較検討し購入するというケースが多くなります。そのため他社と比較したとき、価格での優位性があるような商品であれば相性がいいと言えます。

SECTION 08

カートシステムの種類と特徴

カートシステムの選び方

カートシステムは、必要な機能や目的に応じて大きく５つのジャンルに分けることができます。目的や規模感に合わせて、最適なカートの選定が必要となります。

「機能」と「コスト」と「商材」の観点からカートを選ぶ

まずは対象顧客が、一般消費者（BtoC EC）なのか、事業者（BtoB EC）なのかで大別します。卸売りなどを中心としたBtoB ECの場合は、事業者向けのカートから選定してください。消費者向けのカートシステムを使用したBtoBの取引もできなくはありませんが、見積もり機能や消費税の計算などの観点からおすすめはできません。「Bカート」「楽楽B2B」が代表的なシステムです。

BtoC ECの場合は、**総合通販**か**単品通販**かでさらに大別します。単品通販であれば「ecforce」「サブスクストア」「リピストクロス」などのリピート機能に対応したシステムを選びましょう。消費者向け総合通販サイトの場合は、月額コストが無料のものから数十万円のものまで、多くのシステムが存在します。必要な機能とランニングコストによってシステムを選びます。基本的にはコストが上がるにつれて、機能が多くなっていきます。月額コストが無料のシステムもありますが、販売手数料がかさむ傾向にあり、**本格的にネットショップで売上を向上させていくのであれば、有料カートから選定する**ことをおすすめします。代表的なシステムに「カラーミーショップ」「makeshop」「futureshop」「Shopify」（P.26）があります。どのシステムも、サイトのデザインの自由度が非常に高くなっています。

カートシステムの選定で、ショップの伸びしろは変わります。それぞれの特徴を押さえ、自社のECサイトの運営方針に沿った必要な機能が揃っているシステムを選ぶことが大切です。

総合通販
商品数が多く、本や家電、アパレルなどさまざまなジャンルの商品を扱う通販のこと。複数の会社から商品を仕入れているため、多くの商品をまとめて購入できるのが強み。

単品通販
1種類の商品または少数の商品のみを取り扱う通販のこと。化粧品や食品などの消耗品が多く、他のサイトでは購入できない自社製品を販売するのに向いている。

目的別のECカートシステム一覧

総合通販向け主要ASPカートシステム

カラーミーショップ	安価に利用ができテンプレートも豊富な初心者におすすめのASPカートシステム。
makeshop	最も流通金額の大きいASPのカートシステム。機能数が豊富で幅広いニーズに対応している。
futureshop	デザインの自由度が高く、さまざまな外部システムとの連携が可能な高機能なASPカートシステム。中規模店舗を検討する方におすすめ。
ショップサーブ	ASPカートシステムの草分け的存在で、幅広いユーザーに利用されるASPカートシステム。
Shopify	世界で最も利用されているカートシステム。機能拡張アプリをインストールすることで、さまざまな用途に対応できる。

単品通販用カートシステム

定期通販機能や、メルマガの配信機能など単品通販に必要な機能が揃ったカートシステム。

代表的なカート

ecforce
リピストクロス
サブスクストア
楽楽リピート

無料系カートシステム

固定費を無料で始めることができるため、手軽に利用できるカートシステム。

代表的なカート

BASE
STORES

大規模カートシステム

デザイン面だけでなく、バックオフィス面までカスタマイズができ、開発により多くの外部システムと連携が可能な高機能なカートシステム。大規模店舗を検討する方におすすめ。

代表的なカート

ecbeing、ebisumart
W2、Shopify Plus

BtoBカートシステム

企業、法人間取引に対応できるように掛率管理や掛売機能などを利用できるBtoB機能に特化したカートシステム。

代表的なカート

Bカート
楽楽 B2B

選択のポイントは外部ツールの連携状況

　ECカートシステムが標準搭載している機能差異を比較するのはもちろんですが、外部ツールの連携状況の確認も大切です。UGC（P.166）活用ツール、eギフト（P.162）ツール、チャットボット（P.160）ツールなど、基本機能にないものを外部ツールで連携できるかは、ECカートシステムによって異なります。金額が大きいカートほど連携の幅も広がり、自社の基幹システムや商品、顧客データと連携させる開発も可能です。将来を見据えた外部ツールとの連携状況も確認しながら選定しましょう。

ASPカートシステム
決済機能などのECサイトに不可欠な標準機能が備わったショッピングカートシステムのこと。実装できる機能は各カート会社の提供する範囲内になる代わりに、専門知識がない人でも低コストでECサイトの構築低コスト・運用を行うことができる。必要な機能に応じてカートを選ぶのがポイント。

SECTION
09

海外のカートシステムの特徴

世界で最も利用されているECカートShopify

国内で利用されているECカートシステムのほとんどは日本製カートですが、2017年に日本語版がローンチされたShopifyは、日本国内でもものすごい勢いで利用事業者数を伸ばしています。その特徴を解説します。

圧倒的に支持される理由は、拡張アプリにあり！

Shopifyは世界で最も利用されているECカートです。2017年に日本語版がローンチされてから、日本国内でも多くのショップに採用されています。**最大の特徴は、アプリによる機能拡張性です。**8,000種以上と言われている「機能拡張アプリ」をインストールすることで、チャットボットや定期通販などのEC運営に必要な機能を新たに追加できます。イメージとしては、スマートフォンにアプリを追加するような感覚で機能を拡張できます。さらに、「Shopify Flow」を活用すれば、アプリとアプリの機能を連携して活用することも可能です。たとえば、会員セグメントを管理するアプリと、メールを配信するアプリの機能を「Shopify Flow」で組み合わせることによって、会員セグメント別のメール配信が可能になったりします。豊富なアプリを組み合わせることにより、無限大の可能性を感じることができるのがShopifyです。

ECカートシステム移管
戦略的なショップ運営を実施するための顧客情報やドメイン、商品、注文情報、顧客応対履歴などのEC事業の核となるデータを管理するカートシステムを移行すること。

ヘッドレスコマース
フロントエンド（トップページや商品ページなどエンドユーザーが操作する部分）とバックエンド（商品管理、注文処理、在庫管理などの機能を担う部分）を分離して運用する方式。

大型ショップへの移行はShopify Plusが解決

「はじめは小規模だったが、売上規模が大きくなり、**ECカートシステムの乗換え移管**を検討する」…この動きは従来の国産ECカートを活用しているショップでは起こりがちな事象でした。Shopifyであれば、大型ショップ用の「Shopify Plus」というプランが用意されているので、カートシステム移管が必要ありません。**簡単なプラン変更のみで、大型ショップに移行できます。**外部APIとの連携強化や最近話題の**ヘッドレスコマース**にも対応しており、大型ショッ

Shopifyで入れておきたいアプリ機能

日本の商慣習対応アプリ

- 請求・納品・領収書発行
- お気に入り機能
- 再入荷お知らせ機能
- ポイント
- 会員ランク
- レビュー機能
- 代引き手数料
- ラッピング・のしの指定
- 複数配送先設定

購入機能の拡張アプリ

- 予約購入
- 定期購入
- バリエーションカスタマイズ
- eギフト
- 名入れ
- イベント予約
- チケット販売
- ダウンロード販売
- 購入制限
- コーディネートまとめ買い
- セミナー販売
- 商品問い合わせ

運営方法に合わせて導入したいアプリ

- ノベルティ
- 絞り込み検索
- 倉庫連携
- 会員登録カスタマイズ
- 自動化ツール生成
- POS連携
- ソーシャルログイン

CRM・分析アプリ

- LINE連携
- メールマガジン
- チャット
- ヒートマップ（P.151）ツール
- 会員再登録一括案内ツール

サイト運用に必須アプリ

- CSV吐き出し・入れ込み
- 送り状ナンバー一括登録

Shopify Plus 限定アプリ

- 時限式イベント
- 一括セール設定
- チェックアウトカスタマイズ
- LINEで会員登録

プが欲しい機能を兼ね備えています。小規模ショップから、大規模ショップになってもずっと、カートシステムを変更せずに使い続けられるのはShopifyの大きな特徴と言えます。

Shopify運用の注意点

Shopifyはとても魅力的なECカートシステムですが、国産カートではないため、日本の商習慣にぴったり合った仕様になっていない点に注意が必要です。たとえば、日時指定配送や代引き、ポイントシステムなど、日本では当たり前のような機能が標準では備わっていません。国産カートを利用したことがある人が触ると、機能の不足を感じることもあると思いますが、これが世界基準なんだと割り切りが必要です。けれど安心してください。主要機能は既に日本語アプリが存在しているので、インストールすることでほとんどのケースが解決できます。豊富なアプリを組み合わせて、お客様にとって買いやすいECサイトを目指していきましょう。

SECTION 10

ECサイトの多店舗展開

自社ECとモール型ECの両方を運営するメリット

自社 EC サイトの運営だけではなく、Amazon や楽天市場などの EC モールへも出店する多店舗展開をしているショップが近年多くなっています。多店舗展開すると、管理が煩雑になりますが、一元管理ツールを導入することで解決できます。

新たなお客様を獲得できるが、管理面で注意も

自社 EC サイト以外に EC モールへの出店をしているショップが増加しているのには理由があります。それは自社 EC サイトだけでは集められないユーザーの集客ができるためです。ユーザーの中には、通販で何かを購入する際は Amazon や楽天市場など、使い慣れた EC モールでしか購入しない層が一定数います。自社 EC サイトしか運営していない場合、**EC モールのみをリピートするユーザーの取りこぼしを防ぐためにも、EC サイトの多店舗展開は大切な販促施策**となります。

EC サイトの多店舗展開をする際は商品の在庫や売上の管理が煩雑になりやすいため、気を付ける必要があります。たとえばサイト上で売り切れ商品が出た場合、当然ですが EC モール店の在庫数も減らし、売り切れ表示にしないといけません。また、日々の受発注処理や複数管理画面の確認も必要です。

そのような問題は EC サイトの**一元管理ツール**を導入することで解決できます。複数の店舗の商品在庫情報や受注情報をまとめて管理するだけでなく、出荷管理やメールの送信などの業務をシステム上で行うことができます。多店舗展開をするのであれば必須のツールです。代表的なものに Hamee 株式会社が提供する「ネクストエンジン」と、株式会社アイルが提供する「CROSS MALL」などがあります。それぞれで対応しているカートシステムが違うため、自社のカートシステムを確認し対応したこれらのツールを選びましょう。

一元管理ツール
複数の EC サイトに出店していても、売上や在庫の管理、商品の更新などが一括で管理できるシステム。

一元管理ツールのしくみ

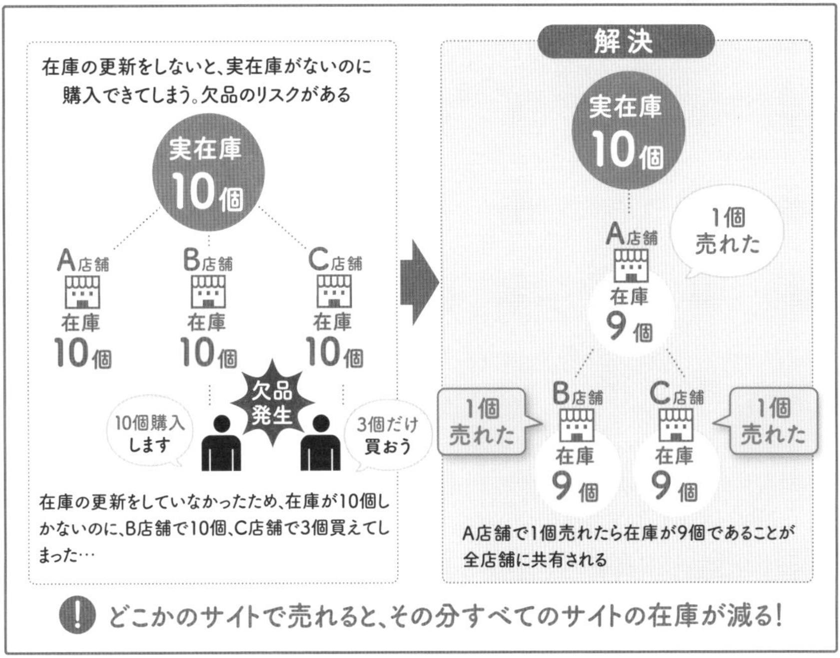

一元管理ツール導入後の対応

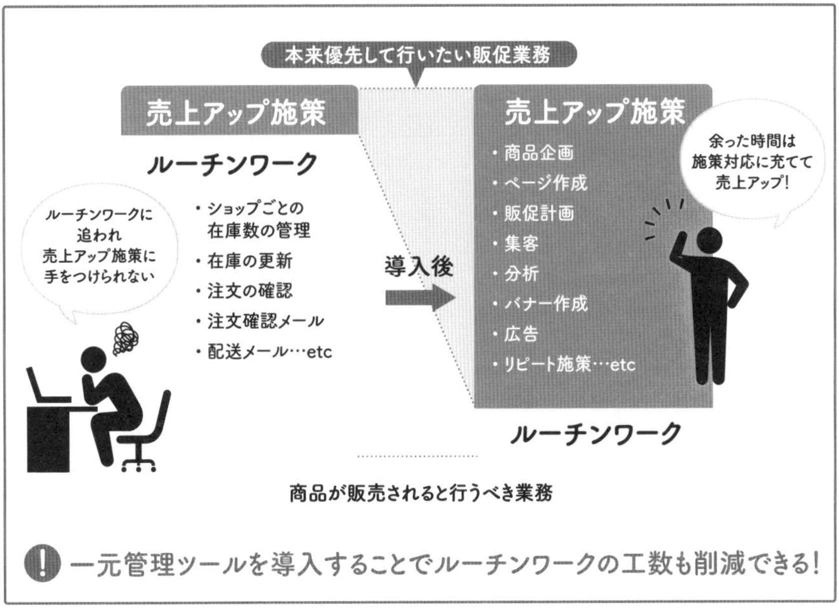

»Column

ECサイトは我が子のように愛情をかけて育てよう！

「ECサイトってどうすれば売れるようになりますか？」と聞かれることがよくあります。売れているECサイトにはいろいろな理由があります。たとえばコツコツとブログの更新を繰り返し行うことで売上を伸ばしたサイトもあれば、スタートダッシュに広告費をドーンとかけたサイト、ファンが口コミで広めてくれたサイトなどなど、さまざまです。ただ、あえてひと言でいうのであれば、「ECサイトを我が子だと思って愛情を込めて育てていきましょう」とECの事業者の方にはお伝えしています。

愛情を注ぐほど良いショップに育つ

子育てでは愛情をたっぷり注ぎますよね。ECサイトにも愛情を注いであげれば、良いショップに育ちます。ただ受発注の処理を繰り返すだけで、その他の施策はほったらかしでは、売上を伸ばしていくことは難しいのです。

子どもにさせる習い事も、プログラミングなどの新しい時代に対応できるものに通わせたいと考える人も多いのではないでしょうか。ECサイトであっても、トレンドに合わせてよりパワーアップするような施策を、日々行っていくことが大切です。

ECサイトのコミュニティに所属しよう

ECサイトはどんな些細な問題でも解決できるように、愛情をもって日々運営していきましょう。まずはECサイトのためになる施策は、何であっても実行します。しかしEC事業を始めたばかりの時期は、行った施策が本当に効果があるのかどうかの判断ができないこともあります。EC事業者と支援会社がコミュニティをつくり、日々情報をアップデートしていくことが大切です。

また、子どもに将来どのように育ってほしいかを考えるのと同様に、ECサイトも最終的にどのようなカタチになるのが好ましいかを考え、その理想に近づくようにチャレンジしていきましょう。

いくら手間暇をかけて運営してもなかなかうまくいかない時期もあります。そういうときは、ECサイトの反抗期だと思い、根気強く運営していきましょう。必ず成果が出はじめます。

Chap

2

ECビジネスで知っておきたいこと

「ECサイトの売上方程式」や

「ECサイトに必要な分析方法」など、

ECサイト運営が初めての方に

理解してほしい基礎知識を紹介しています。

SECTION 01

ECサイトの売上方程式

売上を決めるのは アクセス数×購入率×平均客単価

ECサイトの売上は3つの要素のかけ算によって構成されています。方程式を知り、自社の弱点を把握することで、効率的な売上改善策を立てることができるようになります。

サイトの課題を明確にして改善する「売上方程式」

平均客単価
消費者一人あたりが一度の購買時に支払う平均額のこと。総売上を注文件数で割ったときの金額。

ECサイトの売上は、アクセス数×購入率×**平均客単価**という3つの要素によって構成されています。この方程式は、ECサイトに何人が訪れ、そのうちの何%が購入し、その平均購入金額がいくらか、ということを表しています。たとえば、月商100万円のECサイトがあったとします。その内訳としてアクセス数が1万人、購入率が1%、平均客単価10,000円で商品を購入した場合、1,000,000円＝10,000人×1%×10,000円で売上を表すことができます。**売上を伸ばすには、この3つの数字を複合的に伸ばしていく必要があります。**

売上を伸ばすことを考える際は、まず**1日100件のアクセス数**を目指しましょう。アクセス数がそれ以下の場合、タイミングによっては購入率や平均客単価が大きくブレてしまい、施策を検討するための数字を正しく把握できません。

次は購入率です。**購入率はまずは1%**を目指しましょう。これを下回る場合は、購入率の改善施策を練り実施します。

ECサイトの立ち上げ時は、アクセス数と購入率を最低限の水準まで引き上げることが何よりも大切です。それが達成できたら、次はECサイトの中で改善しやすいポイントから手をつけていきます。先述したように、ECサイトの売上は3要素のかけ算で構成されているため、1つの要素の数字が変化するだけで、売上の数字も大きく変わってきます。売上を伸ばす際は、方程式に当てはめ、サイトの課題を明確にし、改善していくことが大切です。

ECサイトの売上方程式

購入率
＝
注文件数÷アクセス数

アクセス数 × 購入率 × 平均客単価

平均客単価
＝
合計売上÷注文件数

＝

売上

（例）月間アクセス数5,000人のショップの場合

アクセス数 5,000人 × 購入率 0.5% × 平均客単価 5,000円

＝

売上 12万5千円

購入率が
0.5%→2%に
アップすると…

5,000人 × 2% × 5,000円

＝

50万円

購入率が変わると、
同じアクセス数でも
売上には
こんなに差が出る！

SECTION 02

EC ビジネスのフレームワーク①

サイトの強みと弱みを明らかにするSWOT分析

自社サイトの今後の施策を考えるには、自社サイトの強み・弱み、その時の政治や社会状況などを複合的に考えて分析する必要があります。その際に有効なのが SWOT 分析というビジネスフレームワークを使った考え方です。

SWOT分析とは

SWOT 分析とは、外部要因（機会、脅威）と内部要因（強み、弱み）の４つの項目で、自社の状況を分析するための**フレームワーク**です。自社の強み・弱みとなる部分と、それを取り巻く世の中の状態を総合的に分析し、**現状の課題や将来起こりうる問題に対処するための販売戦略を考えたり、自社の強みを活かした販路の拡大を行ったりする**際に利用します。

フレームワーク
元々は「骨組み」や「枠組み」を表す言葉で、自社サイトの問題点や課題を解決し、戦略などを構築していくための思考ツールのこと。

分析を行う順番は次の通りです。まず外部要因の分析項目である「機会」と「脅威」を、市場や社会状況などのマクロな視点から洗い出します。たとえば、ガラケーは認知度が高い商材（強み）でしたが、技術革新によるスマホの市場の拡大（脅威）により、ガラケーの市場は小さくなりました。このように、内部要因は外部要因の影響を大きく受けるため、外部要因から調査を行います。

「地方で酒蔵の運営を行う酒屋が、自社の EC サイトの運営を行う」例をモデルケースに解説していきます。まずは外部要因である「機会」と「脅威」の分析です。「機会」は SWOT 分析の「O」で、目標達成に貢献しそうな市場動向などの外部要因を列挙します。上記の例だと「酒蔵が観光地として特集され、EC サイトへの集客が期待できる」「EC サイトの需要が高まっている」などが該当します。次の「脅威」は SWOT 分析の「T」です。目標達成の妨げになるであろうマイナスの外部要因を列挙します。「若者のアルコール離れ」「競合他社が多く EC サイトの出店を始める」などが該当します。

SWOT分析のかけ合わせ表（地方の酒蔵編）

内部要因 / 外部要因

	S 強み Strengths ・酒蔵が観光地として既存客からの認知度が高い ・プレミア価格商材が多い	**W 弱み** Weaknesses ・商材数が少ない ・粗利益率が低い
O 機会 Opportunities ・酒蔵が観光地として特集されることが多い ・酒税法の改定で価格が安くなる	**機会×強み** 最も優先して対策をすべきポイント。自社の持つ「強み」を最大限活かす機会をつくり、市場シェアを広げていく施策を検討する	**機会×弱み** 現在抱える「弱み」を、販売機会を利用し克服していく戦略を考えていく。欠点である部分を補填できるような機会を設けることが大切
T 脅威 Threats ・若者のアルコール離れ ・競合店のECサイト出店	**脅威×強み** 自社の持つ「強み」を活かして、脅威になる部分の克服をしていく戦略。強みを活かし、競合と差別化できるような戦略を考えていくケースが多い	**脅威×弱み** 自社の抱える「弱み」と外的な「脅威」が重なり、最悪の結果にならないよう事前に課題の防御案を考える戦略。いかにリスク管理を行いつつ、弱みの解決を行えるかが大切

分析結果をかけ合わせて施策を考える

外部要因を明らかにしたら、次は内部要因の「強み」と「弱み」を分析します。「強み」はSWOT分析の「S」です。目標に対して武器となる自社の強みを列挙します。「酒蔵が観光地として既存客からの認知度が高い」「プレミア価格商材が多い」などが該当します。

最後に、「弱み」はSWOT分析の「W」です。目標達成の妨げになる自社内部の障害を列挙します。「ECサイトで販売できる商材数が少ない」「粗利益率が低い」などが該当します。

SWOT分析を行うことで、自社の強みと弱みの要素を明らかにしたら、それらをかけ合わせ、より具体的な販売戦略を練ることが大切です。まずは、**内部要因と外部要因の強み同士を活かした販売戦略を立て、他社との差別化ポイントを明確にする**ことが、ECサイト運営を成功につなげるポイントです。

SECTION 03

EC ビジネスのフレームワーク②

ペルソナによる自社の顧客像の描き方と活用法

EC サイトの売上を伸ばすためには、ペルソナ＝詳細な顧客像を設定することが大切です。また、ペルソナを活用するためには、カスタマージャーニーマップについて理解する必要があります。

ペルソナの設定の仕方

ペルソナ
マーケティング方針の統一のために設定する、商品やサービスを利用する架空の顧客像。似た言葉に「ターゲット」があるが、ペルソナはターゲットよりも詳細に人物像を絞り込んで設定する。

ペルソナを設定するいちばんの目的は、自分たちの獲得するべき顧客がどのような属性を持つかを明確にし、より具体的に想像できるようにすることです。

たとえば、20 代の女性向けにダイエットグッズを販売する際、漠然と「20 代女性」と想定するのと、「都内に暮らす 24 歳の女性。福岡の大学卒業後、新卒で都内の会社に入社した、未婚で土日休みの OL」と事細かに姿を描くのとでは、具体的な販売戦略の立てやすさがまったく違ってきます。イメージを掘り下げることで、**プロジェクトメンバー内での販売戦略のズレを減らすという効果**もあります。そのため、「年齢」「性別」「居住地」「職業」「役職」「年収」「休日の過ごし方」といった詳細なパーソナル情報までを明らかにし、架空の顧客が実在しているように設定していく必要があるのです。

ペルソナ設定では、まず男女、年齢、職業といった核となる情報を 1 つずつ固めていきます。その後、実際のターゲットに当てはまる人へインタビューやアンケートを取り、具体的な人物像を明らかにしていきます。

上記のような 20 代女性向けにダイエットグッズを販売する場合のペルソナを設定すると、顧客のかなりパーソナルな部分まで見えてきます。具体的なイメージを明確にし、想定されるペルソナに向けて販促を行っていくことが大切です。

AISAS ×カスタマージャーニーマップでストーリー作成

いつ	休日 家にいるとき	通勤中	平日 家に帰ったタイミング	土日	商品使用後
行動	YouTubeを見ている際に流れていた広告を見る	Instagramを見ていたら写真が流れてきた	Googleで検索し、口コミや公式サイトを確認	いちばんお得に買える公式サイトで購入	SNSへ投稿
施策	YouTubeに広告出稿（Chap5-09）	SNS広告でリマーケティング広告の出稿（Chap5-07）	コンテンツ作成（Chap4-06）	平日割引のキャンペーン実施 リマーケティング広告（Chap5-05）	SNS投稿でポイント付与（Chap6-07）
思考	うさん臭いな、でも安い、ダイエットはしたい、簡単に痩せられるならうれしい	使っている人いるんだ。しかもスタイルがいい!	いろいろな人が使っていて、良い口コミが多い。しかも公式がいちばん安い!	早く届くといいな	SNSへ投稿したらポイントがもらえてお得

通勤時間である朝や夜にInstagramで広告を出稿すれば、
興味・関心を持たれることがわかる!

設定したペルソナをカスタマージャーニーマップへ

ペルソナの設定をしたら、そのペルソナが自社サービスを購入するまでに、どのような心理で、どのような段階を踏むのかを、時系列のストーリーで細かく書き出していきましょう。これを**カスタマージャーニーマップ**と言います。カスタマージャーニーマップには、**顧客がサービスを受けるまでに感じることや考えることを、顧客目線で把握できる**というメリットがあり、顧客分析をする際には欠かせないものです。

カスタマージャーニーマップの最もメジャーなつくり方は、**AISAS**（上図）という行動フローに合わせてストーリーをつくる方法です。これは、顧客が何をきっかけに商品を知り、興味を持ち、どのように商品を探し、購入し、買った後はどのようにして他の人に共有していくか、というように顧客の行動を段階に分けて整理するものです。

カスタマージャーニーマップ
顧客が商品購入に至るまでの思考回路や行動を、段階に分けて時系列に並べたもの。

AISAS
消費者の購売行動をモデル化したもの。Attention（注意）、Interest（関心）、Search（検索）、Action（購買）、Share（共有）の5段階の行動プロセスによって意思決定されていると考える。

SECTION 04

KPI 設定の基礎知識①

ECサイトの目標設定や評価のための指標「KPI」

EC サイトを運営するにあたって、KPI を正しく活用することが大切です。KPI とは「Key Performance Indicator」の頭文字で、日本語に直すと「重要業務評価指標」という意味です。EC サイトの目標設定や評価を行う際に、とても有効な指標です。

ECサイト運営でKPIを設定する目的は？

KPI

目標の達成度合いを計測・監視するための評価指標。Key Performance Indicator の略で、「重要業績評価指標」の意味。

KPI とは、事業目標を達成するにあたり、その目標達成にはどれだけの数字が必要で、その数字を達成するためには何を行えばいいのか、というプロセスを指標として表したものです。「EC サイトの売上を上げる」という目標のためには、アクセス数、購入率、平均客単価のそれぞれの数字を伸ばすことが必要ですが、その際、**各要素の数字をどれだけ伸ばす必要があるのか、数字を伸ばすためにどのような施策をするのか、を示す**ことが KPI の設定にあたります。

たとえば、「来年度中に売上を今より 40% 向上させる」という目標を立てたとします。この目標を達成するため、「アクセス数を○ % 改善」「購入率を○ % 改善」するための施策を行い、今より 40%向上させるという具体的な数値目標を設定するのが KPI の設定です。目標の数字を決定し、どうすれば目標を達成できるかをひとつずつ明確にすること、「何をしたら、どのような結果になるか」という筋道を立てることが大切です。

KPI 設定のポイントは、具体的な数字目標で、かつ実行できるものを施策に設定することです。「毎月広告を出稿する」や「アクセス数を 1 万件以上にする」だけでは、目標数字を達成する具体的な施策がわからないため不適切です。KPI 設定では、「アクセス数を毎月 1 万件増やすために、広告を出稿する」など、定量目標と定性目標をセットで設定しましょう。

1 つひとつの数字の改善施策とその期待値を明らかにしながら

KPI 設定の例

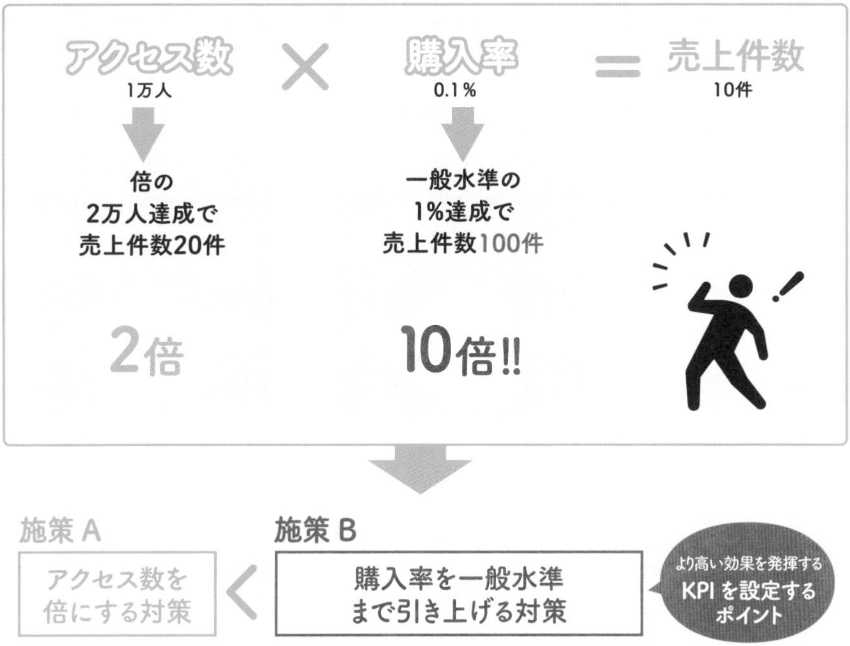

設定するのが、KPI 設定の大切な要素です。また、**KPI は立てて終わりではなく、その効果を検証しながら PDCA を回していく**ことが目標達成のカギとなります。

より高い効果を発揮するKPIを設定する

KPI の設定では、達成した際の改善幅にも目を向けます。たとえば、現在運営しているECサイトが下記のような状態だとします。

・アクセス数：1 万人 / 購入率：0.1%/ 売上件数：10 件

この EC サイトのアクセス数を 2 万人にすると、売上の件数は 20 件になります。しかし、**購入率**を一般的な水準の 1% まで引き上げることができれば、売上の件数は 100 件になります。1 万人のアクセス数を倍にするのと、購入率を一般的な水準の 1% まで引き上げるのであれば、後者のほうが難易度が低く、よりインパクトの大きい効果的な施策になるのです。このように、KPI を設定するときは、**改善幅が大きい箇所から選ぶことが重要**です。

購入率
商品詳細ページを訪問した中でどれだけ購入まで進んだかを表す。商品の購入者数から、その商品詳細ページの訪問者数で割って 100 をかけた割合のこと。

SECTION 05

KPI設定の基礎知識②

KPI設定で発見・解決するECサイトの課題

ECサイトの売上を伸ばすためには、KPI設定が必須です。KPI設定の際には、自社サイトの課題を明らかにし、その課題を解決するための施策を設定することが大切です。具体的な施策にはどのようなものがあるのか見ていきましょう。

KPIの施策はサイトの課題ごとに考える

ECサイトの売上を伸ばすには、アクセス数を伸ばすか、購入率を伸ばすか、平均客単価を上げるかのいずれかが必要になります。**ECサイトのKPI設定とは、この3要素の目標数字の設定と、目標達成のための施策を打ち出すこと**です。

まずアクセス数を考える際には、顧客には新規客とリピーターの2種類がいることを理解することが必要です。はじめてECサイトを訪れた人と、すでに自社のECサイトで購入をしたことがある人とでは、行うべき施策が変わってきます。また、購入率においても、商品をECサイトのカゴに入れてもらうための施策と、カゴに入れてから注文を完了してもらうための施策では内容が変わってきます。客単価も同様に、1件あたりの商品単価を伸ばす施策と、まとめ買いで購入商品数を伸ばす施策は異なります。これらの各施策の代表的なものをまとめると右図のようになります。

ECサイトの売上を伸ばそうとする際、根拠がないのに先入観から「アクセス数を伸ばせば売上につながる」「サイトデザインを変えれば売上が上がる」などのアバウトな改善施策を立てているのをよく見かけます。しかし、根本的な原因の解決とは関連性の低い施策では、効率的に売上改善にはつながりません。そのため、KPIを設定する前には、**自社ECサイトのどこに課題があるのかを明らかにしておくことが大切**です。そして、「その施策はなぜ必要なのか」という根拠のあるKPIを設定することが大切です。

売上を構成する要素と改善の施策

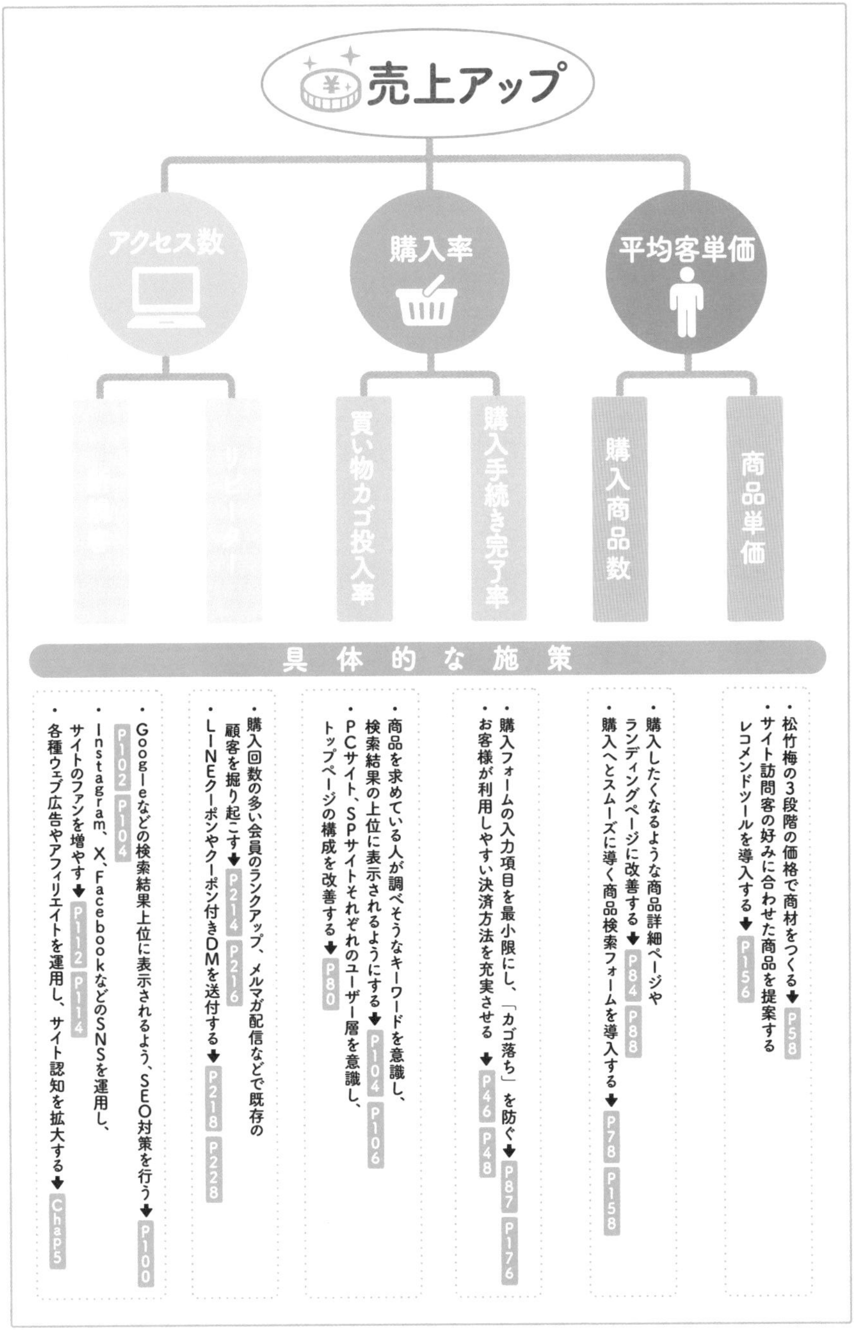

SECTION 06

サイト運営関連法規のキホン①

特定商取引法とサイトに必ず掲載すべきこと

ECサイトの立ち上げ時には、法律上必ず「特定商取引法に基づく表示」のページを設ける必要があります。ページに記載するよう法律で義務付けられた項目のうち、特に注意が必要なものについて解説します。

「特定商取引法」とは

特定商取引法は、事業者による違法・悪質な勧誘行為等を防止し、消費者の利益を守ることを目的とする法律です。ECを含む通信販売など、消費者トラブルを生じやすい取引類型を対象として、**事業者が厳守すべきルールや、消費者を保護するためのルールを定めています。**ECサイトの運営には、必ずすべてのページに「特定商取引法に基づく表示」という文字に右図の事項が記載されたページのリンクを張ることが義務付けられています。記載事項で、特に注意が必要な項目を見ていきましょう。

特定商取引法
事業者による違法・悪質な勧誘行為などを防止し、消費者の利益を守る法律。事業者が守るべきルールと、クーリングオフ（P.20）制度などのルールを定めている。

まずは「販売事業者名」です。個人事業主の場合は戸籍上の氏名を、会社の場合は**正式な社名**を記載する必要があります。続いて「運営統括責任者名」です。ここでの責任者は通信販売の責任者を指すため、EC事業の担当責任者でも問題はありません。

正式な社名
法人は登記簿上の正式な名称を記載する。「通称名」や「屋号」、「サイト名」などの記載は認められていない。

「住所」や「電話番号」の表記は、「東京都新宿区」だけやフリーダイヤルのみの表記は禁止されています。必ず所在地がわかる住所と、利用中の電話番号を掲載する必要があります。

「返品条件」に関する表記です。サイト内に返品の可否・条件・送料負担を表示していない場合、**お客様都合であっても商品到着後8日間であれば送料を消費者負担で返品することが可能**になりました。記載がない場合は返品を受け付けなければなりません。特に消費期限が短い生鮮食品などを販売する場合は注意が必要です。また、見つけにくいような小さい文字で記載している場合も無効となります。ユーザーが見つけやすいように配慮しましょう。

「特定商取引法に基づく表示」に必要な項目

事業者の情報

- 販売事業者名
- 運営統括責任者名
- ショップ住所
- 電話番号
- メールアドレス

支払いや料金の情報

- 商品代金以外の必要金額
- 代金の支払時期
- 支払い方法

その他 商品の引き渡し時期　返品条件

配送料の表示方法

①全国一律○○円

②すべての地域について表示
○○円（北海道）　○○円（東北）
○○円（関東）　…○○円（沖縄）

③最低送料と最高送料のみ表示
○○円（東京）～○○円（沖縄）

④平均送料の表示
○○円
（約○％範囲内で地域によって異なります）

※基本的には全地域の配送料金を記載する必要があるが、すべてのケースを表記すると複雑になってしまう場合は、③、④のような表記でもかまわない。

代金支払いやお客様負担のお金について

そのほかに記載する必要がある事項として、「販売価格」だけでなく、「代金支払い時期・方法」、「商品の引渡時期」といった、支払いや商品の受け渡しに関する事項や、「販売価格、送料等以外に購入者が負担すべき金銭の額とその内容」など、商品代金以外に発生する料金はすべて記載する必要があります。

購入者が負担すべき金銭とは、たとえば「配送料」や「代引き手数料」「梱包代」などがそれにあたります。特に配送料に関しては、**地域や購入額によって金額が異なる場合は、条件などの詳細を明記する**必要があります。配送料の表示方法については、上の表を参考にしてください。

SECTION 07

サイト運営関連法規のキホン②

ウソや誇大表現はNG！ 景品表示法と薬機法・健康増進法

ECサイトを運営するうえで気を付けなければいけないのが、景品表示法と薬機法・健康増進法のルールです。特にサプリメントや食品、化粧品などを商材とする事業者であれば必ず押さえる必要のある法律ですので、しっかり確認しておきましょう。

取引条件や品質などのウソを禁止する「景品表示法」

ECサイトの運営者が覚えておきたい法律に「**景品表示法**」と「**薬機法**」「**健康増進法**」があります。これは、嘘や誇張表現、ユーザーに誤解を与えるような表現をしてはいけないという法律です。

景品表示法の正式名称は「不当景品類及び不当表示防止法」と言います。これは商品の販売に関して「有利誤認表示」と「優良誤認表示」を禁止する内容です。

有利誤認表示とは、**商品やサービスの価格や販売条件について実際の条件を偽って掲載**することです。たとえば、本当はいつでもキャンペーン価格で販売しているのにも関わらず「今月だけの特別価格」といって販売をしたり、限定ではないのに「限定○○個販売」などと虚偽のキャンペーンを行ったりすることです。

優良誤認表示とは、**商品・サービスの品質や規格について実際よりも優れていると掲載**すること。たとえば、実際は効果がないのに「履くだけで1ヶ月で9kg痩せる」などと表示することです。こういった虚偽の内容を掲載することを禁止する法律です。

景品表示法
商品やサービスの品質、内容、価格などを偽って表示を行うことを厳しく規制するとともに、過大な景品類の提供を防ぐために景品類の最高額を制限する法律。

薬機法
医薬品などの品質と有効性、安全性を確保するために、製造、表示、販売、流通、広告の方法を細かく定めた法律。

健康増進法
栄養の改善や健康の増進を図ることを目的とした法律。

表現に制限を定めた「薬機法」と「健康増進法」

薬機法の正式名称は「医薬品、医療機器等の品質、有効性及び安全性の確保等に関する法律」です。これは医薬品や医療機器、化粧品や薬用化粧品について定めた法律です。よくある商材であればサプリメントや化粧品です。これらの商品は**効果効能で掲載できる内容が、法律によって決められています。**この範囲を超え

景品表示法と薬機法、健康増進法の概要

	景品表示法	薬機法	健康増進法
管轄	・消費者庁 ・都道府県庁	・厚生労働省 ・都道府県庁 ・警察	・消費者庁
内容	・虚偽や、誇大表現の禁止 ・効果効能の合理的根拠を記載しなければならない	・医薬品と誤解させてはいけない ・効果効能をうたってはいけない	・食品に対し 疾病の治療または予防を目的とする効果や、身体の組織機能の一般的増強を表記してはいけない
事例	・虚偽の「限定○○個販売」 ・「飲むだけで痩せる」 嘘の内容を記載するのを禁止する	・「アンチエイジング成分配合」 ・「脂肪分解を促進」 商品の効果効能を超えた内容を記載するのを禁止する	・「末期がんが治る」 ・「虫歯にならない」 薬機法同様に、食品に対する効果効能を謳うのを禁止する

代表的な商品：サプリメント・化粧品・医薬部外品など

た内容を掲載することが禁止されています。たとえば化粧品で「塗るだけで肌のシミがなくなる」といった記載は禁止されています。このような効果の訴求を行うと行政処分をされる可能性もあるため注意しましょう。また、薬機法で対象とならない保健機能食品などの「健康食品」等は、健康増進法を確認します。

商品の説明にはガイドラインに留意した表現を

ダイエット商材、健康商材、美容商材を販売する事業者は特にこれらの法律に注意が必要です。原材料にこだわりを持ってつくった商材では、他社との差別化のポイントを打ち出したいあまり、次第に表現が法律のガイドラインを超えていくケースというのがよくあります。お客様の声に「個人の感想であり、効果には個人差があります」という注釈を入れたとしても、医薬品としての効果効能を掲載している場合、薬機法の違反になるため注意が必要です。

景品表示法や薬機法、健康増進法は、誤解を与えないようにして、消費者に商品を購入してもらうための法律です。そのため、過度な訴求を行うことはやめ、正しい情報の記載を心がけましょう。

SECTION 08

決済方法の基礎知識①

ECサイトで利用される決済方法

EC サイトには、商品の代金を支払ってもらうための決済システムが必要です。決済方法の種類を充実させることは、売上を伸ばすために押さえておくべき基本的なポイントです。主要な決済方法の種類とその特長を知っておきましょう。

根強い人気を誇るクレジットカード払い

決済方法についての調査結果（右図）を見てみると、圧倒的にクレジットカード決済の利用頻度が高いことがわかります。クレジットカード決済は、EC サイトのカートシステムが対応している決済代行会社に申請を行うことで利用することができます。費用面としては、3 ～ 5% 程度のカード手数料や**トランザクション費用**などが発生します。また、クレジットカードをつくれない 18 歳未満や、カードを持たないことが多い 20 代前半の若年層の利用率が低いという特徴もあります。

トランザクション費用
クレジットカード決済をする場合に、そのカードの信用照会、購入確定後の業務処理などに発生する費用のこと。

10 代や 20 代前半の人に人気の高い決済方法は、コンビニ決済です。購入時に指定される番号を使い、コンビニ店頭で購入料金を支払うサービスです。クレジットカードを持たない人や、クレジットカードをネットで使うことに抵抗がある人に人気があります。運営者側も、店頭での支払いが完了したのを確認してから商品の配送ができるため、**商品を送った後で代金が振り込まれないといったリスクを避ける**ことができます。

その他のメジャーな決済方法には、「代引き決済」「キャリア決済」「銀行振込」「電子マネー決済」「後払い決済」などがあります。また、Amazon や楽天市場などに登録している会員情報を使って購入する「ID 決済」（P.48）も人気です。

どの決済方法にもメリットとデメリットがあるため、さまざまな決済方法を自社サイトに導入することがユーザーの利便性を高め、購入率アップにもつながります。

インターネットで購入する際の決済方法（複数回答）

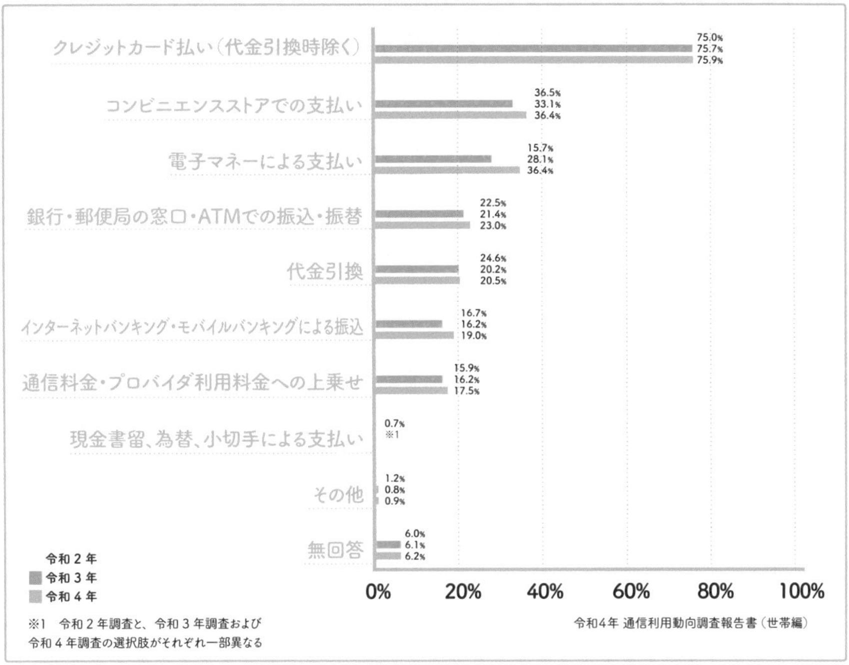

ECサイト・利用者ともにメリットある「後払い決済」

ECサイトのさまざまな決済方法の中で、利便性が高く人気でありながら導入店舗がまだまだ少ないのが**後払い決済**です。

これは、ユーザーの決済時に、金銭のやり取りは後払い会社と契約して立替払いをしてもらうという決済方法です。ユーザーは、商品受け取り後に支払いができ、かつクレジットカードを使わないため、安心してECサイトを利用できます。また運営者側にも**代金未回収のリスクや、回収にかかる業務を削減でき**、双方にメリットのある決済方法です。

最近では、「Paidy」のように、後払いでかつ、分割払いにも対応したサービスが普及してきています。利用者は手数料無料で分割払いを利用できます。商品単価が１万円以上のショップは購入率を大きく伸ばせるため、押さえておきたい決済方法のひとつです。

後払い決済
購入した商品をユーザーが受け取った後に代金を支払う決済方法。後払い決済サービスを提供する決済代行会社と契約する必要がある。クレジットカードを持っていない人や、ネット上にクレジットカード情報を入力することに不安を感じる人でも安心して決済ができる。

SECTION 09

決済方法の基礎知識②

ECサイトの売上を伸ばすID決済

購入率を上げる最も簡単で効果の出やすい方法は、人気のある決済方法を充実させることです。中でも昨今人気を博しているのが、Amazon Pay をはじめとする ID 決済。ID 決済を導入することにより、購入率がアップする理由を中心に解説します。

購入率アップの守護神「ID決済」

スマホ時代の決済手段として、近年勢力を伸ばしているのが ID 決済です。ID 決済とは、他サービスに登録している会員情報（ID）のログイン情報を入力するだけで、はじめて利用する EC サイトであっても、「住所」「氏名」「電話番号」「メールアドレス」「クレジットカード情報」などの必須情報の入力を省略して購入できる決済方法です。**お客様の購入の手間を大幅に省けることが、購入率を飛躍的に伸ばす秘訣**です。

Amazon Pay/楽天ペイ
ユーザーが自身の ID とパスワードを入力するだけで、Amazon や楽天市場に登録した決済方法や配送情報が自動で入力されるシステム。

代表的な ID 決済に **Amazon Pay**、**楽天ペイ**、PayPay などがあります。2024 年時点でシェアを大きく伸ばしているのは、ネットショップと親和性の高い Amazon Pay、楽天ペイです。今後は圧倒的なユーザー数を誇る PayPay の本格参入で、より ID 決済の需要が増えることが見込まれます。

需要増の秘密は「ながら決済」。十年来、一番人気の決済手段はクレジットカード決済でしたが、スマホ時代の「ながら決済」には不向きです。たとえば、「通勤電車に乗りながら」ネットショッピングを楽しんでいたとします。満員電車の中でクレジットカードを取りだして、スマホにクレジット情報を入力することはできません。また、自宅のリビングで「横になりながら、テレビを見ながら」ネットショッピングをしているときも、クレジットカードを財布から取りだすのは面倒です。ID 決済であれば、登録されている ID とパスワードを入力するだけなので、決済完了まで数タップでたどりつけるのです。

カートに進む前に便利な決済を明示

決済方法を知らせるタイミングも重要

せっかく便利な決済方法を導入しても、その決済方法を使用できることが、カート画面に進む前に視認できなければ、購入率のアップにはつながりません。上図のようにカートボタン付近におススメの決済方法の決済ボタンや、利用できる決済方法のロゴを配置し、どの決済方法が使えるかをカートに商品を入れる前に明示するのがポイントです。購入ページへ進み支払い方法の選択のタイミングで、利用したい決済方法が使えるかどうかがわかるというのでは、そこで離脱してしまう可能性が高く、効果も半減してしまいます。前ページで述べているように、どのような状況でも数クリックで決済が完了することが購入率UPにつながるのです。

SECTION 10

商品の魅力的な伝え方①

商品写真の撮影前に伝えたいことを考え抜くのが大切

商品写真はECサイトの売上を大きく左右する、とても重要な要素です。同じ商品でも写真の撮り方で売上が変わるので、EC担当者は“売れる写真”のポイントを押さえておく必要があります。またプロのカメラマンに依頼する「外注」で効率化を図ることが可能です。

写真を撮る前に商品の魅力を考える

ECサイトの商材写真を撮る際に最も大切なのは、「商品の魅力をとことん理解する」こと。売りたい商品の魅力はデザインなのか、それとも機能面なのか。いちばんの魅力、伝えたいポイントを詳細まで理解したうえで撮影に挑んだほうが、**テキストによる説明がなくても商品情報がお客様に伝わるようになります。**そのため、商品のどこを注力して見せたいのかをまず把握しておくことが大切です。

トップページに掲載する写真でも、魅力がいちばん伝わる構図やアングル、小物などを加えたコーディネートを考えること。いつ、だれが、どんな時に使うものなのか、写真を見た瞬間に、この商品を使うとこんな体験ができる、こんな自分になれる、などのイメージをユーザーが持てるようにすることが大切です。ECサイトでは、**実際に手に取って商品を体験することができません。**そのため、イメージが膨らむような小物やロケーションをコーディネートし、商品の魅力をさらに引き出せるよう演出します。

トップページ
サイト全体の拠点となるページ。ホームページ全体の要約や抜粋を掲載した構成になっている（P.80）。

また商品の細部も写真で説明します。アパレルであれば、**商品詳細ページ**に全身の着用シーンや、正面、バックスタイル、ボタンなどの装飾品や縫い目の位置、生地の質感がわかるアップの写真など、5～10枚程度以上の写真で説明するのがベスト。仕様や機能がきちんと伝わるよう、あらゆる角度から、見やすく鮮明に写るような撮影を心がけましょう。またその際、モデルの体格も記載することで、情報により深みを持たせることができます。

商品詳細ページ
商品の詳細情報をユーザーが確認するためのページ。そこから、購入画面へ移動できる（P.84）。

トップページに掲載する写真の例

▶売りたい商品　レディースアンティーク調腕時計
▶ターゲット層　30代～40代のファッションに関心のある働く女性
▶撮影イメージ　商品から連想するアンティーク感を上品に演出する
実際の金額よりも少しだけ高価なイメージを与える

小物①
アンティーク調の時計の
印象を強めるため、
古紙風の洋書を土台に

商品
主役を強調するために
日の丸構図で撮影

小物③
ドライフラワーを置いて、
スタイリッシュさと
アンティーク感を演出

小物②
レースでアンティーク感と
落ち着いた女性らしさを演出

難度の高い商品や定番商品の撮影は外注する

ジュエリーなどの撮影難度の高い商品写真や、モデルを活用したロケーション写真、キッチンスタジオが必要な商材など、店舗での撮影が難しい場合にはフォトスタジオに依頼する方法もあります。また、商品の入れ替えがほとんどなく、一度撮影した写真をしばらく使用できる場合も、プロに依頼してしまったほうが賢明です。他にも月間30アイテム以上の入れ替えが発生するようなアパレル店や雑貨店、撮影の時間と手間が膨大にかかってしまう場合も、**プロに依頼をしたほうが効率的ですし、社内で撮影するよりもコストも抑えられます。**

特にアパレルショップ店の場合には「**ささげサービス**」というものもあります。「ささげサービス」とは、「撮影」「採寸」「原稿」の頭文字をとった、撮影から採寸、商品説明の原稿作成までを代行してくれるもので、かなりの効率化を図れます。

ささげサービス
「撮影（さ）」「採寸（さ）」「原稿（げ）」の頭文字をとった略称で、ECサイトで販売する商品の写真やサイズの確認、必要な情報を制作すること。

SECTION 11

商品の魅力的な伝え方②

商品写真で知っておきたい撮影の知識

商品写真の撮り方ひとつで購入率を上げることも可能です。光の使い方や機材のセッティングなど、ちょっとしたコツを覚えるだけで、ぐっと商品の魅力が伝わる写真が撮れるようになるのです。

露出補正で失敗写真は無くせる

オート撮影でも、うまく商品撮影ができるコツがあります。そのコツはずばり「明るさ」＝「露出」の調整です。「露出」と聞くと難しそうに聞こえますが、簡単に言うと「明るさ」の調整です。写真撮影の基本は、絞りとシャッター速度、ISO感度の組み合わせで「明るさ」を調整してシャッターを切ります。カメラまかせのオート撮影では、ピントもカメラが合わせてくれますが、**「なんだか写真が暗い」「実際に見た色と違う」といった写真が後を絶ちません。**でもそれは「明るさ」を調整することで解決できます。オート撮影で写真が暗くなってしまう理由は、被写体が明るい状態と勘違いをして、実際よりも暗めに撮影してしまうためです。たとえば、被写体が白くて明るい色の場合、オート撮影だと、カメラは明るすぎると判断して暗めに撮影してしまいます。そんなときはカメラで**「露出」＝「明るさ」をプラス**に補正すれば、思い通りの明るさで撮影をすることが可能です。逆に真っ黒な商品を撮影した場合には、明るく撮影されがちで、黒の重厚感が失われてしまいます。その場合は**「露出」＝「明るさ」をマイナス**に補正することによって解決します。

露出をプラス、マイナス

露出（写真の明るさ）をプラスに（明るく）したり、マイナスに（暗く）したりすることを露出補正といい、写真の明るさを補正できる機能。一眼レフカメラに備わっている機能だが、一部のコンパクトカメラやスマホのカメラでも使用可能。

また、白いものが黄色みがかってしまったり、実際の目で見ている色と違う色になってしまうときは、撮影している部屋の電球の色に影響を受けている場合があります。その際は電気を消して自然光で撮影したり、明るさが足りなければスタンド照明などで光量を補って撮影したりしましょう。

商品撮影の成功・失敗例

▶オート撮影のみで失敗

被写体の多くを白っぽい色が占める場合、オート撮影のみだと暗くなりがち。失敗写真のいちばん多いパターン

▶部屋の照明で失敗

部屋の照明をつけたままで撮影をしたので、電球の色味が、白いショートケーキに反映されてしまった例

▶オート撮影＋露出補正で撮影して成功

見た通りの明るさや、色味を撮影できている。自然光　オート撮影で露出をプラス補正している

仕様や機能を伝える説明写真かイメージ写真か

　商品撮影では、どんな商品でもパッケージから出して撮影するのが基本です。付属品がある場合も、すべて取り出して撮影しましょう。ただし、贈答品の場合は、送り先に到着したときの状態もイメージできるように、**パッケージに入ったままの写真や、梱包、ラッピング、のし紙などの写真も必須**です。

　コーディネートは「写真を見た瞬間に商品の魅力が伝わる」ことを意識します。あくまでも主役は商品ですので、引き立て役である小物や背景が目立ちすぎないようにセッティングするなど、ファインダーを覗きながらバランスを調整します。全体のコーディネートが確認できるカットに加え、商品の魅力を強調するために、寄りのカットも撮りましょう。

　また、イメージ写真以外に、商品詳細ページで使用する白背景の写真も撮影します。これは多ければ多いほどよいのですが、最低限、正面・上面・側面の３カットは必要です。

SECTION 12

商品の魅力的な伝え方③

自社で撮影するのに必要な機材

一眼レフカメラかスマホか。撮影の機材はどこまで用意すればいいのか。売れる商品写真を自社で撮影するために揃えたい、商品撮影に欠かせない基本的な道具を紹介します。

店舗やオフィスで撮影するのに必要な機材

一眼レフカメラがあれば背景をぼかした雰囲気のある写真を、**交換マクロレンズ**を用意すれば、細部まではっきりキレイに見える写真を撮影できます。ただし一眼レフカメラは安価なものでもボディに数万円、レンズに数万円ずつの予算が必要ですし、取り扱いも難しくなります。もし予算的に厳しい場合などは、コンパクトデジタルカメラや最新のスマホカメラでもきれいに撮影できます。**照明に注意したり、撮影環境を整えたりすることのほうが、ネットショップの撮影においては優先度は高く**なります。

撮影ボックスと照明でプロのような撮影が可能に

撮影ボックスと照明を用意することにより、さらに安定してキレイな写真が撮影できるようになります。右の写真はコンパクトデジタルカメラで、撮影ボックスと照明を活用したときと、活用していない写真の比較です。サイドとトップから撮影ボックスを照明で照らすことによって、撮影ボックス全体に光が回り込み、簡単にプロのような撮影が可能となります。照明で撮影ボックス内が明るくなるので、前頁で解説した「露出」=「明るさ」をマイナスに補正するのも忘れないようにしましょう。

その際に**シャッタースピード**が低速になる傾向がありますので、手振れを起こさないための三脚も撮影必須アイテムです。最適な場所はなるべく外光の入らない室内で、部屋の照明に色がついている場合は部屋の照明も消すと色かぶりも防げます。

一眼レフカメラ
カメラの中にあるレフ(ミラー)にレンズが取り込んだ景色を反射させ、撮影されるイメージをファインダーで確認できるカメラ。レンズが交換できるため、撮影用途や被写体によって使い分けができる。

交換マクロレンズ
マクロレンズは被写体(商品)を大きく写すことができ、商品のディテールや細部も写すことができる。

シャッタースピード
シャッターボタンを押してからシャッターが切れるまでの、カメラが光を取り込む時間のこと。明るさが足りずシャッタースピードが低速になると、シャッターが切れる前にカメラを動かしてしまい手振れの原因になる。

撮影ボックスを使って撮影

▶撮影ボックスあり

全体に光があたってバナナの黄色が自然な色合いに

▶撮影ボックスなし

全体が暗く、バナナ発色も悪い

コンパクトデジタルカメラを使いフルオート撮影した場合は、撮影ボックスを使用したほうが全体が明るく、被写体本来に近い自然な色が表現できる。

あると便利なお役立ちアイテム

撮影ボックス

薄い布でつくられていて、光を透過する。余計な映り込みを防ぎ、きれいな写真が撮れる

照明

定常光の場合、LEDや蛍光灯が主流。使用時にはディフューザーなどを使って光の強さをコントロールする

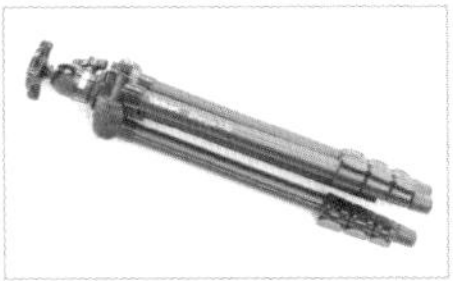

三脚

所有するカメラを載せたときに、倒れない程度の大きさで

商品説明写真の撮影（照明を使って撮影ボックスで撮る）

①照明 メインのライト一灯を適格な位置に設置し、光量が足りない場合は補助的にもう一灯追加する

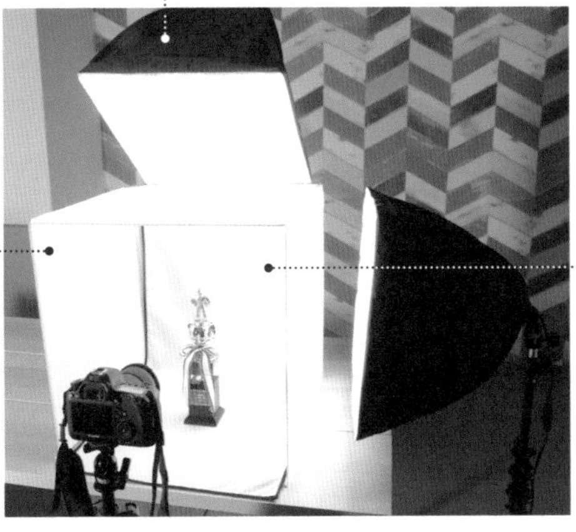

②撮影ボックス 無駄な映り込みや情報を入れたくないときに使う

③背景紙 白い紙を背景にすると、全体に光が回りやすくなる

撮影ボックスは１万円前後、照明は１灯１万円程度で入手できるので、
三脚も含めて数万円の投資で、プロのような撮影が可能となる。ぜひ揃えておきたいアイテム

SECTION 13

生成AIの活用

チャットGPTによる商品説明文やバナー画像の作成

ECサイトの運用において、生成AIは大きく更新頻度をあげるための必須ツールとなりつつあります。バナー画像や商品説明文のたたき台をAIがつくってくれるだけでも、大きく工数を削減できます。

商品説明文はAIがお手のもの!

チャットGPT
2024年7月時点で、無料版の利用は画像生成など一部機能に制限がある。また、機能のアップデートも早いためEC担当者であればトレンドをチェックしておく必要がある。

2024年時点で最も代表的な生成AIツールである「**チャットGPT**」を活用して、ECサイトの運用にどう貢献できるのかを探ってみましょう。商品説明文や特集バナーの作成などには、工数がかかるばかりでなく、専門の人材も必要となるケースもあるため、運営者にとっては頭を抱える業務です。まずは商品説明文の制作に生成AIを活用する事例を見ていきます。

ここでは「AIハンバーグ」という架空のハンバーグの説明文を書いてもらうとします。特徴は「A5ランクの国産牛を使ったもので、肉汁がすごい」。チャットGPTに依頼すると、ものの数秒で以下の文章がアウトプットされてきました。

「A5ランクの国産牛を贅沢に使用した「AIハンバーグ」は、一口食べると溢れ出す肉汁とともに、口いっぱいに広がるジューシーな旨味が特徴です。最高級の素材を使用し、丁寧に仕上げたハンバーグは、肉本来の持つ豊かな風味を閉じ込め、まるでレストランのような本格的な味わいを家族全員でお楽しみいただけます。」

少し物足りないので、「家庭で美味しく食べる方法を付け加えて」という指示を追加すると、フライパンやオーブンを使った調理方法が加えられた文章がアウトプットされてきました。

表現や言い回しを整える作業は必須ですが、たたき台の文章としては十分な出来です。**文字数などを指定すれば、さらに効率よくテキストを準備することもできるため、活用しない手はないでしょう。商品説明文ばかりでなく、キャッチコピーの生成にも役立ちます。**

生成 AI でイラストや写真を作成

短時間でたくさんのバナー画像の作成も可能に

画像生成も同様です。たとえば「父の日のプレゼントで娘がプレゼントを渡す画像」を作成してほしいとチャット GPT に依頼をします。すると図解の①の写真が生成されます。これに「リアルな路線に変更して」と依頼をすることで②の写真に。日本人に変更してと依頼をすることで③に。娘を息子に変更してと依頼をすることで④へと画像を切り替えられます。

このように、特集バナーなどのヴィジュアルも生成 AI により簡単につくることができます。上手に活用することで短時間に多くの画像を生成できるため、成果に応じた画像の入れ替えや、バナーを使った販促の負担が軽減されます。 AI ツールを活用することで、これまで以上に消費者に魅力的なサイト作りが可能になるため、積極的に利用しましょう。

SECTION 14

ネット販売での価格設定

価格の決め方と平均客単価を伸ばす方法

ECサイトでの販売において、悩むことが多いのが価格の設定です。値段を低めに設定すればたくさん売れるかもしれませんが、適正な価格で売りたいものです。実店舗での価格設定との違いに気をつけて考える必要があります。

ECサイトならではの値付けの考え方

ECサイトの場合、競合となるのは全世界の同様の商品を扱うECサイトです。顧客視点に立った際、購買意欲を湧かせる価格設定をしていく必要があります。

価格設定で最も大切なのは付加価値を付けることです。実店舗と比較したときのECサイトならではの大きな付加価値は、「普段手に入らないものが購入できる」「どこで購入しても自宅まで運んでくれる」です。これらの商材は、実店舗と比べて少々高い値段設定にしても、ネットで販売しやすいと言えます。ただし、実店舗ではなく競合ECサイトと比べた場合の、自社サイト独自で提供する価値には、「配送時間の短さ」「商品価格」「サイトの使いやすさ」「決済方法の充実度」など、多くの要素が考えられます。価格決定する際は**競合がどのようなサービスをいくらで設定し、それに伴う付加価値がどこにあるかを分析**し決定します。

平均客単価を伸ばす価格設定のヒント

より積極的に売りたい商品があるときは、松竹梅の3段階の価格で商材を用意することが大切です。最上級の松、真ん中の竹、いちばん下の梅と3段階の価格帯を設けることにより、真ん中の価格のもの（＝竹）が最も売れやすくなるという価格設定の手法です。これにより、3つのセット商品の価格設定次第で、平均客単価を伸ばすことができるようになります。

商品価格を決めるポイント

メイン商材	サブ商材	お試し商品
売上の主軸になる商品。利益率が高く、付加価値を付けやすいものがおススメ。	配送料や手数料を考えたら一緒に買いたくなる商品。利益率は低くても、メイン商材とセットで購入したくなるようにする。	リピーターになってもらうための初回購入商品。目玉となるものをつくり、のちにほかの商品の購入へつなげる。
	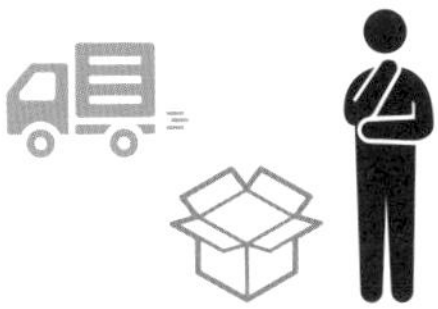	

松	竹 いちばん売れる	梅
10,000円 高価な商品セット	8,000円 売りたい商品	4,000円 安い価格を設定

諸経費を考えたうえで戦略的な価格の設定も

ECサイトの立ち上げ時に、忘れてはいけない費用に販促費があります。ECサイトは立ち上げたらそれでおしまい、ではありません。**売上を伸ばしていくには広告費を継続的に投入する必要があります。**

特に健康食品や日用品は、定期的に購入される商品であるため、初回購入で多めに広告費をかけても、リピートで費用を回収しやすい商品となります。このような商品の場合は、初回の価格を下げて購入のハードルを低くした状態で、2回目3回目以降の購入で採算を合わせていくという考え方もあります。

他にも継続的にかかる費用として、配送料や梱包料、人件費、決済手数料、システムや**ドメイン**の使用料などがあります。商品価格はこのような継続的コストを考えて、「いつまでに採算を合わせるか」をもとに決めることが成功のカギです。

ドメイン
インターネット上のコンピュータやネットワークを識別するための名前。インターネットでの「住所」のようなもの。

SECTION 15

通販ビジネスの物流のキホン①

在庫管理から発送までのフルフィルメント業務とは

ECサイトにおいて、注文から商品がお客様の手元に届くまでの配送業務は、非常に大切な作業です。ここでは、配送業務について押さえておきましょう。

物流の一連の流れ「フルフィルメント」

商品の発送までの流れは、おおまかに「入荷管理」・「商品保管」・「受注処理」・「ピッキング」・「検品」・「梱包」・「発送」です。この一連の流れのことを「**フルフィルメント**」と呼びます。ECサイト立ち上げ時には、自社で行うお店も多くありますが、月の出荷件数が100件を超えた段階で、フルフィルメント業務の一部を外注することを視野にいれましょう。

フルフィルメント
ECサイトで商品が注文されてからお客様に商品が届くまでに必要な業務全般を指す。

なお、梱包をスタッフ自ら行う場合には、梱包材販売のECサイトの利用をおすすめします。専門サイトで、自社で扱う商品に合った梱包材を仕入れます。

フルフィルメント業務を外部委託するメリット

フルフィルメント業務を外部委託することは、配送品質の向上や工数削減につながります。それにより、本来注力すべき、マーケティングや商品管理、個別のお客様対応といった、**アウトソーシングが難しい領域に時間を割くことができ、お客様満足度を高められる**ようになります。

ECサイトの場合、その性質上購入から発送、商品到達までにどうしてもタイムラグが発生してしまいます。そのため、注文件数が増えてくるにつれ、自社管理では対応が難しくなります。お客様の不利益になるポイントを減らし、他店との差別化を明確にするためにも、一部業務をアウトソーシングすることで、注文日即日配送などが行える体制を整えましょう。

フルフィルメント業務の流れ

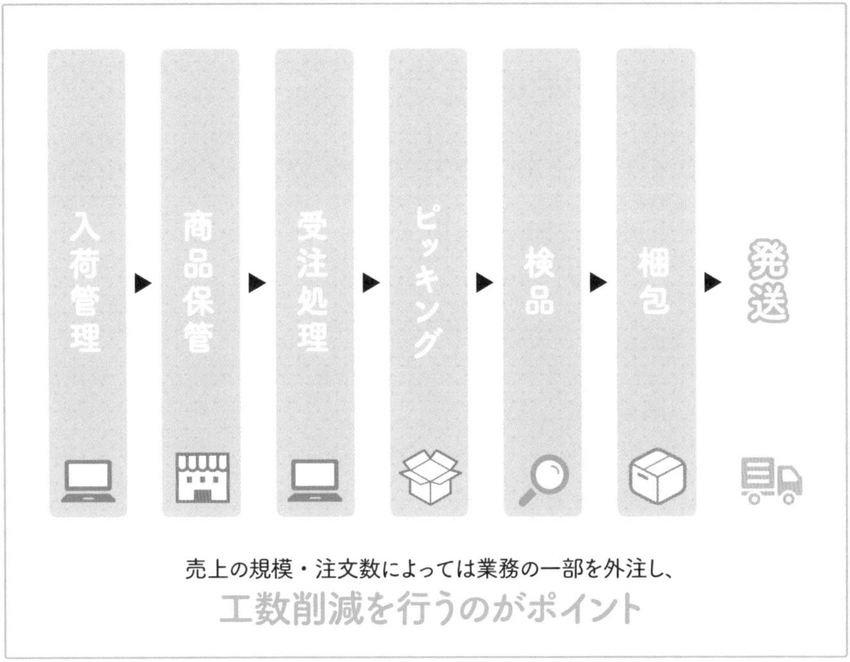

配送作業は自分たちだけでは完結しないため、その他の作業よりさらにお客様目線で、最適な配送体制を整えることが大切です。

失敗しない配送業者の選び方

配送会社は一般的に３大配送会社と呼ばれる「ヤマト運輸」「佐川急便」「日本郵便」の中から選ぶケースが多いです。では、配送会社の選び方について考えてみましょう。

配送会社によって、料金や、配送可能なサイズと重量、クール便の値段が異なります。また、商材によっては宅配便ではなく、メール便のほうが安く利用できるケースもあります。販売商材の配送条件によって利用する会社を決めたり、複数の業者を組み合わせた配送システムを検討しましょう。まずは最寄りの営業所に電話し、商材の種類や梱包時のサイズ、月間出荷数などを伝え、**各配送会社からの見積もりを比較検討する**ことが失敗しないポイントです。

SECTION 16

通販ビジネスの物流のキホン②

販売戦略につながる配送料金の設定

通販ビジネスを始める際、意外と難しいのが配送料の設定です。配送料金の設定次第でECサイトの売上そのものを左右することもある、非常に重要な項目です。お客様目線でわかりやすい料金設定にすること、料金設定を工夫して売上アップにつなげることを意識します。

配送料は「無料」か「全国一律」がベスト

配送料金
商品のサイズや梱包のやり方次第で配送料金は安くできる。特に、メール便が使えるサイズの商品であれば、箱詰めが必要な商品と比較してかなり送料を下げられる。商品によっては商品設計の段階で箱詰めではなく、パウチでコンパクトにする。

配送料金を決めるうえで大切なのは、お客様にとってわかりやすい料金設定をすることです。当然ですが、配送先が遠いほど送料は高くなるので、地域ごとに異なる料金を設定しているECサイトは多いのですが、配送料金は全国無料にするのがベストです。商品の価格に送料分の金額を上乗せして他サイトより価格設定を高くしても、送料が別途かかる低価格のサイトより、売上が上がる傾向にあるためです。

無料が難しい場合でも、なるべく送料は全国一律にしましょう。その際、配送料金は全国の配送料金の平均と、売上が多い地域とのバランスを考えて決定します。たとえば、東京にある会社の場合、会社から近い関東圏内での売上が多ければ、配送料金を低く設定することができます。反対に、北海道や九州など、配送料金が高くなる地域での売上が多い場合は、配送料金を高く設定する必要があります。**バランスを考慮しながら、お客様にとって納得できる全国一律料金を設定**しましょう。

商材によっては配送料金の設定が複雑になるケースもあります。代表的なものはクール便で送らないといけない商品や、1回の注文で複数の配送先の指定が必要なケースです。このように配送料金が複雑になる商材の場合は、配送のルールをまとめて一覧にしたページを設け、お客様が簡単に計算できるようにすることが大切です。

配送料を使った販売戦略と顧客の心理

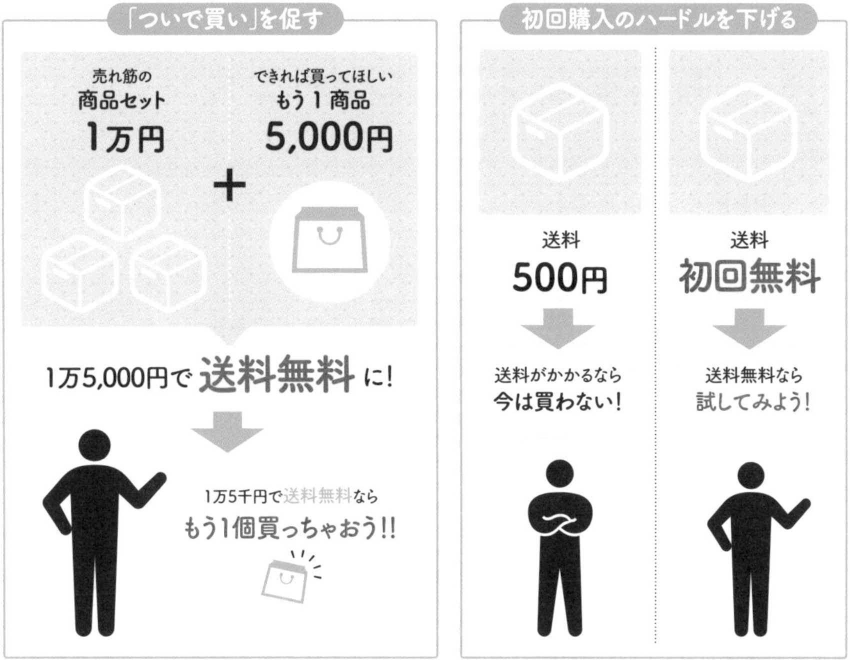

配送料を工夫すれば売上は伸びる

配送料のコントロールによって平均客単価や購入率を伸ばすことも可能です。多いのは「購入総額◯◯円以上で送料無料」というように、一定額を購入すると送料が無料になるパターンです。このように設定すると、「送料無料の金額」に達していない**お客様に「ついで買い」を促す効果**があります。

また、「初回購入は送料無料」という特典を付け、ECサイトの初回購入のハードルを下げることも、配送料を使ったECサイトの大切な販売戦略です。最もハードルが高い初回購入のハードルを下げ、新規顧客の増加が狙えます。こちらは特に定期購入をしてほしい商材で行うことの多い施策です。

このようにお得感を演出し、商品の購入意欲を引き上げることもできるため、配送料はオープン当初に設定して終わりではなく、状況に合わせて常に改善すべき大切なポイントです。

SECTION 17

梱包業務のキホンとアイデア

梱包と封入物でお客様とコミュニケーション

商品がお客様の手元に届いた瞬間は、お客様とショップのコミュニケーションの場でもあります。丁寧な梱包と同梱物の工夫で他社との差別化を図り、繰り返し購入いただけるようにしましょう。

梱包を解く瞬間ははじめてお客様と接する瞬間！

通信販売において、商品が届く瞬間はお客様とショップが実際に接する最初の瞬間であり、お客様の期待値が最も高まる瞬間でもあります。そのため、梱包の状況によってお客様が受ける印象は大きく変わります。たかが梱包と思いがちですが、**実はリピート率や売上に大きく影響するポイント**なのです。商品がお客様の手元に届いた際は、購入したときに抱いていた期待を裏切らないよう、梱包や同梱物にも注力しましょう。箱のデザインや同梱物の中身を工夫すれば、他社と差別化を図ることも可能です。

まずは箱選び。商品のサイズに対してあまりに大きい場合、商品を固定するためのクッション材が余計に必要になります。できるだけ商品のサイズに合ったものを選ぶようにします。**クッション材**にはエアー緩衝材を使い、段ボールに隙間なく詰め、商品がしっかり固定されるようにします。試しに梱包した商品を思いっきり振った後、梱包を開けてみましょう。顧客の手元に届いた状態を確認できます。このときに、もし商品の裏表が逆になっていたり、傷がついていたりしたら、梱包が甘い証拠なので箱詰めのやり方を変えましょう。

クッション材
緩衝材ともいう。空気の入った袋など、外部からの衝撃や振動を和らげるための資材のこと。

また、箱を開けた際に商品と納品書しか入っていないのも、味気ないもの。**同梱物はお客様との重要なコミュニケーションツール**です。商品の包み紙、手紙やすでに利用されているお客様の声、商品の使い方など、ちょっとしたものや情報でも商品に添えて、より好印象を持たれるような工夫をしましょう（P.226）。

お客様の心をつかむ梱包

封筒の開け口はきれいに、しっかり梱包する

▶開け口が雑な梱包

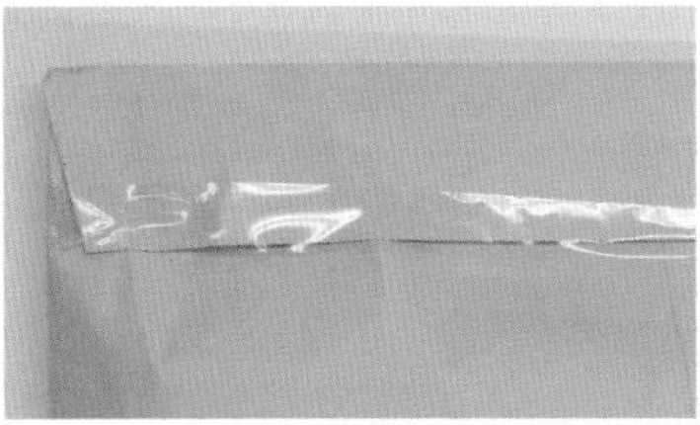

▶開け口がきれいな梱包

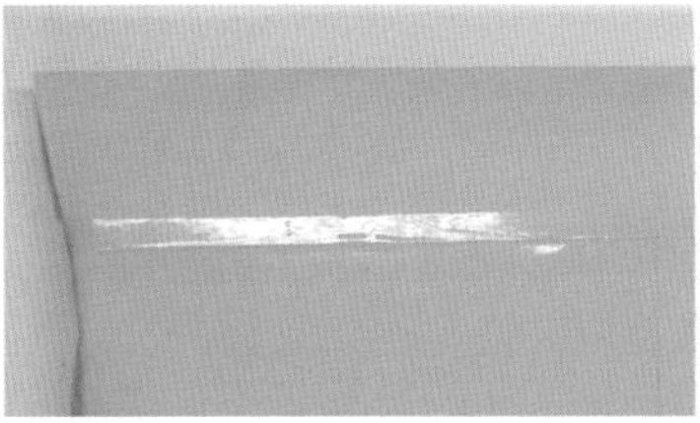

ラッピングにもひと工夫

ギフトラッピングの感覚で包むと、きれいに梱包できる

お客様とのコミュニケーションツールとしての同梱物

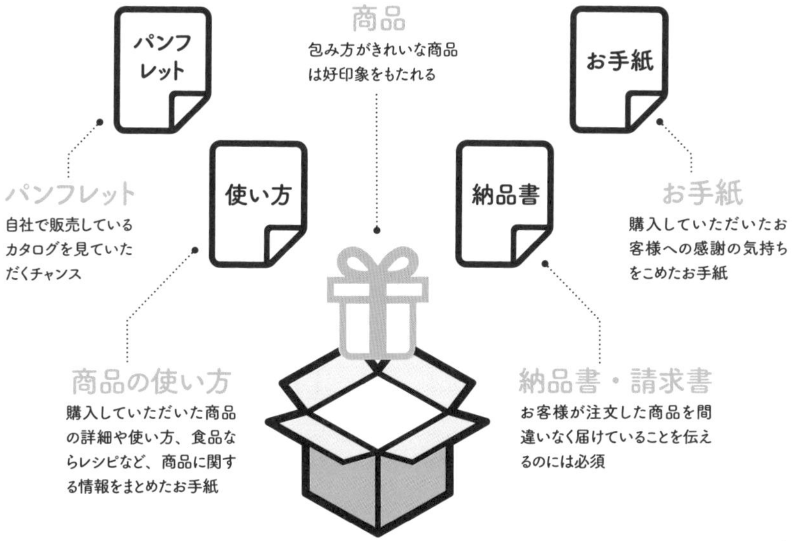

SECTION 18

EC ビジネスに関する情報収集

EC担当者なら知っておきたい情報サイト5選

常に情報がアップデートされ続ける EC 業界では、昨日までの常識だったルールが今日には変わっている、ということがあります。ここで紹介する 5 つの EC 担当者向け EC サイトを定期的にチェックし、最新の EC 事情を把握しておくことが大切です。

EC大航海時代の羅針盤

EC 事業を成功に導くには、情報収集が欠かせません。情報は地図や羅針盤と同等の価値があります。 最新のツール情報や他社の施策情報を手にいれ、自社の戦略に役立てましょう。

まず紹介するのが MIKATA 株式会社が運営している、①「EC のミカタ」(https://ecnomikata.com/)。EC のミカタは、EC 業界の基本的な情報から最新のニュースまであらゆる情報を日々更新しているので、ぜひチェックしておきましょう。さらに、情報配信だけではなく、**ビジネスマッチングサイト**としての側面もあります。たとえば、EC サイトの制作や、プロモーションの導入を検討している企業が EC のミカタに問い合わせると、EC のミカタに登録している各サービスとの関連性が高い企業を紹介してくれます。そのため、情報サイトとしてだけではなく、**企業間同士のマッチングサポートまで行ってくれるサイト**となっています。

ビジネスマッチングサイト
業務の外注や製品やサービスの発注を、条件によって事業者同士で結び付けることを目的とするウェブサイト。

次に紹介するのが翔泳社が運営している②「ECzine」(https://eczine.jp/)。EC 業界の最新の情報はもちろん、EC 担当者向けに売上アップを目指す細かな施策や実際の事例、事業者や支援企業のインタビューなど、ECビジネスに関する情報が充実しています。翔泳社は他にもマーケティング担当者向けの「MarkeZine」や、システム開発者向けの「CodeZine」も運営しています。EC 事業の運営に限らない、より幅広いマーケティング情報も定期的にチェックするのがおススメです。

マッチングサポートサービスも提供する情報サイト

「ECのミカタ」のトップページ

少し上級者向けのEC情報サイト3選

③「ネットショップ担当者フォーラム」(https://netshop.impress.co.jp/)も、EC担当者なら欠かせない情報サイトです。EC担当者用の専門的な業界情報やインタビュー記事が充実しています。

日本で最も歴史のあるEC業界の専門メディア④「日本ネット経済新聞」(https://netkeizai.com/)の購読もおススメです。最新トレンドを網羅した独自取材記事は、リスクコントロールをするうえでも把握しておきたいものが多いです。

最後に紹介するのが、⑤「通販通信」(https://www.tsuhannews.jp/)です。他のサイトに比べて、**ダイレクトマーケティング**系の情報が充実しています。また、**統計や分析など数字を含んだデータが豊富**なため、販促施策の根拠を調べるのに便利なサイトです。これら5つの情報サイトを定期的にチェックして、情報収集をし、そこで得られた情報をもとに施策の立案と実行を繰り返しましょう。

ダイレクトマーケティング
企業と消費者が双方からコミュニケーションを取り、顧客のレスポンス(反応)を獲得することに重視した宣伝方法。顧客に合わせた広告を展開し、興味のあるなしで反応を把握できる。

Column

「ECに詳しい人に任せてるから安心」は間違い！？

ECサイトの事業者様に「サポートしてもらっている業者に何をしてもらっていますか？」と聞くと、「よくわからないけど任せているから安心だ」と具体的な施策を把握せず丸投げしているケースが見受けられます。しかし、それでは売上を伸ばすのは難しいでしょう。

ECサイトの売上を構成する「アクセス数×購入率×平均客単価」の3つの要素を、すべて1人でカバーできる専門家はほとんどいないのではないでしょうか。

手放しで信用するのは間違い

ECサイトのアクセス数を伸ばす代表的な施策だけでも「SEO対策」「ウェブ広告」「アフィリエイト」「インフルエンサーマーケティング」「メルマガ」などがあります。

EC支援会社も「SEO対策はできても、広告は運用できない」「新規集客は得意だけどリピーター獲得は苦手」「このECサイトのシステムは使えるけど、あのシステムは使ったことがない」など会社ごとに得意・不得意なことがあります。

実際に事業者様のECサイトを見てみると、「デザインは良いのにSEO対策の基本的な部分ができていない」「ウェブ広告で売上を伸ばすべき商材にもかかわらず、SEO対策のみで売上を伸ばそうとしている」など、ちぐはぐな対策を行っているケースもよくあります。そういった事業者様に「なぜこのような施策を行っているのか？」と聞いても、「わからないけど、詳しい人に任せているから大丈夫」と施策を鵜呑みにしていることが多いのです。

二人三脚で売上を伸ばす

EC支援事業者は万能ではありません。会社によって得意・不得意な部分があります。当然ですが、商品知識や業界については、事業者様のほうが詳しいでしょう。

ECの売上を伸ばしていくには、手放しでEC支援事業者を信用するのではなく、自分たちに何が足りていないかを理解したうえで、相棒となるEC支援業者を見つけることが大切です。

そしてEC支援事業者にすべてを任せきりにするのではなく、自分たちでも施策を行い、二人三脚で売上を伸ばしていく姿勢が大切です。

Chap

3

企画から開店準備までで学ぶECサイト制作の知識

ここでは実際にECサイトを制作するための手順を紹介します。

売上を伸ばすためにコンセプトを決めることから、

ページ構成、開店準備まで

具体的な流れを見ていきましょう。

SECTION 01

ECサイト制作のフロー

コンセプト決定からオープンまでサイト制作の流れ

ECサイト運営の目的は売上を伸ばすことです。お客様が思わず商品を買いたくなるには、どうすればよいかを念頭に置き、サイトを制作しましょう。また、ECサイトは素材の用意に時間がかかります。オープン直前に慌てないためにも、事前の準備が重要です。

まずはECサイトのコンセプト決めから

ECサイト構築の流れは、企画設計、制作、開店準備の3つに大きく分けられますが、中でもいちばん重要なのが企画設計です。企画設計を間違えると後工程での軌道修正が大変になります。

まずはECサイトを制作するうえでのコンセプトを決めます。価格の安さや品揃えの豊富さを売りにするのか、こだわりのアイテムだけを厳選したサイトにするのか、など**自社ECサイトのセールスポイントに基いてコンセプトを決定します。**

コンセプトに基づいて制作工程を進める

コンセプトが決まったら、ショッピングカートシステムを選びます（P.24）。各システムによって対応できる機能が異なるため、自社のサイトに必要な機能の選定など、コンセプトの決定後にカートシステムを選ぶことが重要です。

カートシステムが決まったら、必要なページを整理してサイトの構造を決めるサイトマップの作成（P.74）、サイト全体のレイアウトやデザインの作成へと進みます。見やすさや興味を引くレイアウトなど、買いやすくなるサイト制作が重要です。サイトのデザインが確定したら、実際にサイトを運用するためにHTML言語を中心に各ページの実装作業を行います。

最後に販売する商品の情報を登録し、お客様が利用できる決済方法や配送手段、配送料を設定したら開店準備の完了です。

ECサイト制作の流れ

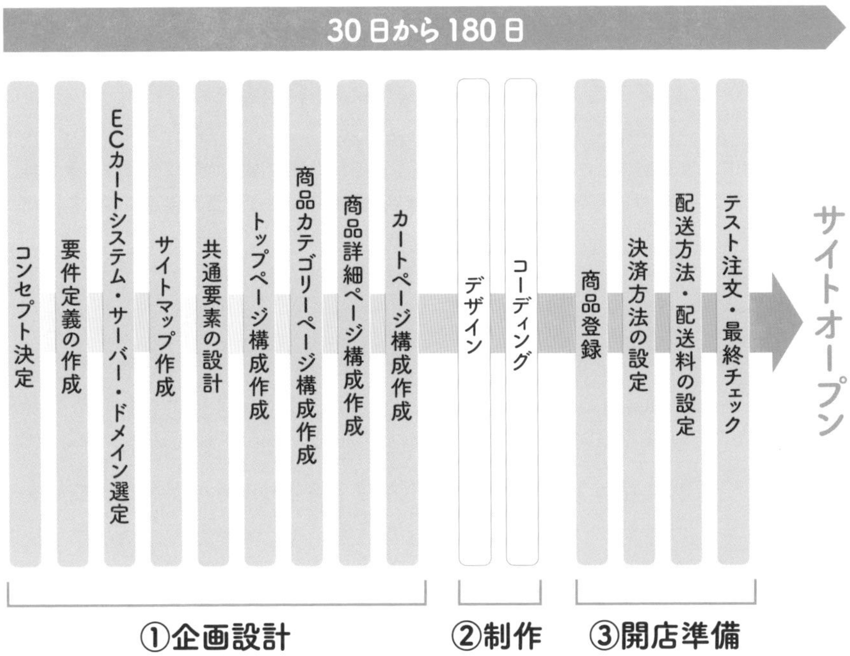

ECサイト制作にかかる期間

ECサイトの制作時間は、サイトの規模にもよりますが、1ヶ月から半年程かかります。ECサイトは実際の店舗と違い、**オープンしてからも容易に改修作業ができるので、まずは最短でのオープンを目指しましょう。**

想定よりも時間がかかる工程は、企画設計やページデザインの実装作業ではなく、販売する商品の写真や説明文などの準備です。ECサイトに掲載したい写真や商品説明が用意できない場合、フリー素材やメーカーの説明文を利用しているサイトもあります。しかし、自社ECサイトをつくるなら、他社も使えるようなフリー素材やメーカーのカタログ情報ではなく、独自に商品写真や説明文を用意しないと、売れるECサイトにはなりません。制作作業が進んでから慌てるのではなく、生成AIの力も借りて事前に商品写真など素材の準備を進めておくことが重要です。

SECTION 02

EC サイトの企画設計①

サイト制作の精度が上がるコンセプトシートの作成

EC サイトを作成する前に、用意したコンセプトシートに必要な機能や競合分析の結果をまとめ、どのような EC サイトをつくるのかを俯瞰で確認することができるようにすることが大切です。

コンセプト決定作業が大切な理由

メインターゲット
その商品を購入する確率が最も高いユーザーのこと。年齢層や性別などで表す。

EC サイトの構成やデザインは、**メインターゲット**、販売商品やアイテム数、ブランドイメージなどによって変わってきます。たとえば 1 万種の商品を販売する EC サイトであれば、商品を見つけやすい構成にすることが大切になりますが、反対に単品種商品しか扱わないのであれば、商品の魅力がトップページから伝わる構成にする必要があります。

また、年齢や性別によっても高級感があるもの、かわいらしいものなど、求められるデザインも変わってきます。EC サイトをつくる際はまず、SWOT 分析 (P.34) やカスタマージャーニーマップ（P.37）で分析した情報をベースに、どのようなコンセプトの EC サイトをつくるかをまとめてから制作を開始します。

ECサイト制作に必要なコンセプトシートとは

コンセプトをまとめないまま EC サイトの制作に着手してしまうと、イメージ通りでないばかりか、**コンセプトの実現に必要な機能が備わっていないサイトが完成してしまいます。**これらを防ぐためにも、どのような EC サイトをつくるべきかを事前にまとめ、制作で迷いが生じたら立ち戻れるようにすることが大切です。

実際の制作の現場でよく使うコンセプトシートの項目と内容例は、右表のようになります。このシートを参考に制作プロジェクトを進めることが、失敗しないサイト制作において大切なポイントになります。

コンセプトシートの項目と設定内容例

種別	項目	例
目的・ターゲット	構築するECサイトに必要な機能は何か	購入機能、会員割引機能、予約販売機能
	性別	女性
	年齢層	20代後半～30代前半
	ペルソナ	25歳女性。福岡出身の未婚。年収300万。正社員。通勤は電車を利用。休日はスマホで動画を見て過ごす。悩みは出会いがなく恋人ができないのと、ダイエット
ショップ・サイト情報	販売商品は何か	日用雑貨
	キャッチコピーは	ていねいな生活をていねいな小物で
	競合他社	○○株式会社
	販売予定商品数	100アイテムほど
	販売商品のカテゴリーとその種類	お皿、カトラリー、グラス、オーガニック食品、北欧雑貨
	人気商品	ペアグラス
	売りたい商品	オーガニック食品
	固定ファンの有無	実店舗の常連客がいる
デザインイメージ	ユーザーに与えたい印象	おしゃれで家庭的なイメージ
	つくりたいECサイトのイメージ	かわいく、他の商品も見たくなるようなサイト。実店舗での買い物を追体験できるようなサイト
	ターゲットが好まない構成	ごちゃごちゃしすぎるデザイン
	参考にしたいサイト	https://○○.jp
	真似したくないサイト	https://××.jp
	実現したいデザイン	インスタグラムの更新情報がサイト上からもわかるように。写真がたくさん載るようなデザイン
	ベースにしたい色	白を基調に暖色系
	使いたくない色	ビビッドカラー
	指定のフォント	なし
	定番ページ以外に必要なページ	実店舗の案内ページ
	決済方法	銀行振込、代引き、クレジットカード払い、コンビニ決済
機能関連	代引き手数料	330円
	送料	全国一律1,000円
	購入金額による送料無料の設定	1万円以上購入で送料無料(離島はのぞく)
	会員情報として登録する項目	名前、住所、性別、年齢、電話番号、メールアドレス、DM発送希望
	商品発送時のオプション	ラッピング希望の有無
	配送業者	ヤマト運輸
運用関連	お問い合わせ窓口の営業時間	9:00～17:30
	お問い合わせ用の電話番号	00-0000-0000
	お問い合わせ用のメールアドレス	○○○@○○○.co.jp
	イベントやキャンペーンの実施予定	周年イベント
	使用するSNS	X(旧Twitter)、Instagram、Facebook

SECTION 03

ECサイトの企画設計②

必要なページと階層を設計するサイトマップ

ECサイトの成功に不可欠なサイトマップ。商品カテゴリー設計の重要性と、ユーザー目線のサイトマップの作り方を解説します。最適なカテゴリー設定で購入率アップを目指しましょう。

目指せ！商品を探しやすいサイト！

ECサイトのサイトマップを作成する際に最も重要視すべき点は、商品カテゴリーの設計です。サイトの企画段階でコンセプトを明確にし、ユーザー目線で必要なカテゴリーを網羅できるようにサイトマップを作り込んでいきます。たとえば、Tシャツを販売するサイトの場合、ユーザーは「サイズ」「ブランド」「色」「価格」「形」など、さまざまな条件で商品を探すことが考えられます。もしユーザーが白いTシャツを探している場合、「トップページ」→「Tシャツ（白）（商品カテゴリー）」→「白いTシャツの購入ページ（商品詳細）」のようにサイト内を移動し、目的の商品ページにたどり着きます。もし「Tシャツ（白）」のカテゴリーがない場合、ユーザーは膨大な商品の中から「白いTシャツ」を探す必要があり、お客様が望んでいる商品を販売していても見つけてもらえず、購入されない可能性があります。ユーザーが最短で欲しい商品を見つけられるように、ユーザーがどのように商品を探すかを理解した上でサイトマップを作成しましょう。

この際、意識すべきポイントは、**トップページから2クリック以内で探している商品にたどり着けるようにカテゴリーを設定する**ことです。 そして、1カテゴリーあたりの商品数の目安も大事になります。あまり細分化しすぎても逆に探しにくくなってしまうケースがあるので、1カテゴリーあたり20アイテム程度に収める構成が理想です。

その他にも、ECサイトには「**特定商取引法**に基づく表示」や「**プライバシーポリシー**」「支払い・配送」など、運営にあたって必須のページもあります。忘れずに作成していきましょう。

特定商取引法
事業者による違法・悪質な勧誘行為等を防止し、消費者の利益を守る法律。通信販売の場合、売買契約の申し込みの撤回や解除についてお客様に見やすい場所にわかりやすく表示することが定められている（P.42）。

プライバシーポリシー
企業が自社における個人情報の利用目的や管理方法を文章にまとめて公表したもの。「個人情報保護方針」ともいう。

サイトマップのイメージ

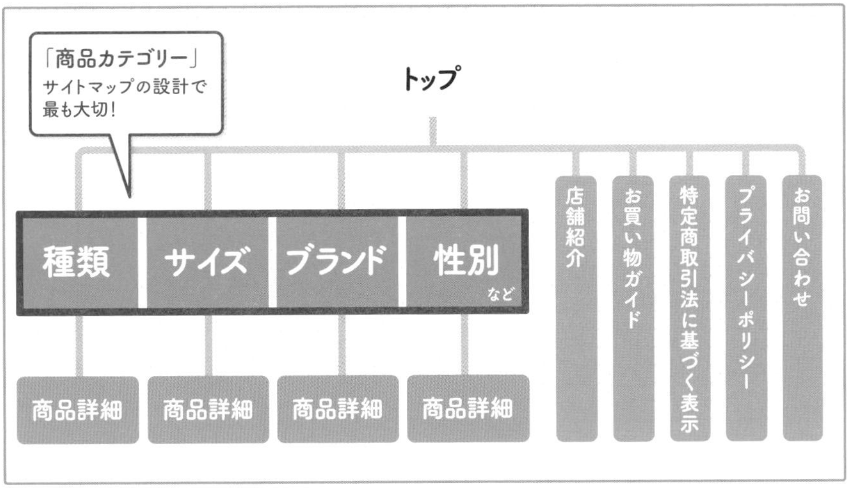

サジェスト活用!必殺カテゴリー対策

商品カテゴリー設計をする際は、ユーザーが「どのように商品を探すか」という仮説をたてる必要があります。ショップ側の仕分けの仕方と、実際にユーザーの探し方には相違が発生するケースがしばしばあります。必要なカテゴリーを洗い出すポイントとして、商品ごとの**サジェスト**を調べ、そのサジェストに基づいてカテゴリーを設定していくと、お客様のニーズを網羅しやすくなります。たとえば、Tシャツを例にすると、「サイズ」や「価格」、「ブランド」などの基本的なものから、「柄」や「色」といった細かな条件での検索キーワードがサジェストとなります。これらのサジェストキーワードをもとにカテゴリー設定をすることで、ユーザーのニーズに直結した、商品を探しやすいカテゴリーを作成することが可能です。**カテゴリー導線の良いサイトは、回遊性があがり、購入率の高いサイトとなります。**また、サジェストをもとに作成したカテゴリーにおいては、SEO対策もしやすくなります。購入率の改善だけではなく、SEO対策にも効くカテゴリー設計は、ECサイトにおいてとても重要な要素となるのです。

サジェスト
検索エンジンの検索窓にキーワードを入力する際、次の候補キーワードを自動で表示してくれる機能。検索エンジンの利用者が、実際に検索されているワードを関連して表示してくれるので、ワードごとに検索者のニーズがわかる。

SECTION 04

EC サイトの基本構成

ECサイトを構成する4つのページと2つの共通要素

EC サイトは大きく「トップページ」「商品カテゴリーページ」「商品詳細ページ」「カートページ」と「ヘッダー」「フッター」エリアから構築されています。サイト構築の際に優先してつくるべき要素を解説します。

4つのページと2つの共通要素で構成されるECサイト

EC サイトは「トップページ」「商品カテゴリーページ」「商品詳細ページ」「カートページ」の 4 つのページと、全ページに共通で表示される「ヘッダー」「フッター」の 2 つの共通要素で構成されています。またスマートフォンと PC では見え方が異なるため、構成自体もそれぞれのデバイスに考慮する必要があります。昨今は一部の BtoB EC を除くと、スマホからの流入がメインとなっているので、モバイルファーストの設計で構成要素をつくり込んでいきます。

目にする機会の多いページやパーツから構成を検討する

EC サイトの構成を検討する際に優先すべきことは、表示回数が多いページや各ページに共通する要素の設計です。お客様の目に触れる頻度の高い要素を最適化することで**コンバージョン率（CVR）**が上昇し、売上に直結するためです。

通常、EC サイトにおいて最も目に触れやすい箇所は、全ページ共通で表示される**ヘッダー**、特に利用頻度の高いスマホのヘッダーです。そのため、EC サイトの構成を検討する工程では、まず**ヘッダーのつくり込みを行い、次にトップ→商品カテゴリー→商品詳細と表示回数の多いページの順に完成度を高めていきます**。

また、EC サイトを改善・リニューアルをする際も、既存サイトのデバイスごとのページビュー（PV）数が多いページを明確にし、優先順位を立てて再構築をしていくと、より成果が出やすいサイトに生まれ変わります。

コンバージョン率（CVR）
サイトでの商品購入に至った件数の割合のこと。P.127 参照

ヘッダーデザイン
ウェブサイトのページのいちばん上にある部分。いちばん最初に目につく場所にあるデザイン。

ECサイト4つのページと各ページに共通する要素

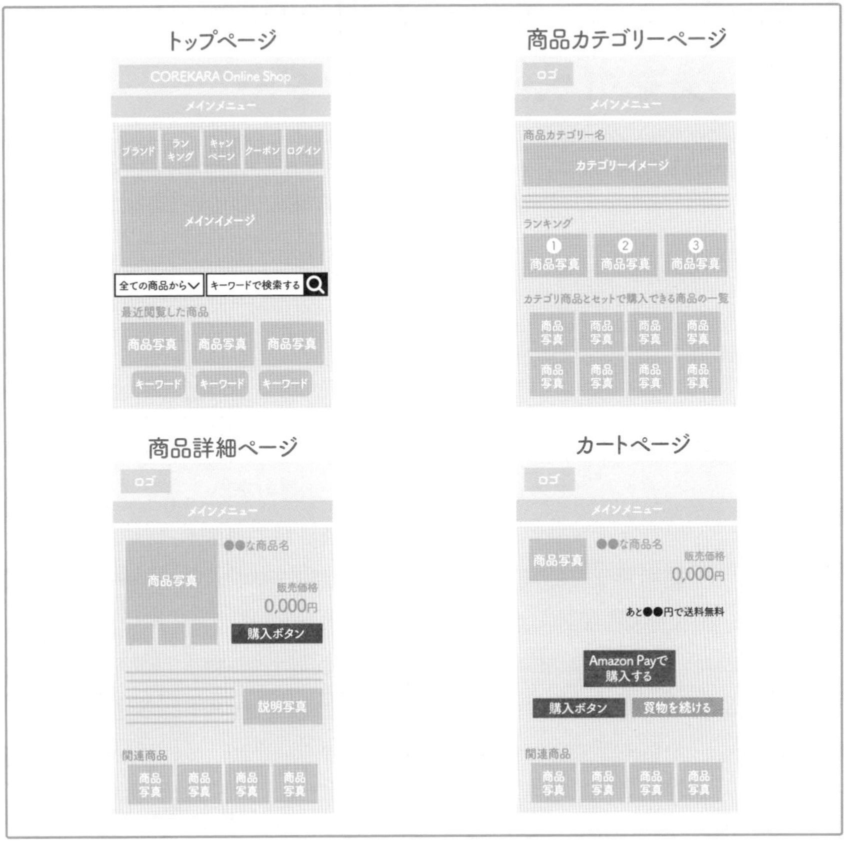

エリア別に異なるECサイトの売上への影響

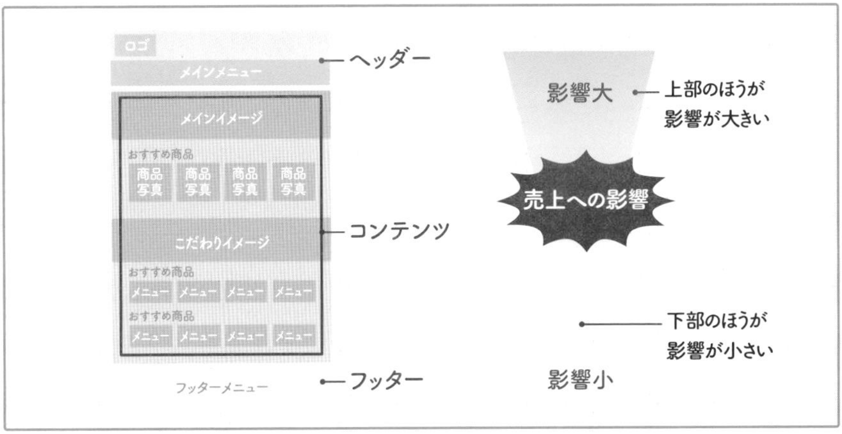

SECTION 05

ページの構成＜ヘッダー＞

ECサイト成功の鍵を握るスマホページのヘッダー

EC の売上を伸ばす鍵を握るのは、お客様が最も目にするスマホ用のヘッダー設計です。全ページに表示される最も重要な要素です。ヘッダーに設置すべき 2 つのコンテンツに関して解説します。

設置が必須の「フリーワード検索」

最も見られる箇所だからこそ、最も購入意欲の高いユーザーを詳細ページに誘導できる要素である「**フリーワード検索**」機能を共通ヘッダー部に設置しましょう。**購入意欲の高いユーザーは、商品カテゴリーやバナーなどからではなく、目的意識をもってサイト検索機能から商品を探します。**買う気が満々だからこそ、直接検索をして素早く目的の商品にたどり着きたいのです。

フリーワード検索
指定したキーワードが含まれていると、自動的に絞り込まれ表示される機能。

たとえば、白いワンピースが欲しい人は、検索窓に「ワンピース　白」と入力して対象の商品を直接探す行動をとります。サイト内検索のための検索窓がヘッダー部で見つからないと、ページ内で検索窓を探し回ります。せっかく購入意欲の高いユーザーが、商品に直接たどりつこうと自ら行動に出てくれるので、ヘッダー部には必ずサイト内検索窓を設置しておきましょう。

CVRを高めるグローバルナビの設置

ヘッダー部でふたつ目に重要な要素は、**グローバルナビ**です。**ファーストビュー**をすっきり見せようとグローバルナビを設置していないサイトを見かけますが、売上を上げることを考えれば、ヘッダー部に設置したほうが良いです。なぜならファーストビューから直接、購入導線を引くことができるからです。リンク先は4または5つで構成し、最もコンバージョン率を高められるページリンクを設置します。たとえば、CVRをいちばん高められるページが「福袋特集」であれば、「福袋」リンクを大胆にグローバルメニューの左端に設置します。

グローバルナビ
ウェブサイト内のすべてのページに共通して表示するメニューのこと。 主なコンテンツのリンクがまとめられている。

ファーストビュー
ユーザーがウェブサイトに訪れたときにスクロールせずに表示される部分。ユーザーがそのウェブページに興味を示すかどうか左右し、購入率に影響する。

ファーストビュー要素と展開したハンバーガーメニュー

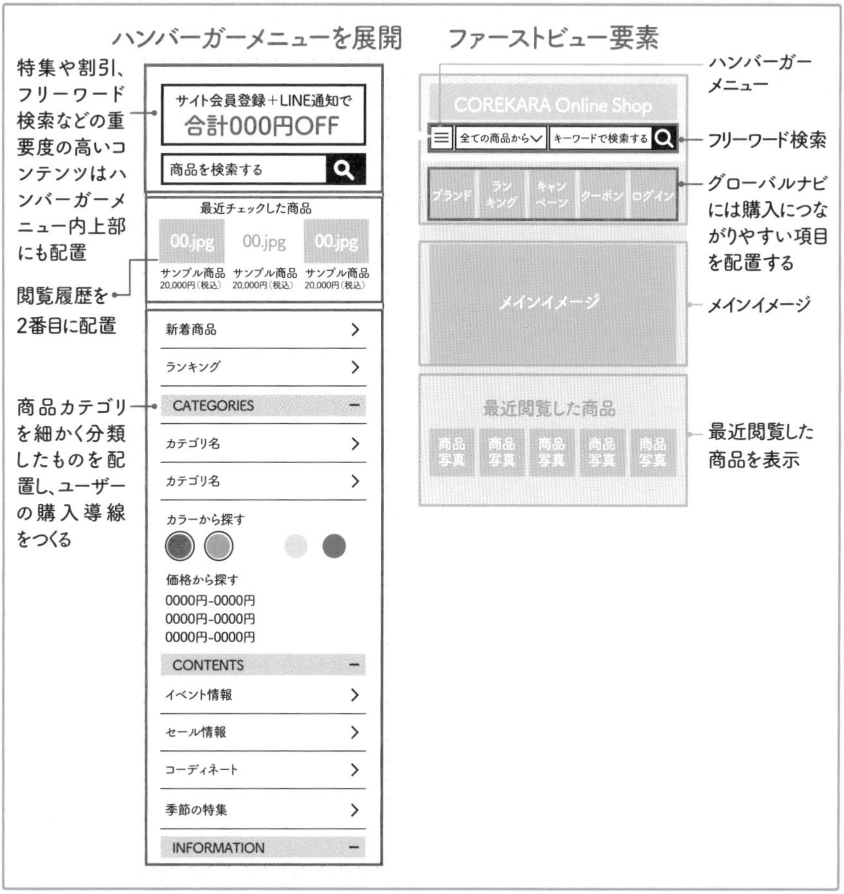

ハンバーガーメニューのクリック率は3%

ハンバーガーメニューに特集などの重要な要素を格納し、デザインをすっきり見せるサイトも見受けられます。しかし、これはおすすめできません。実はハンバーガーメニューのクリック率は、わずか3%しかなく、せっかく利便性の高い要素を設定してもお客様が気づかれないことも少なくないためです。

とはいえ、サイト全体での比較でいえばハンバーガメニューも閲覧率の高いエリアになるため、重要度の高いコンテンツはグローバルナビとハンバーガーメニュー内の両方に配置することが大切です。

ハンバーガーメニュー
ウェブサイトの「三」の文字のようなアイコンのこと。メニューの表示形式のひとつで、クリックすると主要なメニューが展開される。

SECTION 06

ページの構成<トップページ>

リピーターへの配慮が重要！トップページ

トップページの構成では、訪問者の属性やニーズを理解することが重要です。特に再訪問客の興味を引きつけるコンテンツを配置することに注力します。なぜならリピーターのほうが、新規に訪れるお客様よりもCVRが高いためです。

トップページは再訪ユーザーを意識して制作

トップページの構成は、サイトへの再訪問客を意識して制作します。トップページを閲覧する人は、リピーターや既にサイト名を知っていて指名検索で流入している、すなわち過去に何らかの接点があるお客様の可能性が高いからです。

ECサイトでは、新規のお客様のほとんどが商品詳細ページや商品カテゴリーページから流入して来ます。これは**商品ページへの広告出稿**やSEO対策をするケースが多いからです。よってトップページは新規訪問客よりも購入率の高いリピーターが訪れたときに、CVRが高められる構成にしておいたほうが得策です。

商品ページへの広告出稿
広告出稿する際はCVRを高めるために直接商品ページへ流入をさせるのが基本。

セカンドビューには閲覧履歴を設置

セカンドビューには閲覧履歴を設置します。再訪したお客様のCVRをもっとも高められる導線が閲覧履歴だからです。スマホ時代はとにかく購入完了前にユーザーは離脱します。「ながらスマホ」時にECサイトを閲覧しているケースも多く、電車に乗りながら…とか、お風呂に入りながら…といった具合です。その場合の多くが購入完了にいたらず離脱してしまいます。商品選びで集中しているときですら、友達からLINEが来たらサクっと離脱します。スマホ時代の購入率をアップする施策の多くは、離脱との闘いなのです。とはいえ完全に離脱を防ぐことは難しいので、再訪時に**以前にチェックしていた商品にいち早くたどりつける導線を目立つ箇所に設置しておく**のが、スマホ時代のトップページ攻略法となるのです。

トップページにおけるセカンドビュー以降の基本構成

セカンドビューに閲覧履歴を設けて、再訪時にユーザーが商品を探し直さなくてもいいように配慮。

リピーターがまだ閲覧したことのない新商品を露出。

季節や旬の特集ページへの導線を複数設置。

特集ページは一般的なアイテムカテゴリーのページよりもCVRが高い傾向にある。トップページの中央部には、定番や季節の特集など成果の高いページを配置し全体のCVRを改善していく。

カテゴリー別のランキングで、目的買いユーザーを効率的に誘導。

CVR の高いカテゴリーページへ誘導するために、下部に「もっと見る」ボタンを配置するとよい。セレクトショップではブランド別、ブランドショップではアイテムカテゴリー別のランキングが CVR が高い傾向にある。

商品レコメンドで誘導できなかったユーザーを、目的別カテゴリーに振り分け。

SECTION 07

ページの構成<商品カテゴリーページ>

工夫するほど売上が伸びる！商品カテゴリーページ

商品カテゴリーページは、売上に大きく貢献してくれるページにも関わらず、放置されがちなページです。しっかりケアをすることで購入導線を強化することも可能ですし、SEO にも有効的です。

商品カテゴリーは商品案内の大切な要素

商品購入までの基本的な流れは、「トップページ」→「商品カテゴリーページ」→「商品詳細ページ」→「購入ページ」です。お客様は、商品を比較検討してから商品の詳細を確認します。そのため商品カテゴリーページは、商品詳細ページの橋渡しとなる重要なページとなり、このページのつくり込みによって EC サイトの売上は大きく変わります。

たとえばカテゴリーページを書店の棚を例に考えてみましょう。書店では文庫本や新書、ビジネス書など、本の種類によって棚が分けられています。そして、棚ごとにおすすめの本が平積みされていたり、ランキング順に書籍が並べられています。こういった**カテゴリーレコメンド**を EC サイトにおいても商品カテゴリーページに設定し、お客様におすすめ商品を案内しましょう。

カテゴリー
レコメンド
レコメンドはおすすめという意味で、商品を閲覧したりカートに入れたりすると、おすすめの商品を提案するシステム。同じカテゴリーの商品や、同じメーカーなどの関連商品を紹介し、ついで買いを狙う。

商品カテゴリーページの**ファーストビューにはカテゴリーの売れ筋ランキングや、カテゴリー内のおすすめ商品を案内**しましょう。お客様を商品ページに素早く誘導することで、迷わず商品ページに到達できるようになり、購入率を高める効果があります。特に取り扱いアイテム数が多い EC サイトは、欲しい商品をお客様が見つけることができず離脱をしてしまう可能性が高まります。離脱を防ぐためにもカテゴリーページのファーストビューをうまく活用し、買い物をしやすいサイトにしましょう。

カテゴリーページをつくり込むことにより、購入率が 2 倍以上伸びたというケースもあるため、大切なポイントになります。

商品カテゴリーページの構成例

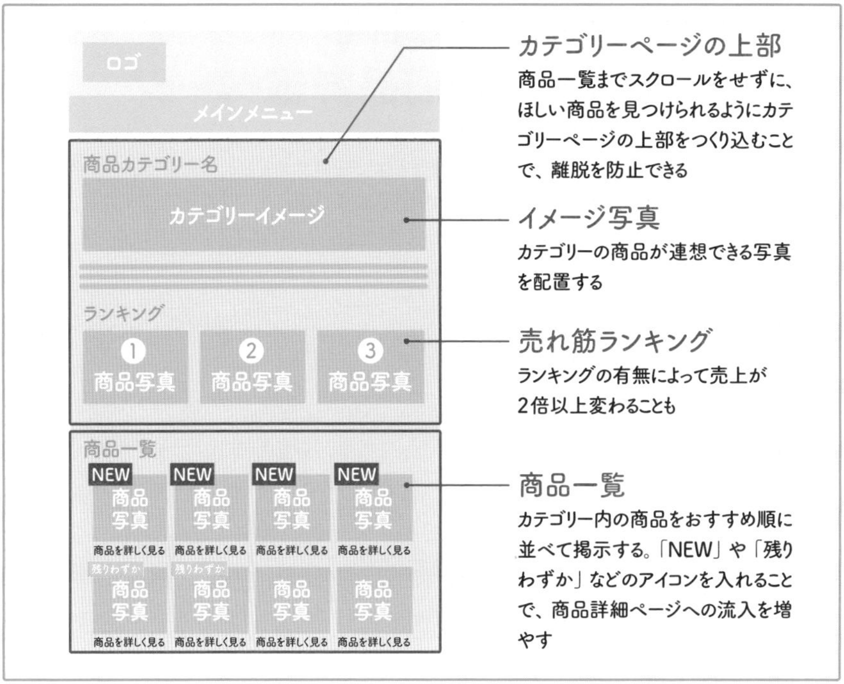

商品詳細ページや購入に誘うひと工夫

商品カテゴリーページは、特に工夫を施さなければ商品画像と商品名、価格が表示されるだけです。しかし、「商品を詳しく見る」ボタンを追加することで、詳しい説明があることを周知することができ、商品詳細ページへの誘導率を高めることができます。また、「SALE」や「NEW」などの目立つアイコンを追加すれば、商品カテゴリーページにアクセスした瞬間に、お客様の購買意欲を刺激することもできます。

さらに、日用品や消耗品など、比較的価格の安い商材の場合は、商品カテゴリーページから直接購入できるボタンを追加することで**まとめ買いを促すことができ、顧客単価のアップにつながります。**このように、商品カテゴリーページに陳列する商品の表示方法にも、いろいろと工夫するポイントがあります。

SECTION 08

ページの構成＜商品詳細ページ＞

購入へあとひと押し！離脱を減らす商品詳細ページ

商品詳細ページは、ファーストビューで購入情報をすべて把握できることを目指します。商品名、価格、カートボタンは常に目立たせ、在庫切れや関心のない商品からの離脱を防ぐため、関連商品を上部に配置するなど、カートインしてもらえる可能性をあげることに注力していきます。

商品を紹介する写真とキャッチコピーの役割

商品詳細ページは商品名や価格、特徴やスペックなどの商品情報を正しく伝えるだけでなく、お客様を購入ページへ導く最も重要なページです。つくり込むことで売上は大きく変わります。

大切なのは商品ページを訪れた際に最初に目に入る、商品写真とキャッチコピーです。商品写真はただ商品を写したものではなく、実際に使用している様子がイメージできる写真を用意します。キャッチコピーも、ただ商品名を掲示するのではなく、イメージが深まる表現を加えます。ポイントは「ブランド名＋商品名」「○○で話題＋商品名」など、必ず修飾語を付けて、どんな商品か・どんなメリットがある商品なのかが伝わるようにすること。

また、このような**複合語で検索されるケースが増えてきているので、検索エンジン対策にも効果が期待**できます。

FABE分析で記述するオリジナル紹介文

写真やキャッチコピーで商品に興味を持たせたら、説明文で購入意欲を高めていきます。その際に、カタログ的な内容だけではなく、ショップオリジナルの説明文を書くことが大事です。特に「なぜこのショップで、今この商品を購入する必要があるのか」というストーリーを明確にし、思わず購入したくなるような商品紹介を心がけましょう。ポイントは**「FABE 分析」**に従って商品説明文をつくることです。商品の特徴をきちんと解説し、他社と比べ何が優れているか、そして商品を購入するメリットとその根拠

FABE分析
サービスの提案時にコンセプトや訴求ポイントの分析に使うフレームワーク。F：Feature（特徴）、A：Advantage（競合優位性）、B：Benefit（購入メリット）、E：Evidence（論拠）の頭文字を集めたもの。商品説明をする際は、この順番に文章を組み立てることで、購入意欲を高めることができる。

商品詳細ページの構成例

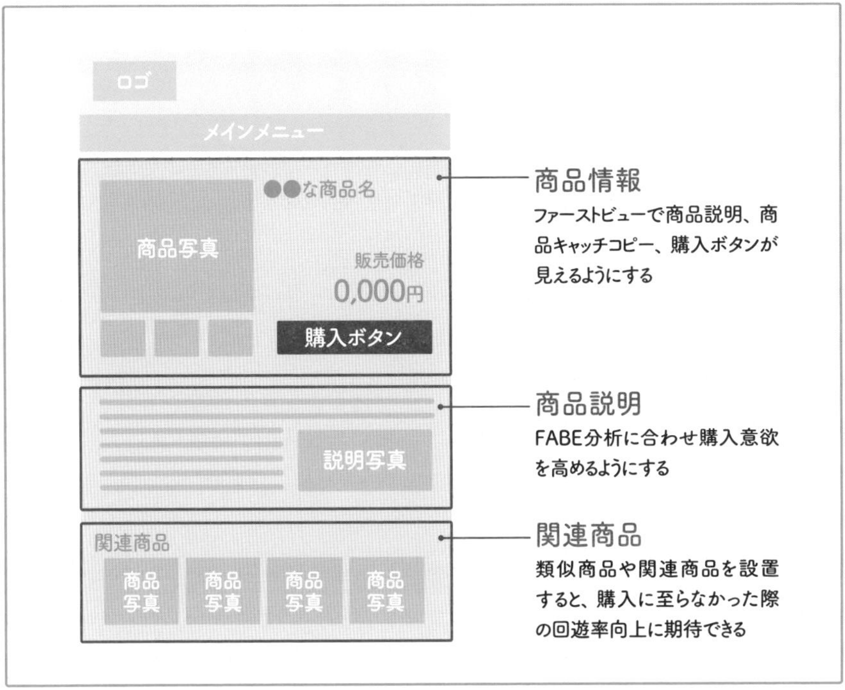

を紹介文に盛り込むことで、お客様の購入意欲は高まるはずです。

関連商品の工夫で離脱を防止！

商品詳細ページでの離脱原因の多くが、在庫切れや欲しい商品ではなかった場合です。特にショッピング広告や、SNSなどのアプリのリンクで商品ページにたどり着いたユーザーは、アクセスしたページで希望の商品が購入できないとわかると、商品ページを閉じECサイトから離脱をします。その場合、再度ページへの誘導は難しいため、ECサイトから離脱をさせないためにも、ページ内を回遊したくなるしくみが大切です。具体的には、関連商品の表示位置を工夫します。通常は、商品ページの下部に配置しますが、商品の在庫切れ時は商品情報よりも上にも表示します。代わりに選んでもらえる商品を用意していることを提示してサイト内の回遊性を高め、離脱を防ぐのがポイントです。

回遊率
サイトに訪問したユーザー1人あたりのPV数を示す指標。ユーザーが最初に訪問したページから、同じサイト内の他ページにアクセスすれば回遊率は上がる。

SECTION 09

ページの構成＜カートページ＞

最後のダメ押しで売上を伸ばすカートページ

商品を選択してカートページまでたどりついたのにも関わらず、購入を止めてしまうお客様は少なくありません。スムーズに購入操作を完了できる構成にすることで、カゴ落ちを防ぎ購入率を高める必要があります。

ここで終わらせない！売上をさらに伸ばす工夫

カートページは、お客様が購入を決めた商品と支払の合計金額を確認するページです。最後に商品を購入するかどうかの意思決定をするページになるため、購入意欲を持続させ、さらに高める施策が大切になります。

購入意欲を高める施策として有効なのは「あと〇〇円で送料無料」という表記です。購入を決めたお客様でも、送料が発生することで離脱につながる可能性が高くなります。それを防ぐために、購入ボタンより前に送料無料になるための条件が表示されるようにしましょう。また、元々送料無料のサイトなら、「あと〇〇円でポイント２倍」や「あと〇〇円でプレゼント送付」などの特典を付けることが大切です。

客単価向上の施策は関連商品の案内

追加で購入を促すためにも、カートページにも購入商品の関連商品を表示させましょう。これは、客単価を上げるための施策で、実店舗のスーパーなどで**レジの前にお菓子などの安価な商品が並んでいるのと同じ原理**です。

また、カートページからひとつ前の商品詳細ページに移動をさせてしまうと、お客様は他の商品に目移りをし、結局離脱につながるケースもあります。離脱をさせることなく追加で商品の購入を促すためにも、カートページ内で商品を追加でカートに入れられるようにすることが大切です。

カートページに必要な要素

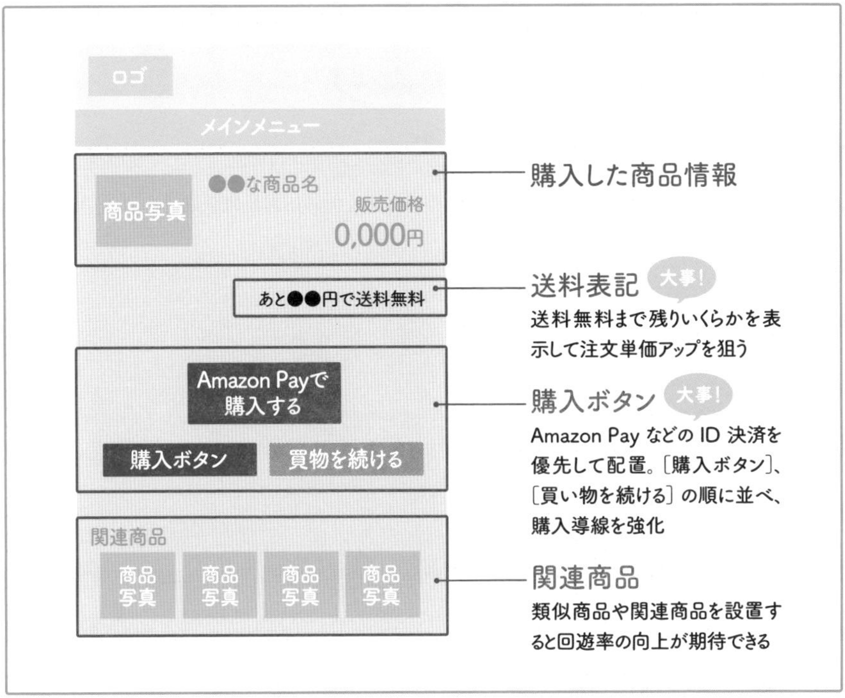

お客様の手を煩わせない工夫が大事

カートページでは入力項目のわかりやすさと、入力の手間を減らすことが大切です。入力項目が多くて複雑な購入ページだと、入力作業が煩わしくなり離脱につながります。特に決済はお金に関わる部分なので、**不親切な表記やセキュリティ面などでお客様が不安に感じる要素があると、離脱率が高まります。**

最近は、これらの問題をまとめて解決するためにID決済(P.48)を導入する企業が増えています。お客様は既に登録しているアカウントを使って、名前や住所の基本情報やクレジットカード情報を入力することなく容易に決済することができます。また、はじめて使うECサイトの場合、セキュリティ面に不安を覚えるお客様に対して安心感を与えるため、カートページからの離脱を減らす施策として非常に有効です。

SECTION 10

購買意欲を高める構成が重要

ブランディングや定期購入に効くランディングページ

ランディングページでは、たった1ページだけで商品購入に結び付けられるかどうかが重要になります。ページが縦長でコンテンツが長々と続くため、お客様を飽きさせない工夫が必要になります。

享受できるベネフィットをイメージさせる

ランディングページは、サービスや商品の紹介から購入までをたった1ページで完結させるページのことで、**単品型ECサイト**で最も利用されています。縦長で他のページへのリンクが極力少なく、写真や図解をふんだんに使って商品を説明する派手なデザインが特徴です。ひとつの商品やブランドをストーリー仕立てで見せて購入を促します。**他のページへの離脱を防ぎながら、1ページで商品の購入まで誘導できる構成にすることが重要**です。したがって、ターゲットを絞り込み、お客様に「商品を購入するとどのようなメリットがあるか」を具体的にイメージさせるストーリーをつくることがポイントとなります。

ランディングページ
ユーザーが最初にアクセスしたページを指す。LPと略すことも。また、購入を誘導することに特化した縦長レイアウトのページのことをランディングページと呼ぶ。

単品型ECサイト
商品ジャンルやブランドを一つに絞って販売するECサイト。化粧品や健康グッズなど定期購入を前提とした商品を販売するケースが多い。

飽きさせない工夫を盛り込むのがポイント

単にストーリー仕立てにするのでは、ページが縦長になるだけです。お客様を飽きさせないように、コンテンツを漫画で表現したり、要素間に「今なら初回購入50% OFF」など購入メリットのアピールやカートページへ誘導するリンクを設けます。

また、単品型ECサイトの商材の多くは、化粧品や健康グッズなどのように、継続して購入する定期型販売に合う特性があります。**継続して使用するメリットなどをコンテンツに含めると、より効果的**です。ランディングページは写真を多用しており、検索では引っかかりにくくなっています。そのため、サイトへの集客には**リスティング広告**（P.128）などのウェブ広告が必須です。

リスティング広告
検索されるキーワードに連動して表示される広告で、「検索連動型広告」ともいう。ユーザーのニーズに最も近い宣伝ができる。クリックによって広告費用が発生するものが主流。

ランディングページの構成案

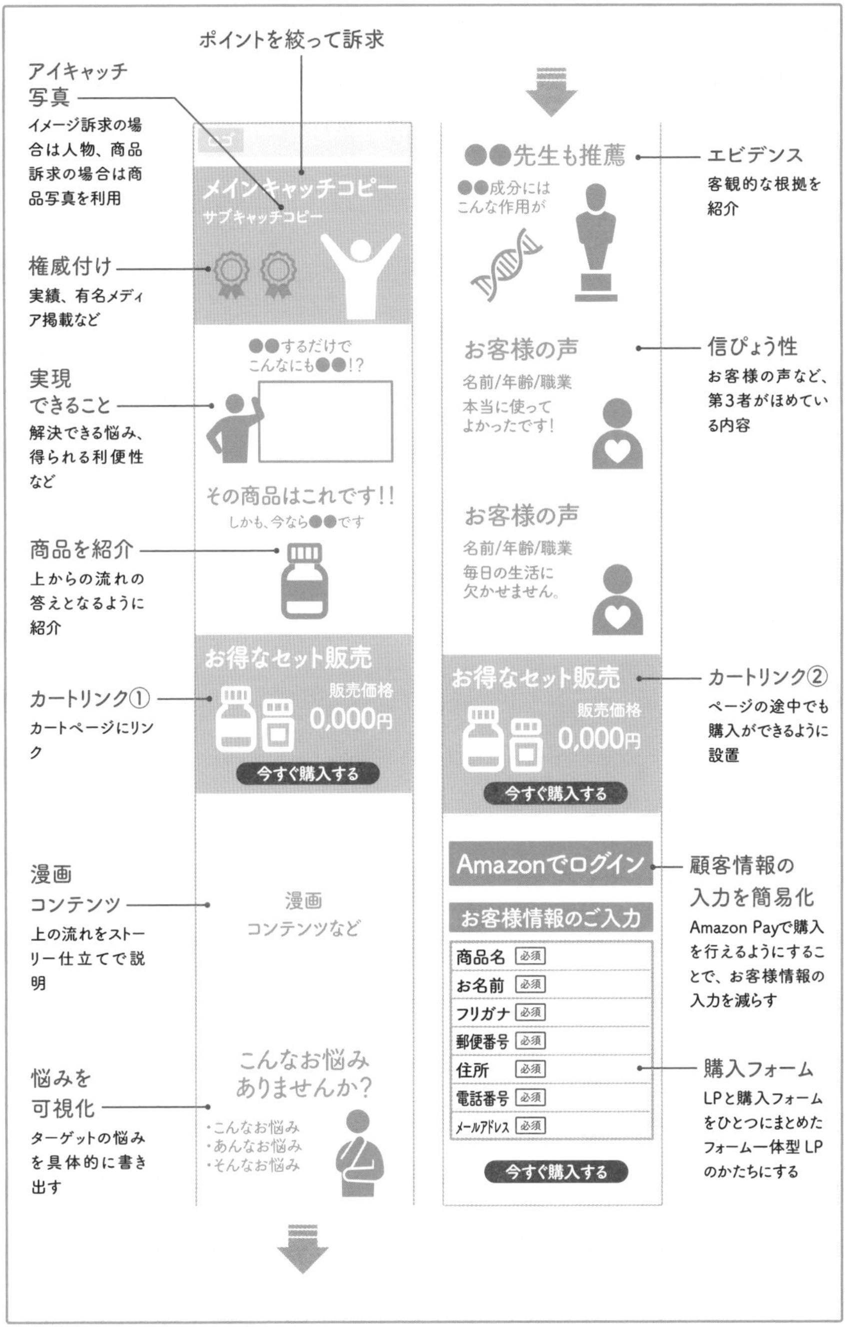

SECTION 11

ECサイトの実装

知っておきたい コーディングの知識

デザインをサイトに適応させることをコーディングと言います。ここでは、プログラミング言語の押さえておきたいポイントについて簡単に解説します。コーディングを発注できる程度の知識があれば十分です。

各言語の役割を押さえておく

ECサイトはHTML、**CSS**、**JavaScript**などのプログラミング言語によってできています。プログラミングコードを記述し、実際に利用できるサイトにすることをコーディングと言います。コーディングが終われば、サイト制作は8割方完成です。

カートシステムを利用すればテンプレートや入力補助機能が用意されているので、プログラミング言語を覚えなくてもECサイトを構築できます。しかしテンプレートに対応していない箇所を更新する際には、言語の知識が必要になります。**写真の追加やリンクの変更などの基礎的な作業はEC担当者の仕事**です。そのため、最低限の知識は押さえておきましょう。

CSS
Cascading Style Sheetsの略で、ウェブにデザインを施すためのもの。文字の大きさや色を指定し、見映えをコントロールできる。

JavaScript
サイトに動きをつけたい場合などに使用する。HTMLやCSSに比べ、より専門的なプログラミング言語。

まず、知っておく必要があるのが、HTMLです。

・写真を表示する	<img src=" 画像のアドレス ">
・リンク設定	<a href=" リンク先のURL"></a>
・改行	
・強調	<strong></strong>

このように、**HTMLタグ**と呼ばれる形式で記述するのが特徴です。ECサイトを含めウェブサイトを構築する場合、大枠はHTMLタグで記述されています。テンプレートに変更を加える場合は、HTMLタグを編集する必要があります。

HTMLタグ
HTMLはマークアップ言語のひとつで、「HyperText Markup Language」の略称。タグにより見出しや段落、文書内の別の箇所や他の文書へのリンク、画像の表示などを指定することができる。

また、HTMLタグで文字の色やサイズなども変更できますが、見た目に関しては、CSSと呼ばれるプログラミング言語で記述

HTMLの記述例

▶写真を配置する場合

商品写真
abc.jpg

商品写真の「abc.jpg」という
写真ファイルを配置する

<img src="abc.jpg" alt="商品写真">

<img>タグと呼ばれる画像を表示するタグを使用。※altは代替テキストといい、音声ブラウザなど画像が利用できない場合に使用される情報のこと。

▶文章を配置する場合

HTMLでECサイトを
コーディングします

「を」で改行された文章を配置する

<p>HTMLでECサイトを
**
コーディングします。</p>**

<p>タグと呼ばれるひとつの段落を区切るタグを使用。※
は改行タグ。

することが推奨されています。したがって、HTML タグで変更した部分を装飾する場合は CSS を利用します。HTML タグを身体にたとえると、CSS は洋服や靴という関係にあります。

コーディングは専門家に任せるのがおすすめ

HTML、CSS、JavaScript などのプログラミング言語を覚えるのは大変な作業です。コーディング作業を覚えるのもいいですが、インターネットの世界は日進月歩であり、日々プログラミング言語も進化していくので、せっかく覚えても、また新しいプログラミング言語を覚えなければならないということもよくあります。写真の表示や、リンク設定といった基本的な HTML の知識があれば、あとは EC サイトのテンプレートや入力補助機能を利用することで、最低限の更新はできます。しかし、**本格的なコーディングを行うのであれば専門家に任せる**ことを考えましょう。

SECTION 12

ECサイトの開店準備①

オープン前に行うべき運営者側のチェック項目

ECサイトのオープン前に、管理画面上で不備がないかを確認する必要がある項目について解説します。実際にオープンしてから、不備がないようチェックを徹底しましょう。

見逃しがちなサイトのチェック項目

ECサイトの公開までに、運営者が管理画面の設定で確認しなければならない項目もたくさんあります。押さえておきたい項目は右図のとおり。特にこの中でも不備が起こりやすい点を見ていきましょう。

最も間違えていけないのは価格の表示です。税込・税抜き表記や金額のミスです。価格を登録する際は税抜き価格にします。代表的なカートシステムであれば、設定機能を使ってすべて税込み価格で表示できます。**軽減税率**が適応される商材であれば、商品登録画面から商材ごとに税率の変更も可能です。

配送料金の計算結果が正しく表示されるかも大事です。特に数量や配送オプションによって値段が変わるサイトの場合は注意が必要です。購入商品数が多く、梱包が1箱に収まらず配送料を2個口分お客様から頂戴しないといけない場合、送料の設定が複雑になりミスが起こりやすくなります。送料が正しく設定されているかテストをしましょう。

他にもECサイトのログイン／ログアウトにまつわることが挙げられます。ログインボタンを押したのに、ログイン後に「ログアウト」と表示が切り替わらず、ボタンの表示が「ログイン」のままになっているサイトがあります。また、サイトにログインした**会員限定コンテンツ**が正しく表示されるかどうかなども、実際にログインして、サイトが正しく切り替わるかどうか確認をしましょう。

軽減税率
2019年10月1日から実施された消費増税への経過措置で、特定の商品の消費税率を8%に設定するルール。ほとんどの商品は10%になったが、飲食料品や新聞など日々の生活における負担を減らすことを目的に例外的に8%に据え置きとなっている。

会員限定コンテンツ
ログインしたユーザーのみがもらえるクーポンやセールなどを展開するコンテンツ。サイトを閲覧しているだけでなく、はじめにログインさせることでカートに進みやすくなる。

サイトのチェック項目表

ショップ作成	ショップ情報の設定	ショップ名の設定	―
		会社の基本情報設定	―
		開店状態の設定	―
		お問い合わせ先設定	「お問い合わせメール」「送信元名称」は必須設定
		会社概要設定	PC表示/スマートフォン表示ともに適切に設定されているか
		規約の設定	必要に応じて編集
		特定商品取引法設定	PC表示/スマートフォン表示ともに適切に設定されていないことがあるため、注意が必要
		会員ポイント機能の設定	適切に設定されているか
		各種表記の設定	定価表記、税込/税抜き表記が正しくできているか
	基本デザイン設定	ショップロゴ/バナー管理	適切に設定されているか
		ファビコン	設定されているか
		ログイン時の表記切り替え	ログイン、ログアウト時でそれぞれ表記が切り替わっているか
	決済・注文関連の設定	消費税の設定	税率とサイト表記が合っているか　通常は「税込」で端数は「四捨五入」
		注文可能最小金額の設定	必要に応じて設定
		商品返品関連条件の設定	特定商取引法に記載ある内容で正しく設定されているか
		決済方法の設定	実際に使う予定の決済方法がすべて利用できるか
		銀行振込の設定	特定商取引法に記載ある内容で正しく設定されているか
		代金引換の設定	代引き手数料の表記がサイト内ですべて合っているか
	配送関連の設定	配送料金の設定	全国各地の送料の、表示と実際の価格が合っているか
		配送日時の設定	特定商取引法に記載ある内容で正しく設定されているか
		配送オプションの設定	ギフト配送やクール便に対応する際の価格が正しく反映されるか
		離島グループの設定	必要に応じて設定
	SEO管理	SEO設定	全ページでSEO対策を行ったか
		サイトマップの設定	XMLサイトマップの作成
メール	メール管理	メールアカウント発行・設定	正しくメールの送受信ができるか
		自動返信メール管理	注文メール、入金確認メール、配送完了メールが正しく送信できるか

SECTION 13

EC サイトの開店準備②

サイトの不備から配送トラブルまでテスト注文で検証

EC サイトが完成したら、公開にむけて準備をしていきましょう。まずはお客様になりきって EC サイトを利用してみて、商品を購入するにあたり不備がないかを確認していきます。

お客様の視点で実際に注文してみる

EC サイトが完成したらオープン日を決め、サイト公開にむけて準備をしていきます。不測の事態を考え、オープンまでの事前準備にはサイト規模にもよりますが、最低 1 週間程度はかける必要があります。公開準備で最初に行うのはテスト注文です。お客様の視点に立ち、トップページから EC サイトに入り、目的の商品までスムーズにたどりつけるかを確かめます。あわせて、サイトの表示やレイアウトが崩れている部分がないか、**リンクが切れ**ている部分がないかも確認します。特にパソコンで見た際は問題がなくても、スマホで見たらレイアウトが崩れていることもあるため、必ず PC とスマホ両方で検証します。

リンク切れ
リンク先が「404 Not Found」や「ページが存在しません」と表示され、ウェブページが開けないこと。ひとつずつ確認するか、チェックツールを使って調べる方法がある。

目的の商品までたどりつけたら、実際に購入してみます。設定した決済方法や配送方法が問題なく選択できるか、購入完了後に注文確認メールが届くかなどを確認します。その際、**お客様が不安に感じるような点があれば解消します。**特に注文確認メールや商品の配送完了メールが正しく送信されるか、メールの文面に不備がないかを見逃すとクレームが届くことになります。

最後に商品を発送します。実際に配送してみることで、梱包がほどけてしまうなどのトラブルを事前に把握できます。**届いた商品を開封した際、「満足のいく」状態で届くかどうかを検証**するためにも、実際に配送し商品を受け取るところまで行いましょう。

このようにテスト注文の際は、お客様の目線に立ち、商品の購入から受け取りまでのすべての工程を確認することが大切です。

サイトオープンまでの最終チェック

1. オープン日の決定
プロモーション日程などを確認して、1 週間程度の余裕を持って設定

▼

2. サイト不備チェック
リンク切れがないか、表示漏れがないか、たどりつけないページがないかなどを、パソコン、スマートフォン、タブレットそれぞれでチェック

▼

3. テスト注文
お客様目線で、目的の商品の購入完了までスムーズに操作できるか、実際に注文操作を行って確認

▼

4. 注文処理の確認
テスト注文の処理を通じて、注文処理の流れを確認

▼

5. ドメイン設定
正式なドメイン（P.59）の適用作業を実施

▼

サイトオープン
正式なドメインを確認して、サイトが公開されていることを確認

EC サイトのテスト注文までの流れをチェックする

check

- ☑ トップページから、目的の商品までスムーズにたどりつくことができるか
- ☑ サイトの表示にレイアウト崩れなどの問題はないか
- ☑ パソコン、スマートフォンなどデバイスの表示が最適化されているか
- ☑ 目的の商品を選択してカートページに進めるか
- ☑ 決済方法や配送方法は問題なく選択できるか
- ☑ 購入完了になって、注文確認メールなどがちゃんと届くか
- ☑ 注文情報はどこに届くか
- ☑ 注文処理の流れ
- ☑ 配送伝票の印刷
- ☑ 商品の梱包作業

Column

実店舗で売れてもECサイトで売れるとは限らない！

「実店舗で売上があるから、ECサイトでも売れるのでは!?」とネットショップを開設しても、売上が伸びていないサイトを見かけます。その場合、サイトのつくり込みの段階から、ミスを犯していることがあります。

ネット上には競合他社がひしめく？！

悩みを抱えている事業者様に、「お店の売りは何ですか」と聞くと、「独自の技術でつくった化粧品」「厳選した材料でつくったケーキ」など、それぞれのこだわりが返ってきます。もしそのような実店舗が近所にあったら、人気店になるかもしれません。しかし、ネット上には「独自の技術」や「伝統的な製法」や「こだわりの材料」を売りにしている競合他社がひしめいています。

売るための効果的な考え方

ECサイトをつくる際は、「実店舗で購入する動機」とは別に「ECサイト」で購入するメリットや動機を生み出す施策を変える必要があります。効果的な考え方には3つのポイントがあります。

1つ目は「希少性」を高めることです。「こだわりの材料がどれだけ珍しいものなのか」を説明します。1頭につき数グラムしか取れない希少な部位だといって肉を販売するのは、この希少性のアピールになります。「期間限定」や「今だけ」など、今この瞬間しか購入できないことでもさらに訴求できます。

2つ目は「社会的証明」です。自分だけが手にしていないと知ると、人は購入しなくてはという気持ちになります。たとえば「コスメ好きなら一度は使ったことがある」などと書くことにより、それが世の中でとても使われている商品であるという気持ちにさせ、購買意欲を高めるのに役に立ちます。

3つ目が「返報性」です。これは「人は何かを貰うとお返しをしないといけない」という考え方のことです。たとえば「化粧品のサンプル無料プレゼント」という特典を付けたとします。これによりせっかくなら何かを購入してみようと思うだけではなく、このお店は他店舗と比べサービスの良い店だと判断してくれます。

これらによりユーザーにとって他社で購入する場合と明確な違いが出て、売上につなげやすくなります。

Chap

4

ECサイトの集客方法＜SEO＆SNS編＞

ECサイトの売上を伸ばすために必要不可欠な集客対策。

検索エンジンのしくみから、

EC担当者が行うべきSEO対策、

効果の高いコンテンツのつくり方、

SNS集客の方法までを紹介します。

SECTION 01

ECサイト集客の基本知識

ECサイトの集客方法と集客チャネル

自社ECサイトが完成しても、サイトへのアクセスがなければ売上は伸びません。自社ECサイトを運営していくには、自社での集客対策が必要です。

「自然検索・広告・SNS」3大流入経路

ECサイトの代表的な**集客チャネル**には「**自然検索**」「広告」「SNS」の3つがあります。自然検索は、GoogleやYahoo!などの検索結果に自社サイトを表示させるチャネルです。この自然検索からの流入を増やすには、**SEO対策**を行う必要があります。SEO対策は、無料でも行える集客方法です。しかし、**長期的に集客力を高める施策であり、対策をしたからといって必ず効果が現れるものではありません。**なぜならGoogleの検索エンジンに読み込まれるまでに時間がかかり、またアルゴリズムの変動によって、意図せず順位が落ちてしまうこともあるからです。そのため、即効性の強い他の集客対策と併せて行うことが大切です。

即効性が強い施策は広告です。GoogleやYahoo!などで検索した際、検索結果ページに表示される「リスティング広告」や、一度サイトを訪れたユーザーに対し表示される「リマーケティング広告」、第三者が商品を宣伝する「アフィリエイト」などがあります(Chap5)。また、テレビCMなどオフラインの施策から通販サイトへ誘導するケースもあります。これらは有料の集客方法です。

SNSはサイト運営スタッフや購入客の投稿により、商品を認知してもらい、ECサイトへのアクセスを促す施策です。SNSによってはシェアやリツイートといった投稿を拡散する機能が備わっているものもあります。**拡散された結果、爆発的な集客につながることもあります。**また自社でSNSを運用するほか、**インフルエンサー**に商品の紹介を拡散してもらう方法もあります。

集客チャネル
集客するための媒体、経路のこと。流入経路が多ければ多いほどユーザーが集まり、その経路ごとの集客力を見極めて、効果的な集客方法を打ち出すこともできる。

自然検索
検索結果の内、広告以外の検索表示結果のこと。

SEO対策
GoogleやYahoo!などの検索エンジンを使ったとき、サーチ結果の上位にサイトを表示させるための対策。

インフルエンサー
ブログやSNSなどを通じて情報を発信し、多くの人に影響を与える人のこと。流行の発信源として、マーケティングの観点でも多大な影響力を持っている。

「自然検索」と「広告（リスティング）」チャネルでの集客対策

Point 自然検索からの流入は、全体の30%～50%を占めるため、広告外からの流入を伸ばすには欠かせないポイント！

主要な集客対策

	自然検索	広　告	SNS
無料	内部対策 外部対策 コンテンツ作成	—	X Instagram Facebook YouTube TikTok
有料	—	プレスリリース リスティング広告 リマーケティング広告 商品リスト広告 SNS 広告 アフィリエイト広告	インフルエンサー マーケティング

（無料）費用はかからないが、効果が出るまでに時間がかかる

（有料）費用はかかるが即効性が強い

SECTION 02

検索エンジンのしくみと SEO対策

SEO 対策は、EC サイト運営における最も基本的な集客対策です。常にユーザーにとって使いやすく、正しい情報でサイトを更新していくことを意識していれば、自然と対策ができます。

SEO対策とは

SEO とは「Search Engine Optimization」の略で、日本語に訳すと「検索エンジン最適化」という意味です。Google などの検索エンジンで特定のキーワードを調べた際、検索結果の表示順は検索エンジンの**アルゴリズム**によって決定します。**検索結果はより上位に表示されるほうがアクセスされやすいので、EC サイトの SEO 対策は必ず行うべき施策**のひとつになります。

アルゴリズム
検索エンジンを使ったときに、サーチ結果を表示する順位を決める計算方法のプログラムのこと。

現在、国内の検索エンジンのシェアは、Google と Yahoo! だけで 90%以上を占めています。さらに Yahoo! の SEO のルールは Google のものを適応しています。つまり Google の定めるルールを守ることが SEO 対策のポイントとなります。

SEO では「検索エンジンを使うユーザーにとって有益なウェブサイトから順に表示する」という大前提があります。サイトの内容や構成を評価する項目が数百設定されており、総合得点が高い順に表示するしくみです。

サイトの内容は「ユーザーの検索ワードとの関連度」「専門性の高さ」「情報のオリジナル性」「信ぴょう性の高さ」「情報量」「情報の最新性」「サイトのボリューム」などの観点から評価されます。また、構成は「スマホに対応しているか」「サイト内のナビゲーションが適切な構成になっているか」などの評価項目があります。ユーザーにとって使いやすいウェブサイトをつくり、**常に独自性のある正しい情報を高い頻度で更新していくことが、基本的な SEO 対策**です。

検索順位の決定方法

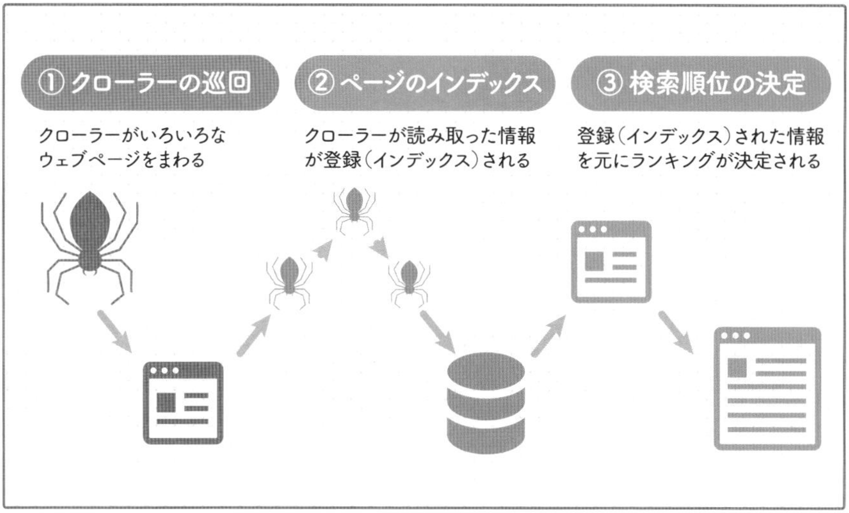

内部対策と外部対策

SEO対策には「内部対策」と「外部対策」の2種類があります。内部対策は、サイト内で行う設定で、やるべきことが大きく2つあります。1つはGoogle Search ConsoleにECサイトを登録し、サイトマップを発行することです（P.198）。これにより、ECサイトを読み込む**クローラー**がサイト内を巡回しやすくなり、**インデックス**されやすくなります。もう1つはサイトの内容をクローラーに適切に伝えるために、各ページごとにキーワードとなるタグを埋め込むことです（P.102）。これにより、クローラーは各ページがどのような内容のページか把握できるようになり、検索時に設定したキーワードで上位に表示されやすくなります。

外部対策は、自社のウェブサイトが他者から見て優れたウェブサイトであるという評価を受け、検索エンジンの評価を上げることです。それには自社のウェブサイトと関連性のある外部サイトからリンクを張られることが大切です。そのため、他者がリンクを張って紹介したくなるようなコンテンツや、最新のトレンドなどの更新を増やすことで外部対策を強化していきます（P.108、174）。

クローラー
ウェブ上の文書や画像などを周期的に取得し、自動的にデータベース化するプログラム。クローラーがページデータを登録し、ページごとの点数を決定する。

インデックス
クローラーが認知をしているページの数。いくらサイト内にページ数があっても、クローラーに認知されていなければインデックス数は0となる。

SECTION 03

SEO の内部対策①

EC担当者が行うSEOの内部対策 <タグ設定編>

内部対策を行ううえで大切なのが、HTML タグの中で検索順位に関係のある、title タグと discription タグの設定です。ここでは、それらのタグを設定するときのポイントについて解説します。

内部対策で重要な2つのHTMLタグ

内部対策で最も重要なのは「**titleタグ**」と「**descriptionタグ**」の設定です。右図で示されているように、title タグに設定するのは検索エンジンの検索結果で表示される青い太文字であり、description タグに設定するのはタイトルの下に表示される補足説明の部分です。ユーザーは検索する際にこれらの情報をもとに、どのサイトを訪問するかを判断します。そのためキーワードを設定する際は、検索で引っ掛けたいキーワードではなく、ユーザーがどのようなキーワードで検索するかを理解し、ユーザー目線でのキーワードを設定することが大切です。

titleタグ
ウェブサイト名や個々のページのタイトルを記述する HTML タグのひとつ。検索結果に大きく表示され、ユーザーのいちばん目につくところ。

descriptionタグ
HTML タグの一種で、そのページがどのような内容かをユーザーに伝える役割。title タグの補足説明にあたる。

SEO対策で気をつけるtitleタグ

検索エンジンは、**title タグに設定されたキーワードとユーザーの検索ワードが合致しているページを検索結果で上位に表示**します。title タグはページごとに設定できるため、トップページにはサイト全体に関わるキーワードを、商品詳細ページには商品に即した検索キーワードを設定することが重要です。 title タグは 32 文字までしか表示されないことに留意します。

また、キーワードを詰め込みすぎると、1 つひとつのキーワードが弱くなり、検索エンジンで引っかかりにくくなります。そのため、ユーザーが検索しそうな 3 から 5 ワード程度のキーワードを絞り込み、文章になるように組み合わせましょう。さらに、左側に設定されるキーワードほど重要なワードと見なされます。

title タグと description タグの例

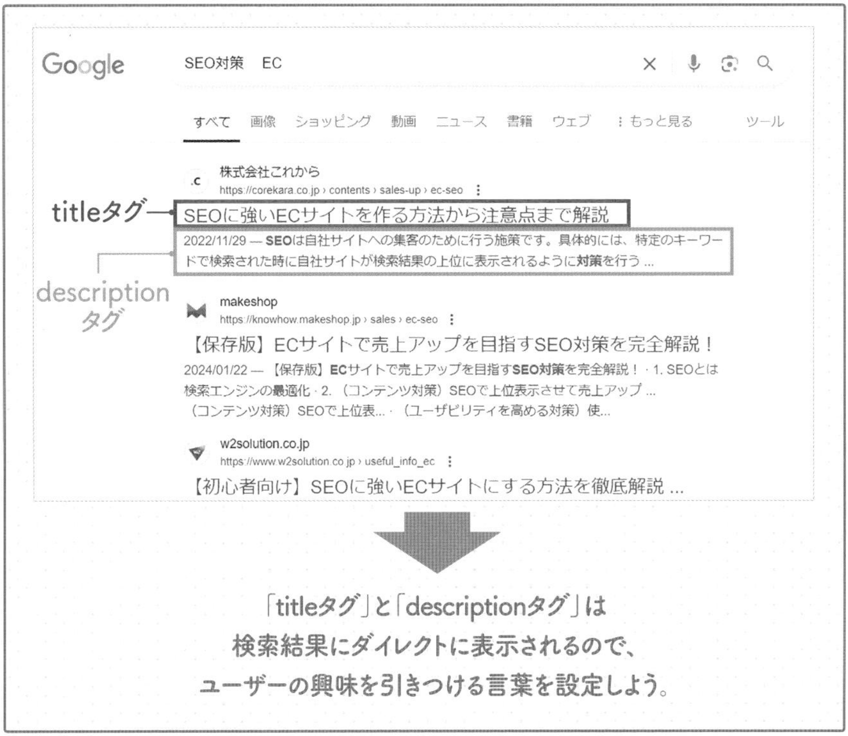

そのため、「ワインを取り扱う通販サイト」のように、「“商品名”を扱う通販サイト」を基本の形として設定するのがおすすめです。

ユーザーの理解を深めるdescriptionタグ

description タグに設定する文字列は、最大で 120 文字程度が表示されますが、スマホでは 70 文字しか表示されないため、前半に最も伝えたいことを簡潔に記述します。特に、title タグでは説明しきれていない説明を登録するとよいでしょう。

description タグも**ユーザーが検索エンジンからサイトに訪れる際の判断材料になります**。description タグもページごとに設定できるので、各ページで説明しきれない情報を記載します。

2 つのタグの設定は、一般的なカートシステムであれば設定箇所があるので、そこから登録します。

SECTION 04

SEOの内部対策②

EC担当者が行うSEOの内部対策 <キーワード設定編>

内部対策を行う際は、ページごとに検索キーワードを設定する必要があります。ページごとにどのようなキーワードを設定すればいいか、そのポイントを見ていきましょう。

ロングテールキーワードの設定

ECサイトでSEO対策が必要なページは、トップページ、商品カテゴリーページ、商品詳細ページの3つです。内部対策を行う際は、ページごとに適切なキーワードを設定します。

キーワードには、ビッグキーワード、ミドルキーワード、**ロングテールキーワード**などの種類があります。検索キーワードには検索回数の多いビッグキーワードよりも、まずはロングテールキーワードをtitleタグへ設定します。たとえば「ワイン」を「ワイン　通販」→「ギフト用ワイン　通販」→「ギフト用高級ワイン　通販」と絞っていくと、より詳細な検索キーワードになります。当然「ワイン」のようなビッグキーワードと比較し、検索ボリュームは減りますが、検索結果が少なくなるため、その分**競合が減り、さらに商品を目的をもって本当に探しているお客様がサイトを見つけやすくなる**などメリットがあります。

ロングテールキーワード
複数の単語を掛け合わせたニッチなキーワードのこと。検索結果が少なくなるため、スモールキーワードともいう。

商品詳細ページでは特にロングテールキーワードの登録が重要です。検索エンジンで商品名を直接検索するユーザーは、購入意欲の高い人です。そのような見込み客に向けた内部対策を行うことが大切です。ワインの例で言えば「2015年シャトーマルゴー赤ワイン　通販」のような、具体的なキーワードを設定します。

また商品カテゴリーページも同様です。「2万円以上のギフト用高級ワイン　通販サイト」といった、具体的に購入を検討しているお客様が調べるであろうカテゴリー名を検討し、内部対策を行います。

キーワードの3分類

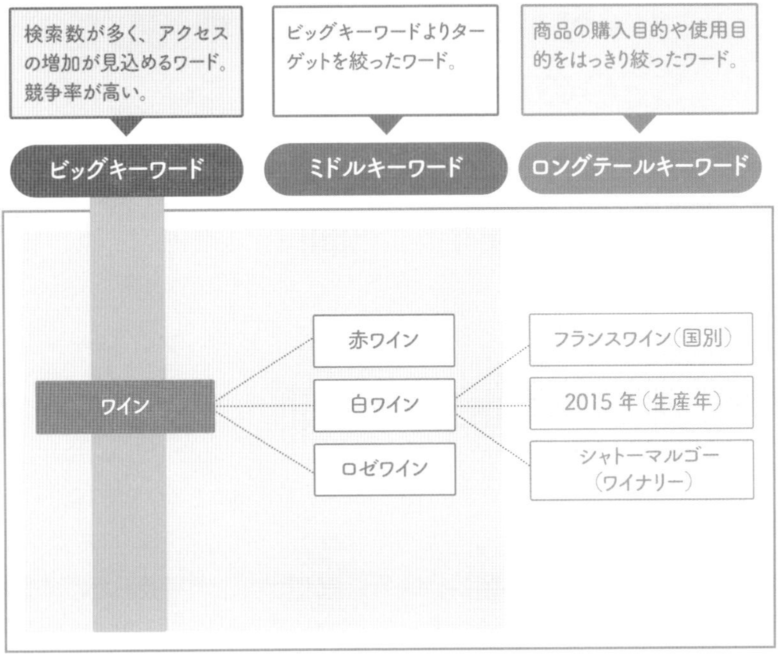

キーワードの設定は、多くのカートシステムのカテゴリーや商品登録ページに設定箇所が設けられているので、商品情報を登録する際には忘れずに入力しましょう。

トップページのtitleタグの設定ポイント

トップページの title タグには“商材名＋通販サイト＋ショップ名”のフォーマットで設定します。ワインを例に挙げると「ギフト用高級ワインを扱う通販サイトの○○（ショップ名）」となります。主要な EC カートシステムでは、初期設定時に「ショップ名」として設定した名前が title タグに反映されます。後で変更できますが、SEO を意識したキーワードを含めたタイトルを設定しましょう。

商品名やブランド名がアルファベットの場合、カタカナ表記も必ず設定します。検索時にどちらでも引っかかるための工夫です。

SECTION 05

ユーザーの検索目的

ユーザーの検索心理を把握したSEOの攻略法

ユーザーが何かを検索するときには必ず目的が存在し、その目的は４つの行動心理で分類できます。 ユーザー心理を把握し、検索キーワードごとの真の目的を叶えられるサイトのコンテンツづくりを目指していきましょう。

検索結果の表示に影響を与えるマイクロモーメント

マイクロモーメントとは、検索する目的を４つの心理状態で分類した検索概念です。人は検索をするときに、「Buy クエリ（買いたい）」「Know クエリ（知りたい）」「Do クエリ（やりたい）」「Go クエリ（行きたい）」の４つの目的をもって検索行動を起こします。**検索エンジンはこれらのマイクロモーメントに基づき、検索の表示結果も変えてきます。** EC サイトにおいては当然、「Buy クエリ（買いたい）」に応えるキーワードで上位表示が狙えるように対策をしていきます。たとえば「コシヒカリ／通販」のようなキーワードです。

マイクロモーメント
Googleが提唱する「何かをしたいと思い立ったときに、検索したり、購買行動を起こしたりする瞬間」を指す行動分析のマーケティング理論。スマートフォンの登場により、いつでも、どこにいても、調べたいことを調べたり、商品を買えるようになったことで消費者の行動は大きく変化したことにより定義づけられる。

しかしながら、直接的に購入意欲が明確な Buy クエリキーワードには限りがあります。より多くのアクセス流入を狙うには、Know クエリ（知りたい）に応えるキーワードまで対策していく必要があります。たとえば「コシヒカリ／炊き方」などです。「何かを知りたい」のあとに購入につながりそうなキーワードを設定していきます。

ユーザーの検索作業を補助する「バーティカル検索」

バーティカル検索とは、**検索エンジンがユーザーのマイクロモーメントを把握し、より目的に沿った検索結果を表示できるようにする検索補助機能**です。Buy クエリのキーワードが検索されると、検索窓の下には「ショッピング」「画像」「動画」といった検索結果を情報カテゴリー別に絞り込むメニューが現れます。いちばん

マイクロモーメント4つの分類

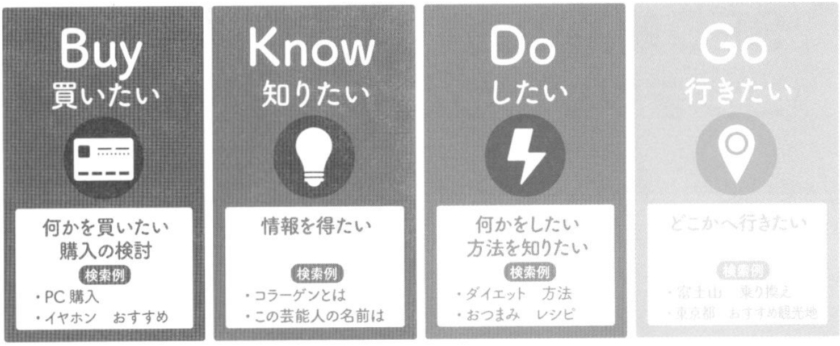

キーワードはこの4つの検索意図に分類されるため、目的に応じたキーワードを選定する。
たとえば目的が「購入意欲が高いユーザーを集客したい」場合は、Buy に分類されるキーワードを選定する。

マイクロモーメント別、検索結果の表示の違い

左に「ショッピング」と表示されていれば、検索エンジンが Buy クエリだと判定している証拠です。自然検索の結果（すべて）にも EC サイトが多く表示されるようになります。

なお、Buy クエリ以外の、たとえば Do クエリと判定されたキーワードでは、ノウハウ系サイトが上位に表示される傾向があるので、EC サイトでの上位表示対策としては、キーワードの再設定は必須となります。

SECTION 06

SEO のためのコンテンツ作成

SEO効果の高いコンテンツのつくり方

SEO 対策をするには、コンテンツを充実させることも大切です。せっかくこだわってコンテンツを用意しても、コピーコンテンツとみなされてしまうこともあります。ここでは、コンテンツを増やす際の注意点を解説します。

オリジナリティの高いコンテンツ作成が必要

EC サイトの内部対策は、商品名や商品の特徴に偏りがちです。しかし、EC サイトで購入する際に検索されるキーワードは、商品情報だけではありません。たとえば「高級ギフトワイン」を扱うお店であれば、「ワインギフト　相場」や「結婚記念日　プレゼント」など、購入につながるキーワードはたくさんあります。これらのキーワード対策には、コンテンツを利用します (P.174)。

サジェストツール
検索エンジンにキーワードを入力したときに、関連候補で表示されるキーワードをサイトから取得するツール。

コンテンツを作成する際は、**サジェストツール**を使い「お客様のニーズに合ったコンテンツ」を心がけましょう。ポイントは、**ロングテールキーワード（P.104）を選び、オリジナリティの高いコンテンツを用意すること**です。たとえばコンテンツを用意する際、競合サイトが書いているブログと全く同じ内容を書くと、そのコンテンツはコピーコンテンツとみなされ、インデックスされません。そのため、メーカーがリリースしたカタログ情報などをまとめるだけではなく、自分たちだけの視点を盛り込んだコンテンツを作成しましょう。検索キーワードにマッチしたオリジナル性の高いコンテンツを用意することができれば、SEO 対策につながるだけでなく、お客様のファン化にも貢献します。

また、コンテンツのつくり方によってはSNS で拡散されることもあります。それによってページのアクセス数が増え、購入につながるケースもあるため、コンテンツの作成はEC 集客において大切な要素となります。

➡ 人間もクローラーも読みやすいコンテンツの階層構造

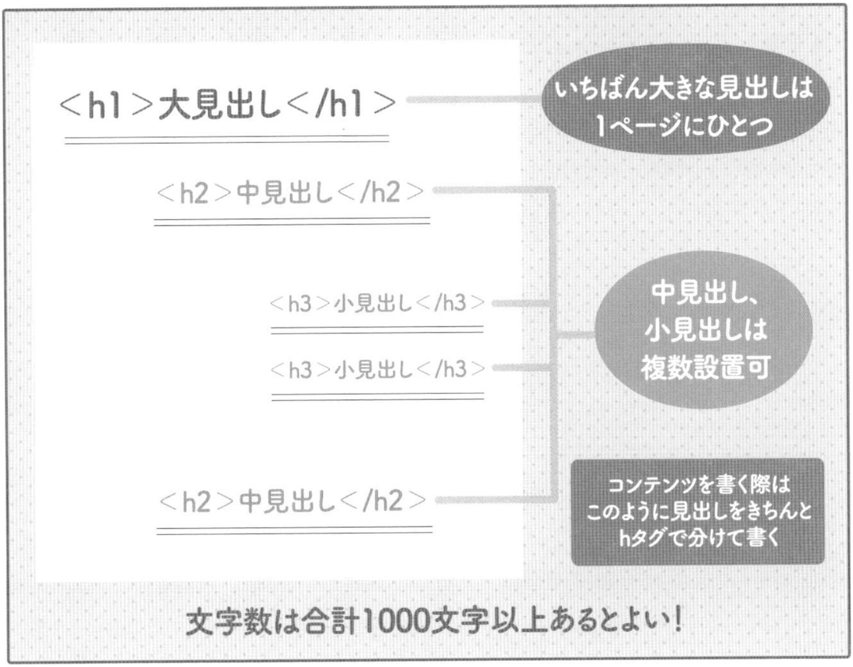

検索結果に影響のあるコンテンツの見出し

hタグは、見出しタグとも呼ばれ、ページごとの見出しの役割をするタグです。見出しタグにはh1タグからh6タグまで階層があり、h1タグはそのページを要約するような大きな見出しを指します。hの後ろにつく数字が大きくなるにつれ中見出し、小見出しと階層の低い見出しになります。h1タグはそのページの大見出しのため、ページに1つだけ設定します。その他のタグは、複数使うことができます。**h1タグは検索順位に最も影響があるため、そのページのキーワードを必ずh1タグに設定します。**商品ページやカテゴリーページであれば、商品名やカテゴリー名など、そのページが何を指しているかを簡潔に設定しましょう。

なお、カートシステムによっては、h1タグが全ページ共通の設定になってしまうものもあるので注意が必要です。すべてのページに、固有のh1タグを設定することが大切です。

hタグ
hタグのhは「heading」の略で、見出しを意味する。hタグで囲まれた部分は、テキストのサイズが変化し、太字で表示され、前後に改行が入る。h1からh6の順で見出しが小さくなっていく。

SECTION 07

SEO 対策のルール

やってはいけないSEO対策

SEO 対策はウェブ集客の重要な施策のひとつです。しかし、いまだに誤った SEO 対策の情報も公開されています。間違った SEO 対策をしてしまうと、ペナルティを課されることもあるため、対策には注意が必要です。

サイトに無関係のキーワードやリンクはNG

スパム行為
不正に検索順位を上げようとすること。検索エンジンのランキング順位を歪める行為を行うと、検索結果から外される。

SEO 対策において気をつけたいのが**スパム行為**です。Google は頻繁に検索エンジンをアップデートし、スパム行為をしているウェブサイトを見つけては排除しています。スパム行為を行うと**検索順位を下げられたり、検索結果に表示されなくなったりなどのペナルティが課される**こともあります。

「多量のキーワードの詰め込み」はやってはいけない代表的な SEO 対策のひとつです。これはさまざまなキーワードで検索にかかるように、HTML タグやコンテンツ内にサイトとは関係ないキーワードを仕込んでいるパターンです。悪意がなくとも、関連キーワードを多量に詰め込んでしまっているケースも少なくありません。そのためキーワードはページごとに 3 つから 5 つ程度で端的にまとめることが大切です。

IPアドレス
4 列の数字の羅列で成り立つ、ネットワークに接続されている個々の機器に割り振られた識別番号。ネットワーク上の住所のようなもの。

同一IPアドレスからのみ大量にリンク
同じサーバー領域内で複数のドメインを作成してリンクを張ったとしても、IP アドレスは同じになってしまうので、運営者が同じと判断されカウントされない。

また、「意図的に質の低い被リンク」をたくさん設置することも禁止されています。運営している EC サイトと関連性が高く、きちんと管理されている質の高いウェブサイトからリンクを張られると、サイトの評価は高まります。しかし、これを逆手に取り、ただリンクを張るためだけにつくったウェブサイトや**同一 IP アドレスからのみ大量にリンク**を張られている場合、Google から自作自演であると判断され、ペナルティの対象になります。

他者のコンテンツをまるまるコピーしたコピーコンテンツや、隠しリンクや隠しテキストの設置、自動コンテンツ作成ツールの使用など、右図にある内容が禁止されている行為です。

➡ 故意に行ってはいけないSEO対策

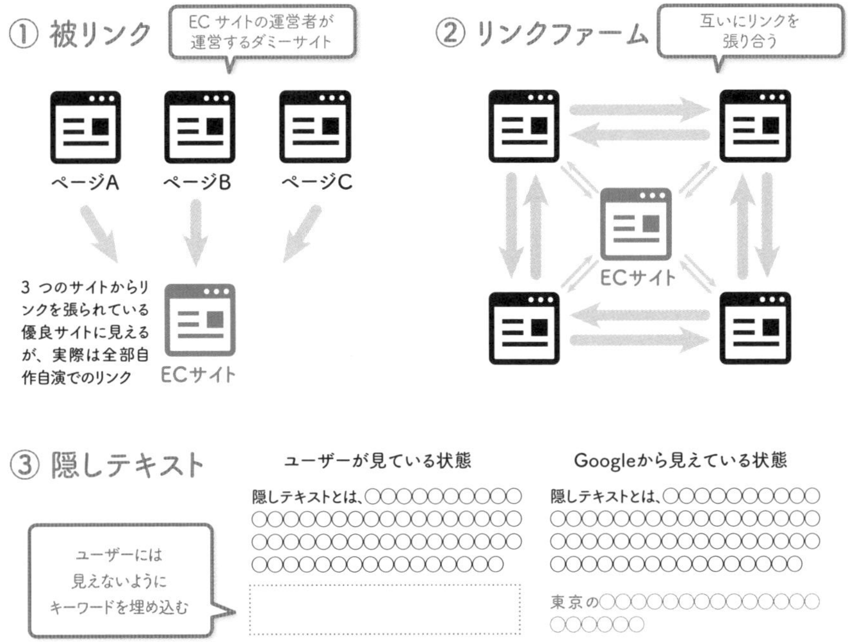

Googleのガイドラインを遵守する

SEO対策で禁止事項を行わないためには、**Googleの「品質に関するガイドライン」を確認し、スパム行為と判断される対策を実施しないこと**です。

そもそもGoogleは、ユーザーにとって有益なサイトを高く評価しており、SEOとはそれを実現するためのしくみです。小手先のテクニックで検索エンジン対策をするのではなく、ユーザーにとって有益なサイトとはどのようなサイトかを考え、形にしていくことが正攻法であり、近道です。

「お客様にとって価値のあるECサイトの構成やコンテンツであるか」ということを常に意識しながらサイトの運営をしていけば、自然と検索順位は上がります。これがSEO対策の最も大切なことであり、普遍的な極意となります。

SECTION 08

SNSの活用法

EC集客に役立つサービスは？ SNSの基本情報

EC リイトへの３大流入元である、「自然検索」「広告」「SNS」のひとつである SNS。近年、SNS 経由での流入は無視できない存在となりました。一概に SNS と言ってもたくさんの種類があり、その中でも売上につながりやすい SNS の活用法を探っていきます。

売上に直結するSNS「Instagram」

いまや SNS は生活の一部となり、EC サイトの集客においてもとても重要なチャネルとなっています。よく「アパレルやフードなどの商材だけに有効でしょ？」と言われることが多いのですが、情報発信のツールと考えれば、従来のブログなどと共通して、ほとんどの業種で有効な手段となります。多くの SNS が存在しますが、その中でも **Instagram は EC との親和性も高く、販促ツールとして欠かすことはできません。**

SNS 対策と言えば、まずは Instagram 対策と覚えておきましょう。EC サイトと Instagram の親和性が高い理由は４つあります。１つめは EC に特化したショッピング機能がある点です。Instagram に投稿された写真と EC サイトの商品詳細ページを紐づけることで、投稿からスムーズにショップに遷移し買い物が行える機能です。２つ目は **Instagram はユーザー数**が多く、中でも EC をよく活用する層である 30 代、40 代の女性のユーザーが多い SNS である点。３つ目は画像や動画形式での投稿が必須なため、１投稿あたりの情報量が多く商品の魅力を届けやすい SNS である点。４つ目は Instagram のタイムラインが個人情報や趣味趣向に合わせて表示される精度が高く、自社の商品と相性のよいユーザーを集客しやすい点が挙げられます。

他の SNS でも部分的には当てはまりますが、これらをすべて網羅しているのは Instagram のみなので、特に親和性が高く EC サイトの集客に大きく貢献します。

Instagramのユーザー数
2023 年時点で日本国内のアクティブユーザー数は 6000 万人以上と公表されている。

Instagramリール
15 〜 90 秒の短い動画を制作・投稿・視聴できる機能。動画ソフトやアプリを使わずに、スマートフォンにある写真や動画の編集や音楽やエフェクトを追加する編集ができるため、誰でも手軽に短尺動画を投稿できる。

ECサイトの集客に活用できる重要なSNS

	Instagram	YouTube	TikTok	X	Facebook
ECとの親和性	◎	○	○	▲	▲
EC向けの機能	Instagram ショッピング	YouTube ショッピング	TikTok ショッピング	−	Facebook ショップ
ユーザー属性	20代〜40代	10代〜50代	10代〜20代	10代〜20代	30代〜50代
投稿フォーマット	写真・縦長動画	動画	縦長動画	テキスト・写真	テキスト・写真・動画
媒体特性	映像フォーマットを前提とし、ユーザーに伝えられる情報が多い。ユーザーの興味関心を学習し、情報をレコメンドする機能に優れている。	長尺動画がメインで、ユーザーに伝えられる情報量が非常に多い。半面、動画の制作技術がないと、魅力的なコンテンツを作成し続けることが難しい。	短尺の縦長動画がメインで、ながら見に特化しており、ユーザーあたりの視聴時間が長いことが特徴。ユーザーが若年層なこともあり、面白いコンテンツを作成し続けられるかが肝心。	テキストを中心とした投稿フォーマットで、情報の拡散性が非常に高い。1投稿あたりの情報量に制約があるため、比較的簡略な情報を広く拡散することに向いている。	個人情報をもとにして友人とのつながりをもつことが特徴的で、ビジネスや実店舗などでの用途が中心的。一般消費者向けの商品販売にはあまり向かないことも多い。

スマホの画面を占有する縦型動画

近年、縦型動画を使って商品やサービスをアピールするマーケティング手法が増えてきており、購入につながる流入を確保しやすくなっています。縦型動画はスマホの画面全体に表示されるため、購入へとつながる情報量の多い動画を配信できることが特徴です。

「Instagram リール」「YouTube ショート」「TikTok」はユーザーの購入意欲を駆り立てやすく、今後ますます販促において大切になりうる投稿フォーマットです。

YouTube ショート
YouTube上で最大60秒の短い動画を作成・共有できる機能で、スマホで手軽に撮影・編集が可能なのが特徴。TikTokのような縦型動画に特化しており、多くのユーザーに短時間で魅力的なコンテンツを提供できる。

SECTION 09

Instagram の活用法①

SNS活用のゴールは売上UP！ Instagramの4つの成長フェーズ

Instagram はアカウントの立ち上げ時期から、安定して売上を立てられるアカウントに成長するまでに、4 つのフェーズに分類できます。フェーズごとに最適な対策を施すことが重要です。

SNS活用のゴールはフォロワー数の増加ではない

EC の売上を伸ばすために SNS を活用する際、「フォロワー数を伸ばすこと」を KGI（重要目標達成指標）に設定している担当者をよく見かけます。しかしながら、**SNS は EC サイトへの流入数を増やす手段のひとつに過ぎず、KGI は「EC サイトの売上を伸ばすこと」**になります。個人の趣味のアカウントではないので、売上を伸ばすためのアクセス数確保をゴールにすることを常に忘れてはいけません。

KGI(Key Goal Indicator)
売上高や成約数、利益率などにあたるもので、最終目標に対する達成度合いを測るための定量指標。「重要目標達成指標」のこと。

Instagram運用における4つの成長フェーズ

Instagram のアカウントは、**「コンセプト設計期」「フォロワー獲得期」「エンゲージメント拡散期」「売上拡大期」の 4 つの成長フェーズに分けて、施策を考える**と運用しやすくなります。

エンゲージメント
「深い関わり合いや関係性」を意味する言葉で、SNS においてはいいねや、シェア、返信など、投稿に対する反応のことを指す。

初期のコンセプト設計期は、誰にどのような情報をどの頻度で投稿するかなどの「コンセプトづくり」や「運営方針」を決定し、アカウントの基礎をつくる期間です。自分たちの投稿を誰に向けて配信するべきかを固め、見込み客がベネフィットを感じる投稿とはどのようなものかを見極めていきます。

運営方針が決まったら、その方針に沿ってフォロワー獲得期に入ります。特にアカウントを立ち上げた時点ではフォロワーは増加しにくいため、外部のインフルエンサーなどを起用しつつ、アカウントの認知度を高めて、ショップの規模にもよりますが 5,000 人以上のフォロワー獲得を目指します。

Instagramアカウントの4つの成長フェーズ

1 コンセプト設計期

重点KPI	要達成事項	主活動
・新規フォロワー数 ・フォロワー獲得率	**アカウントの基本設計と投稿内容の定義** プロフィールの世界観、コンテンツ内容、投稿スケジュールを決め、ユーザーがフォローしたくなるアカウントをつくり込む。	・プロフィール文章作成 ・コンテンツ内容の企画 ・投稿頻度の設計 ・初期投稿の作成 ・初期ハイライトの作成 ・ショッピング連携 ・コミュニケーションルールの設計 ・コメント返信 / DM返信 ・ストーリーコミュニケーションの常時実施

2 フォロワー獲得期

重点KPI	要達成事項	主活動
・新規フォロワー数 ・フォロワー獲得率	**キャンペーンを活用した、新規フォロワーの獲得** フォロワー数5000人を目標に、フォローキャンペーンを展開し、フォロワー数を急増させる。	・フォローキャンペーン ・インフルエンサー施策 ・UGC二次利用投稿 ・ストーリー投稿（頻度増加） ・ハイライト投稿（頻度増加） ・#タグSEO

3 エンゲージメント拡散期

重点KPI	要達成事項	主活動
・エンゲージメント率 ・フォロワー解除率	**投稿フォーマットの拡張とエンゲージメント率の向上** 既存フォロワーがフォロー解除しないよう、リールやまとめ投稿などコンテンツの幅を広げ、ユーザーが求める・ユーザーに好まれる投稿を企画し、エンゲージメント率を高める。	・リール投稿 ・コンテンツ投稿 ・ショッピングコレクション ・タイアップ投稿

4 売上拡大期

重点KPI	要達成事項	主活動
・直接売上 ・サイト流入数	**ライブ配信による、直接売上の拡大** ライブ配信を実施し、フォロワーに対してブランド・商品を強く訴求することで、直接売上を拡大します。またアンケートによる商品企画や、アンバサダーの起用など、ユーザーを公式アカウントの運用に参加させる。	・ライブ配信 ・ライブハイライト ・アンバサダー企画 ・DM自動化 ・ユーザー参加型企画

エンゲージメント拡散期では、リールなどの投稿形式を拡張してコンテンツの幅を広げます。

最後の売上拡大期では、よりエンゲージメントを高めて、ファンが増えたタイミングで、ライブ配信やアンケートによる商品企画など、フォロワーと直接触れ合う企画を増やします。これらのInstagramアカウントから直接売上を出す施策を行っていきます。

UGC
User Generated Contentsの略。企業ではなく、一般ユーザーによって制作・生成されたコンテンツのこと。代表的なものにSNSへの投稿やECサイトのレビューがある。

SECTION 10

Instagramの活用法②

アカウントの成長に必須の4つの指標

Instagramの成長には「投稿の保存率」「プロフィール表示率」「フォロワー獲得率」「投稿のホーム率」の4つの指標が大切になります。これら4つの「率」を理解し、投稿のPDCAを回して最速でアカウントの成長を促しましょう。

Instagramの成長に欠かせない4つの「率」とKPI

「投稿の保存率」「プロフィール表示率」「フォロワー獲得率」「投稿のホーム率」の4つの「率」をKPIに置きながら運用すると、評価が上がり、よりアカウントの成長速度を速め、たくさんの人にリーチできるようになります。そして当然認知は広がり、売上につながりやすくなります。

投稿の保存率は、「保存数÷リーチ数」で算出します。なぜ保存率が大事かというと、タイムラインや検索結果の表示順位は、単純に投稿の新規順ではなく、さまざまなアルゴリズムの中で決定されていきますが、その中でも「保存率」が重要視されているからです。いいね数やコメント数も評価につながりますが、**保存の数が多いほど新規ユーザーに投稿が届きやすい傾向にある**のです。アカウントを多くの人に認知させるためにも、KPIを立てる上でまず追うべき大切な指標は投稿の保存率となるのです。

投稿の保存
お気に入りの投稿を保存し、いつでも見返すことができる機能。保存数が多い投稿は上位表示されやすくなる。

むろん「率」だけではなく、より多くの「保存数」を確保したうえでの「保存率」が高いほうが評価も高くなります。前ページで説明したとおり、まずはリーチ数を増やすためフォロワー数を多く獲得する施策から手をつけるのが近道となります。その他の率も同様に右ページの表の示す目安を参考に、施策を進めていくことをおすすめします。

成果につながるか未知数の投稿を、闇雲に続けるのは困難です。売上を伸ばす投稿を続けるためには、Instagramのアルゴリズムを理解して投稿を続けていくことがコツとなります。

ホーム数
投稿したコンテンツがユーザーのタイムラインに表示された数をInstagramではホーム数と呼ぶ。

運用ロジックと重要 KPI

アカウントの成長には、Instagramのアルゴリズムを理解し、
以下の重要KPIにおいて高評価を目指すことが重要

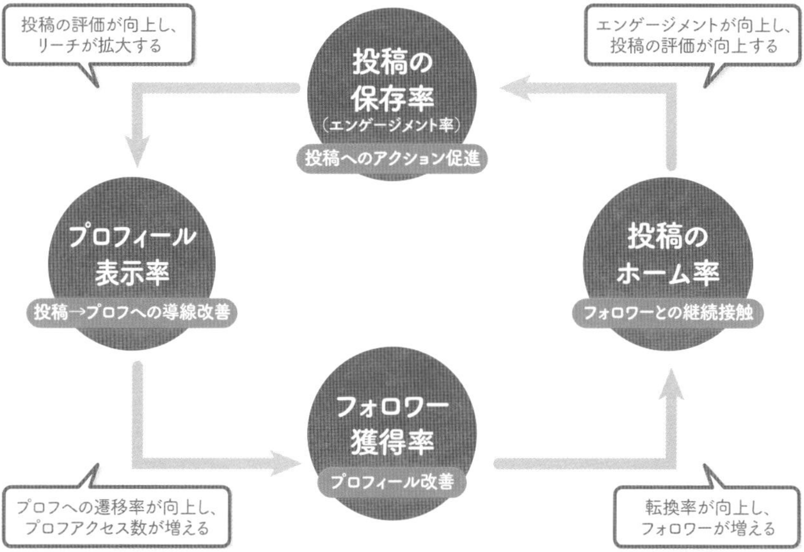

低品質アカウント→高品質アカウント

重要KPI	評価×	評価△	評価〇	評価◎	改善ポイント
投稿の保存率 保存数+リーチ数	-1%	1～2%	2～3%	3%～	投稿企画・ クリエイティブの見直し
プロフィール表示率 プロフアクセス数 +リーチ数	-1%	1～2%	2～3%	3%～	投稿→プロフィール 導線の見直し
フォロワー獲得率 フォロワー増加数 +プロフアクセス数	-4%	4～6%	6～8%	8%～	プロフィール画面と ハイライトの見直し
投稿のホーム率 ホーム数+フォロワー数	-30%	30～40%	40～50%	50%～	既存フォロワー向けの ストーリー施策見直し

SECTION 11

Instagramの活用法③

最適なプロフィール設定と保存されやすい投稿

適切なプロフィール設定と保存されやすい投稿は、Instagramアカウントを成長させるうえで基本の対策となります。このふたつはフォロワー数の少ない初期段階からでも実装可能ですので、ポイントをしっかり押さえていきましょう。

Instagramの勝ちパターンプロフィール

プロフィールを適切に設定することでフォロワーの獲得率やECサイトへの遷移率を高めることができます。アカウント名の設定が英語表記のみ、日本語表記のみのアカウント名が見受けられますが、必ず併記しておきましょう。これはもちろんInstagram内の検索対策として重要なファクターとなります。

見栄えやブランディングを重視して英語表記にする場合でも、ユーザーの利用のしやすさを優先して日本語の読み方も記載しておくほうが、アカウントの成長を促進できます。

各項目の入力方法は右ページ図に示すとおりですが、入力内容は**基本は端的に、伝えたいメッセージや刺さってほしいキーワードは左詰めで記載**します。少ない文字数でいかに伝えることができるかがポイントとなります。

保存されやすい投稿のポイントは?

Instagramのアルゴリズムに評価される投稿の鍵は、保存数であることは先述したとおりです。特に、立ち上げ直後のInstagramアカウントはフォロワーが少ないため、人の目に触れる機会が少ないものです。まずは保存されやすい投稿をつくり、アクセス数を増やしましょう。

保存されやすい投稿のポイントは、「後でもう一度見たい」と思われる内容にすることです。「大掃除で使えるアイテム5選」や「絶対買いたいお取り寄せ3選」、「ワンコインで再現できる

プロフィールを作成する際の5つの要素を踏まえた勝ちパターン

① アカウント名

ブランド名や屋号を設定する。英語表記の場合は、必ず英語名だけではなく、日本語の読み方も入れる。

② プロフィール文

2行目まででブランド訴求・キャンペーン情報・更新頻度といったアカウントの特徴・ユーザーへのメリットを訴求。一文が長くなると読みづらくなるので、スマホで表示を確認し、文章が折り返さない程度の読みやすい量にまとめる。

③ サブアカ / 公式#タグ

サブアカ、公式#タグのどちらもプロフィール文章の下部にメンション付きで紹介。公式#タグはここに記入することで#タグ検索結果へ誘導することができ、ユーザーのタグ付け投稿を促進できる。

④ サイトリンク

公式ECへのリンクを設定。特設ページなどをリンク先に設定する場合、URLが長くなることがあるが、短縮URLの使用を検討するとよい。

⑤ ショッピング連携

フォロワー数が100人程度にまで増加したら、ECサイトの商品をショッピング連携をして掲載。

保存されやすい投稿3種

知識・ノウハウ系

「タメになる・はじめて知った」を引き出す

参考情報系

「参考にしたい」を引き出す

体験系投稿

「行ってみたい・やってみたい」を引き出す

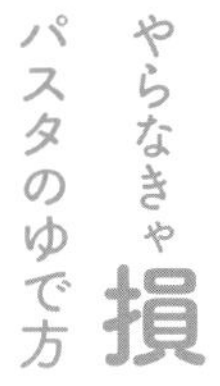

お店の味」など、**知識・ノウハウ系、参考情報系、体験系投稿を含んだ投稿が効果的です。**

　インスタ映えするきれいな写真よりも、情報価値の高い投稿を心がけます。なお、1枚目に表示される画像には、何を得られる投稿なのかがいちべつしただけでもわかるように、大きな文字で記載しておきましょう。

Column

ウェブ集客は魚釣りだ！

ECサイトの売上を伸ばすには、サイトに人を集めることが必須です。代表的な集客方法として、検索エンジン、SNS、広告などがあります。このウェブサイト上の集客方法は、釣りをイメージするとわかりやすくなります。釣りは釣り場所を決めた後、魚がいるポイントを見極め、タイミングや、餌と釣りたい魚との相性を考えながら仕掛けます。

どこにターゲットが存在するのかを見極めてアプローチ

ウェブ上においても同様です。自然検索を通してECサイトにアクセスするばかりでなく、SNSアプリ、広告、メルマガなど複数の流入経路があります。流入経路や検索しているキーワードはユーザー層によって少しずつ違います。どこのポイントにターゲットが存在するのかを見極め、適切なポイントでユーザーにアプローチすることがECサイトの売上を伸ばしていくうえで大切です。

相性のいい餌を準備する

ウェブ集客における餌とは「どのようなタイミングでサイトが表示されるようになっているか」です。たとえば「SEO対策を行い、特定のキーワードで検索した際、上位に表示される」「ウェブ広告を出稿し、ユーザーがいつも見ているブログに表示される」などが餌となります。

適切なポイントで相性のいい餌を用意することで、ユーザーの興味を引き購入に結び付けましょう。

成果が出たものをより深く集客施策につなげる

一度釣れるポイントを見つけたら、そこに対して全力で餌を仕掛けましょう。もちろんすでに成果につながりやすい餌もわかっている状態です。そのため、似たような施策を行い「勝ちパターン」を強化することが大切です。たとえば「子供用シューズ」というキーワードが売上につながったのであれば「子供用靴」「3歳児シューズ」など類似のキーワードを強化します。

集客対策を行う際、最初はどうしても広く浅くさまざまなポイントに餌を仕掛けることになります。しかし、一度成果がでたら、次からは同じような方法で、狭く深く重点的に集客施策を行ってくことが、ECサイトの成功の秘訣となります。

Chap

5

ECサイトの集客方法 ＜ウェブ広告編＞

ECサイトの運営で外せないのが広告による集客です。

ここではウェブ広告の種類から、それぞれの特徴、

広告デザインや説明文などの書き方、

運用にいたるまでを紹介します。

SECTION 01

ウェブ広告の基本知識①

広告の必要性と広告の種類

ウェブ広告は2019年にテレビの広告費を抜き、2023年には3兆3,330億円にも及び、日本の総広告費の45%以上を占めるなど、最も大きな広告媒体として成長し続けています。

ウェブ広告の必要性と代表的な出稿メニュー

物販系EC広告費
生活家電や衣類などの物品販売を行っている「物販系ECプラットフォーム」に出店している事業者が、そのプラットフォーム内に使った広告費のこと。

マス広告
テレビ広告・ラジオ広告・新聞広告・雑誌広告の4つのメディア・媒体で、日本の総広告費の過半数を占めている。

ウェブ広告費の中でも特に成長が目立ったのが「**物販系EC広告費**」で、前年比110.1%増の2,101億円を記録しました。ECサイトが世の中に定着したことを背景に、広告の成長が見られます。

マス広告と比較すると、①早ければ1日で広告配信ができる、②配信するターゲットを絞って出稿できる、③費用対効果が可視化しやすい、という3つの強みが挙げられます。これによって、ウェブ広告は**「すぐに」、「商品を求めている顧客に絞り」「的確な効果検証をしながら」集客を行うことが可能**です。特に即時性については、前章のSEO対策にはないメリットであり、ECサイトの立ち上げ当初やセールなどの繁忙期といった、集客に力を入れたいタイミングで適切なアクセスを集められます。

代表的なウェブ広告には、GoogleやYahoo!といった検索エンジンで顧客が検索したキーワードに関連して表示される「リスティング広告」、顧客がウェブサイトを閲覧している際に広告バナーが表示される「ディスプレイ広告」、LINEやFacebookなどのタイムラインを中心に表示される「SNS広告」、ブロガーやインスタグラマーなどの第三者が商品を紹介する「アフィリエイト広告」があります。

最近のトレンドとしては、Instagramなどの縦型動画広告の配信金額が大きく伸びています。従来の広告とは異なり、スマホの画面占有率が高いことによりユーザーの購買意欲を促すのが特徴です。また、その他ニュースアプリへ出稿する「アプリ広告」も配信金額は依然として伸び続けています。広告主はこれらの配信メニューを

ウェブ広告のメリット

配信までの期間
↓
①最短即日配信

商品を求めるユーザーに
↓
②ターゲティング

的確な効果検証をしながら
↓
③費用対効果

↓

このスピード感と効果が強み

3つの課金形態

純広告
広告を1週間掲載したら○○円など、あらかじめ費用が決まっている

運用型広告
オークションによってその都度費用が変わる。「1クリック○○円」

成果報酬型広告
1つの商品が売れたら○○円など、成果が出るごとに広告費が発生

提供する**広告媒体社**を通じて、インターネット上のあらゆるユーザーにアプローチできます。

広告媒体社
自社でウェブメディアの運営や、他社メディアの広告枠を買い付けることで、広告枠の掲載料を販売する会社のこと。

ウェブ広告の課金形態の3種類を押さえよう

ウェブ広告を利用するうえで、押さえておきたいのが課金形態。ウェブ広告には大きく分けると、3種類の課金形態があります。

1つめが「純広告」です。新聞に出稿する広告のように、決められた広告枠に広告を出稿するやり方です。広告の掲載期間やクリック数などを保証し掲載します。2つめが「運用型広告」です。1回あたりのクリックがいくらか、表示回数1,000回あたりでいくらという形で金額が決定する広告です。この金額はオークション形式で決まり、人気のある広告枠であるほど金額が高くなります。3つめが「成果報酬型広告」です。これは事前に定めた成果（商品購入など）が生じた場合に費用が発生します。たとえば1件売れたら商品の売上の1%が広告費として発生するというやり方です。売上が出ないと費用が発生しない広告のため、EC事業者としては始めやすい広告です。

SECTION 02

ウェブ広告の基本知識②

配信ターゲットの設定と媒体・メニュー選び

ウェブ広告は配信ターゲットを細かく設定できます。このターゲットを見極めることが、広告ひいてはEC事業の成功に深く関わっています。ここでは、その配信ターゲットの設定から、配信媒体の決定までを解説します。

重要なのはターゲット設定と購買モチベーション

闇雲に広告を出稿しても、集客はできても売上にはつながりません。必ず計画を立てて実施する必要があります。

重要なのは、**どのようなユーザーを集客すれば売上につながるかという「ターゲット設定」と、そのターゲットが今どれだけ購買意欲があるのかという「購買モチベーション」**の２つです。ターゲットは年齢や性別といった**デモグラフィック**な情報だけではなく、普段どのような生活を送るのか、接触するウェブメディアやSNS、興味や関心を示す事柄などの行動情報をもとに策定します。

デモグラフィック
顧客データを分析して性別や年齢、住んでいる地域、収入や職業、学歴などの社会的な特質データを集約したもの。

ターゲットが定まったら、次にどの購買モチベーションのユーザーに配信するかを検討しましょう。この購買モチベーションによるユーザーは大きく３種類に分けられます。まず、特定の商品やサイトを知っており、かつ購入意欲がある「顕在層」。次に特定の商品が提供する価値に関心を示しているものの、商品やショップの存在を知らない「準顕在層」。今はまだ商品の必要性がないが、将来的に必要となる可能性のある「潜在層」となります。

一般的に顕在層は購入意欲があり商品やショップのことも認識しているため、費用対効果が高い反面、ユーザーの絶対数は少なくなります。一方、潜在層は現時点で商品を求めていないため、費用対効果は低いですが、ユーザー数は多くなります。

広告の配信は、**「ベース広告」**と呼ばれる顕在層向けのメニューから行い、売上と費用対効果のバランスを見ながら、徐々に準顕在層、潜在層へと**配信ターゲットを広げていくのが効率的**です。

ベース広告
「リスティング広告」（P.128）、「ディスプレイ広告」（P.130）、「Google ショッピング広告」（P.132）の３つを指し、多くの顕在層にリーチする広告。

配信ターゲット設定のポイント

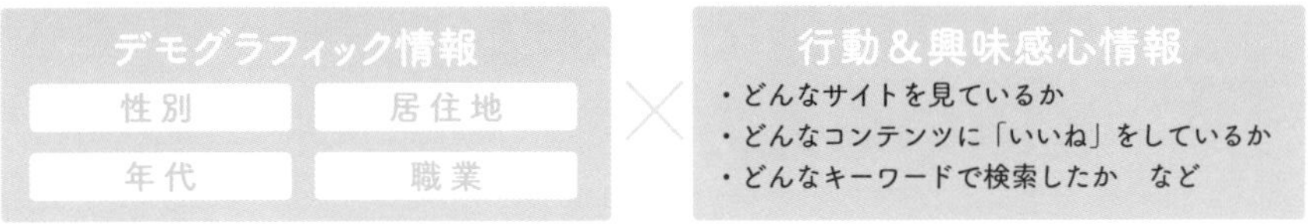

購買モチベーションと有効な配信メニュー

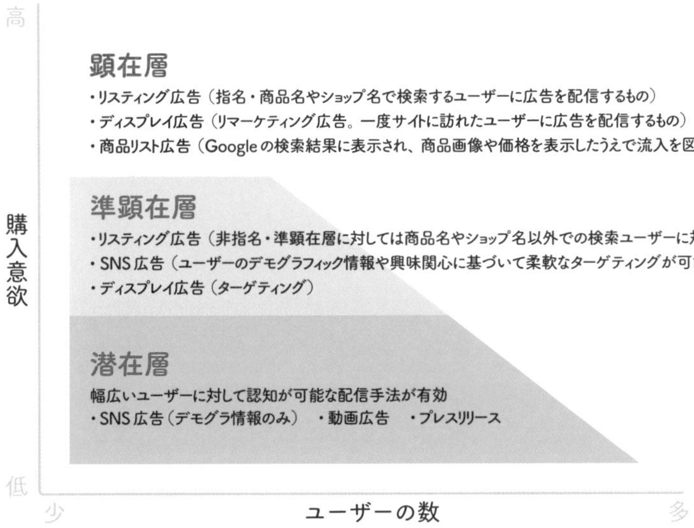

配信メニューと広告媒体を決めよう

　せっかくターゲットと対象とする購買モチベーションが決まったとしても、それに合わせた配信メニューと広告媒体を利用しなければ、成果にはつながりません。広告媒体の媒体資料に掲載されている**ユーザー属性**を確認し、自社の商品やショップのターゲットと合致する媒体をまずは選びます。次に購買モチベーションに合わせた配信メニューを決めましょう。それぞれの購買モチベーションに合わせた配信メニューは上図となります。

　これらは最初に配信を行ううえでの一例となる考え方ですので、参考にしてください。

ユーザー属性
広告枠を掲載しているウェブメディアを利用するユーザーの属性情報。男女比や年齢層など。

SECTION 03

広告計画と目標設定

ウェブ広告で大切なKPIの考え方

いざウェブ広告を検討しようという段階で重要なのが、どのようなゴールを立て、そのゴールから逆算してKPI（重要業績評価指標）を定めていくことです。

成果地点にコストと事業計画を照らして決める

ウェブ広告を実施する際に、まず**成果地点**を決定します。物販系ECサイトの成果地点は「商品購入」ですが、その他に「会員登録」や「キャンペーンの応募」などもあります。成果地点を決めたら次は、どれほどの成果を求めるのか、そのためにどれだけのコストをかけられるのかを事業計画と照らし合わせ、広告出稿をするための**KPI**（P.38）を決めます。

商品購入を目標とした際、まずは事業計画から目標とする売上金額と、達成のために必要な購入件数を明らかにします。そして商品原価から1件の商品購入に使える広告費を算出して目標となる売上件数と掛けることで、売上目標に対して必要な広告費が判明します。アパレルや雑貨などの買い切り商品の場合は購入単価の30%程度、化粧品や化粧品などの定期購入商品の場合は、購入単価の100～200%程度が相場です。

一見売上に対して高いように見える広告費用ですが、後々リピーターとして再度購入を促す施策が大切になるため、**売上に対し広告費を同じ金額以上かけることも戦略のひとつ**となります。

ウェブ広告は効果測定の容易さから、広告配信を始めたのちに仮説検証を行いながら、常に改善が可能なことが強みです。しかし、短期的かつ少額のコストでは十分な検証や改善施策を行うことができません。ウェブ広告を打つ際は、**最低でも3ヶ月以上は継続するという計画を立てたうえで実施**すると、プロジェクトの成功につながりやすくなります。

成果地点
どの地点で成果が確定し、報酬が発生するかを決めたもの。

KPI
Key Performance Indicatorの略で「重要業績評価指標」のこと。目標達成に向けての中間プロセスが適切に実行されているかの状況をはかる指標。

KPIの決定のしかた

目標から逆算する

目標売上 ÷ 平均購入単価 ＝ 目標購入件数

目標購入件数 × 1件の購入にかけられるコスト ＝ 広告予算

ウェブ広告の代表的なKPI

クリック率（CTR）……………………クリック数 ÷ インプレション数

クリック単価（CPC）…………………広告予算（コスト）÷ クリック数

コンバージョン率（CVR）…………コンバージョン数 ÷ クリック数

コンバージョン単価（CPA）………広告コスト／コンバージョン数

より詳細なKPIを決めていく

目標とする売上や購入件数、必要なコストが決まったら、より詳細な指標に落とし込み、シミュレーションを作成します。広告配信を行った場合に、各指標の良し悪しが判断できなければ、その後の改善アクションに取り組めないため、このステップは非常に重要となります。

一般的な指標としては、広告が表示された回数に対してどのくらいの割合でユーザーにクリックされたかを示す指標の「クリック率」、広告のクリックに対しての料金となる「クリック単価」、広告をクリックしてアクセスしてきたユーザーのうち、成果につながったユーザーの割合を示す「コンバージョン率」、コンバージョンに対して請求された金額の平均である「コンバージョン単価」があります。シミュレーションの作成にあたっては、広告代理店や広告媒体社と協力しながら行うほうがよいでしょう。

SECTION 04

絶対に行うべきベース広告①

検索結果ページに表示される「リスティング広告」

ウェブ広告の中で最も一般的な配信手法のひとつが検索エンジンの検索結果に表示されるリスティング広告です。ここではリスティング広告のしくみから運用のポイントまでを学びましょう。

モチベーションの高いターゲットに配信できる広告

リスティング広告はGoogleやYahoo!といった検索エンジンの検索結果に表示される最もオーソドックスな広告手法です。ユーザーの検索行動と連動して表示されるため、**購買モチベーションが比較的高い顕在層や準顕在層に配信できるのが強み**です。

「見出しの文章と説明文」「ユーザーが広告をクリックした際に誘導するサイトのURL」から構成されるので、専門的な広告デザインの知識は必要ありません。自社で扱う「商品名」や「関連商品名」「ショップ名」など「この検索語句で調べるユーザーなら、自社のECサイトの商品を買ってくれるだろう」という**指名層**によるキーワードを設定し、それらの用語をなるべく網羅できるように出稿します。

指名層
自社の商品名やショップ名などをキーワードとして検索するユーザーのこと。また、それ以外のキーワードからのユーザーを「非指名層」という。

自動入札システムで新しくなったリスティング広告

以前のリスティング広告は獲得したい出稿キーワードに、1クリックあたりの**入札価格**を定めたうえで入札。オークションが行われ、他社の入札価格に連動してクリック単価が変動するルールでした。

入札価格
1クリックに対して支払える最大金額を設定する。上限CPCともいい、キーワードやグループ単位で設定することができる。

しかし現在はルールは変更されていないものの、自らキーワードごとに入札価格を設定するのではなく、目標となる獲得単価とショップに関連するキーワードをいくつか登録することで、広告媒体側が自動入札をするシステムが推奨されるようになっています。

これまでは広告の質やサイトの質、入札される金額などの複数

検索結果ページの上位に表示されるリスティング広告のしくみ

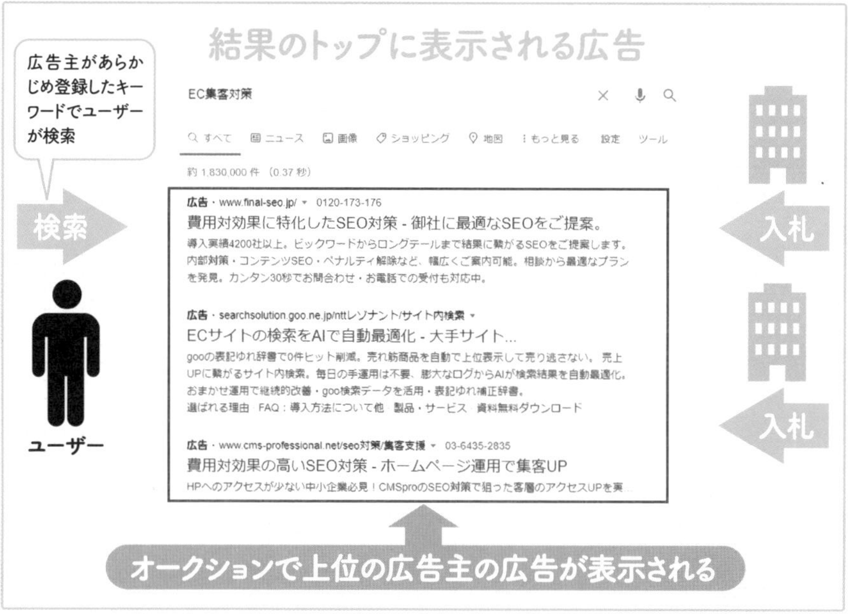

の要素を手動で調整してオークションを行う必要がありましたが、自動入札システムの登場により、広告成果の改善がしやすくなりました。

広告の品質をあげて上位表示

検索結果ページに掲載される順位は、広告の品質により変動します。品質については、広告文とサイトとの関連度の高さや広告のクリック率などさまざまな指標で判断されます。広告の品質が高いほど、競合他社と比べて検索結果の上位に広告を表示させることができます。

広告の品質はいくつかの要素から成り立っていますが、重要なものは「広告文（P.144）」です。**検索したユーザーが思わずクリックしたくなるような魅力的な見出しや説明文であるほど、評価は高くなります**。広告の品質を改善したことで、成果が２倍にも３倍にもなったという事例もあります。随時、広告文の検証を繰り返し、品質を上げるよう努める必要があります。

SECTION 05

絶対に行うべきベース広告②

リマーケティング広告が重要「ディスプレイ広告」

リスティング広告と並び、ウェブ広告の代表的な配信手法としてディスプレイ広告が挙げられます。その中でも特に成果が出やすいのが、一度サイトに訪問したユーザーに配信するリマーケティング広告です。

2つの軸から選んで配信する「ディスプレイ広告」

「ディスプレイ広告」は、リスティング広告と並ぶ有名な広告配信のひとつです。ウェブサイト上に掲載されている広告画像がディスプレイ広告となります。配信先と**広告クリエイティブ**、そして1クリック、もしくは1,000回表示あたりの入札単価を決めることで入稿できます。配信先は大きく分けると2つの軸から選ぶことができます。どんなジャンルのサイトか（ファッションやペットなど）という軸と、どのようなユーザーか（性別、年代、想定年収、サイト訪問歴）という軸になります。

広告クリエイティブ
広告として掲載するために制作された、広告素材などを指す言葉。ディスプレイ広告（バナー広告）、テキスト広告、メール広告など、あらゆる形式の広告素材のこと。

特に後者の「どのようなユーザーに配信するか」において、最も成果が出やすいのが、一度サイトを訪れたことのあるユーザーに対して配信する「リマーケティング広告」です。一般的に、**サイトを訪問したことのあるユーザーのほうが、サイトを訪れたことのないユーザーよりも成果につながる可能性が高く**なります。また、昨今の**モバイルシフト**の流れで、ウェブ広告においてもスマホユーザーの比率が高くなっています。このスマホユーザーは通勤する電車の中など数分のスキマ時間を利用して、ネットサーフィンを行うことも多く、一度サイトを訪れても購買に至らない場合が多々あります。しかし、サイトを訪れた以上は、何らかの興味や関心を抱いている可能性があることが推測されます。リマーケティング広告は、このような**興味を持っているユーザーを逃さない、機会損失を防ぐためにも有効**です。

モバイルシフト
スマホなどのモバイル端末が普及したことによって、消費行動などに起こった変化のこと。ウェブサイトのデザインなどが、パソコンではなくスマホでの利用が前提となること。

ディスプレイ広告のしくみ

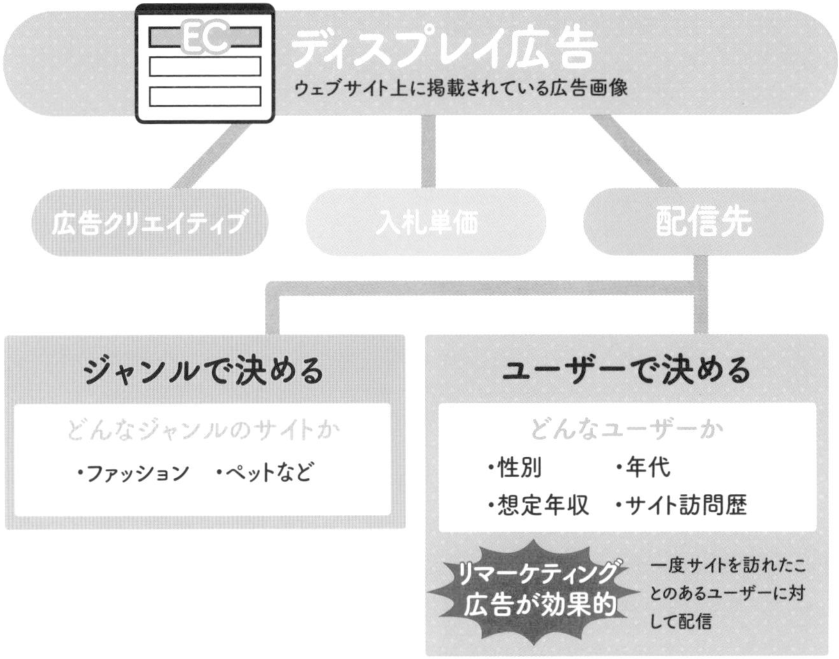

Cookie規制はあれど、リマケ広告はまだまだ効果的

リマーケティング広告の配信成果を改善するポイントは、広告クリエイティブの見直しに加え、「サイトを訪問したユーザーがどのページを閲覧したか」、「直近でサイトにいつアクセスをしたか」に合わせて入札単価を変動させることです。たとえば、昨日サイトを訪れたユーザーと1ヶ月前にサイトを訪れたユーザーでは、昨日訪れたユーザーのほうが興味を持続している可能性は当然高く、また購入する見込みも高いと考えられるため、入札価格を高く設定するのをおすすめします。

近年では**Cookie規制**により、リマーケティング広告での配信ボリュームは以前と比較して減少傾向にあります。とはいえ購買モチベーションの高いユーザーに対し、高い精度で広告の出稿を行うことができるのがディスプレイ広告の魅力です。

Cookie規制
ウェブにおけるユーザーの行動や情報を収集・活用するCookie技術の利用を制限する動き。

SECTION 06

絶対に行うべきベース広告③

商品写真付きで表示「Googleショッピング広告」

Google の検索結果に商品情報を掲載するのが、Google ショッピング広告です。商品情報を詳しく掲載できるので、成果につながる見込みが高く、EC サイトの心強い集客手法です。

Googleに登録した情報が広告として表示される

Google ショッピング広告は、Google の検索結果ページに表示される広告です。リスティング広告（P.128）と似ていますが、広告の表示方法が大きく異なります。リスティング広告は、見出し文や説明文などのテキストから成り立ちますが、Google ショッピング広告はあらかじめ広告主が **Google マーチャントセンター**に登録した商品画像と商品名、商品価格、ショップ名を表示します。ユーザーは、事前に商品画像や価格を見たうえで広告をクリックするため、**テキストだけのリスティング広告と比較して購買モチベーションが高い**ことが推測されます。

Googleマーチャントセンター
オンラインストアが Google に商品情報やサイトのデータを登録し、管理するページ。登録すると、「Google ショッピング広告」を利用でき、Google 検索結果に商品を表示させることができる。

パフォーマンスマックス！P-MAXキャンペーン

近年では「**P-MAX キャンペーン**」と呼ばれる広告メニューを使って Google ショッピング広告への配信を行うことが推奨されています。手動で設定する配信よりも、良好な結果が得られやすいためです。P-MAX キャンペーンを利用することで、Google 広告が持つすべての掲載面に「一つのキャンペーンから」配信できるようになります。**今までリーチできなかったユーザーにも広告を見てもらえる可能性が高まります。**

ただし、「P-MAX キャンペーン」の場合、Google 広告が表示されるほとんどのエリアへも配信されてしまうため、ショッピング広告エリアだけに配信をしたい場合は利用しないようにするなど、EC ショップごとの戦略によって設定を変える必要があります。

P-MAXキャンペーン
Google 広告が 2021 年 11 月から提供を始めた、新しいタイプの広告メニュー。検索、ディスプレイ、YouTube などの Google 広告が持つすべての掲載面に「一つのキャンペーンから」配信することで、広告の機械学習のパフォーマンスをリアルタイムで最適化し、コンバージョンの最大化を目指すしくみ。

Google ショッピング広告のしくみ

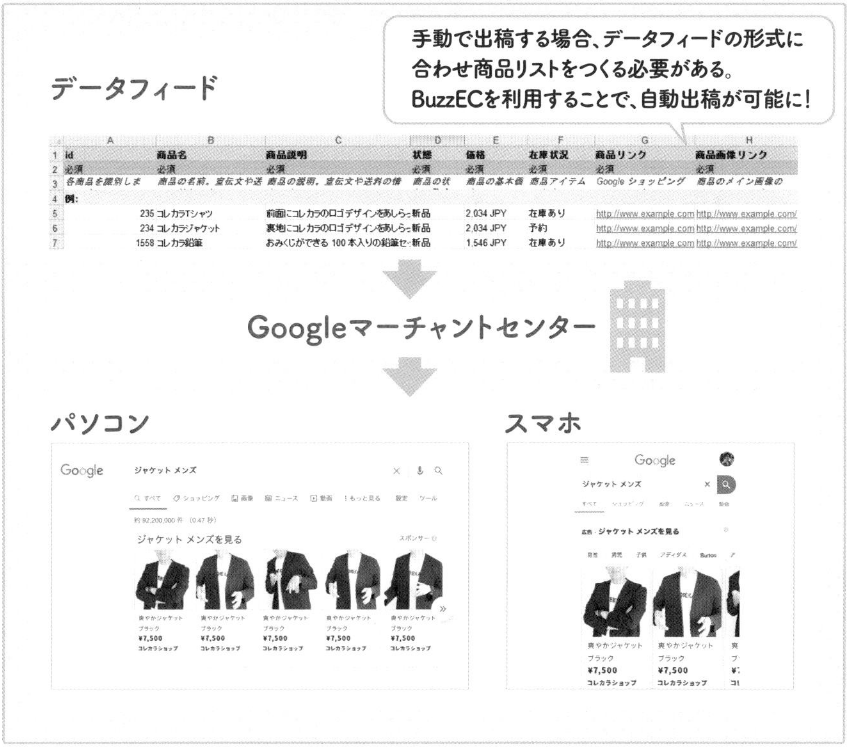

Googleショッピング広告の運用ポイント

Google ショッピング広告において、成果を出すうえで重要なのが、商品情報を登録するための「**データフィード**」です。入力した商品名や商品価格などの情報は、データフィードを構成する要素のひとつとなります。Google はデータフィードの項目を読み込み、特定のキーワードで検索された際にどの商品を表示するかを決めているので、データーフィードで定められた項目には、なるべく細かく商品情報を登録する必要があります。

しかしながらデータフィードにおいては、在庫管理などが必要になるため管理が大変です。主要ショッピングカートと連携が可能な **BuzzEC** と連携をすることで、データフィードの作成が不要になり、工数をかけることなく広告出稿が可能となります。

データフィード
自社商品のデータを、それぞれの広告配信先のフォーマットに変換して提供するしくみのこと。

BuzzEC
EC サイトの商品を自動でさまざまな広告媒体へ拡散し、アクセスを伸ばすことにより売上アップを支援するツール。ウェブマーケティングの知識がなくても、誰でも簡単に即座に広告運用がスタートできる。

SECTION 07

次に打つべき広告

商品への興味関心が高いユーザーにリーチできる「SNS広告」

ベース広告の次に行うべき広告施策である SNS 広告。幅広いユーザーが利用している SNS だからこそ、多くの購買層にリーチする広告戦略が展開できます。

ターゲットにあった広告配信が可能なSNS広告

SNS（ソーシャルネットワーキングサービス）は、ウェブサイトやアプリ上で人と人のつながりや交流を楽しむコミュニティのことを指します。**代表的な SNS** は Facebook、Instagram、X、TikTok、LINE、YouTube です。日本では数千万人の利用者がおり、スマホの普及や回線速度などのインフラ向上により年々増え続けています。**SNS の利用者は 20 代から 30 代が多く、検索エンジンよりも SNS で情報を探すユーザー層**です。また、SNS に滞在してる時間も長いため、広告を配信することで、より多くの顧客を獲得できる可能性があります。

代表的なSNS
ネット上でやりとりができるソーシャルネットワーキングサービス。個人名を登録する Facebook、文章がメインで趣味によってアカウントを使い分けられる X、写真や動画が中心の Instagram などがある。SNS によって年齢層や男女比に差がある。

SNS 広告の特徴は大きく 3 つあります。1 つ目は「リーチ数」です。利用者数の多さと滞在時間の長さから、SNS メディアに広告を配信することで、より多くの人に自社商品を知ってもらえる機会が増え、購買機会をつくることができます。

２つ目は「購買率の高さ」です。SNS 上の情報は、広告と一般ユーザーの投稿との区別がつきにくく、広告とは思わずに購買導線に導かれるユーザーも多いため、購買率が高い傾向にあります。

３つ目は「配信の精度」です。通常のウェブ広告はユーザーのサイト閲覧情報をもとにターゲティングを行います。一方、SNS 広告ではサイト閲覧情報にプラスし SNS への投稿内容、フォローしている情報、SNS への登録情報など細かなパーソナル情報に対してもターゲティングが可能です。たとえば Facebook の場

SNS広告配信までの流れ

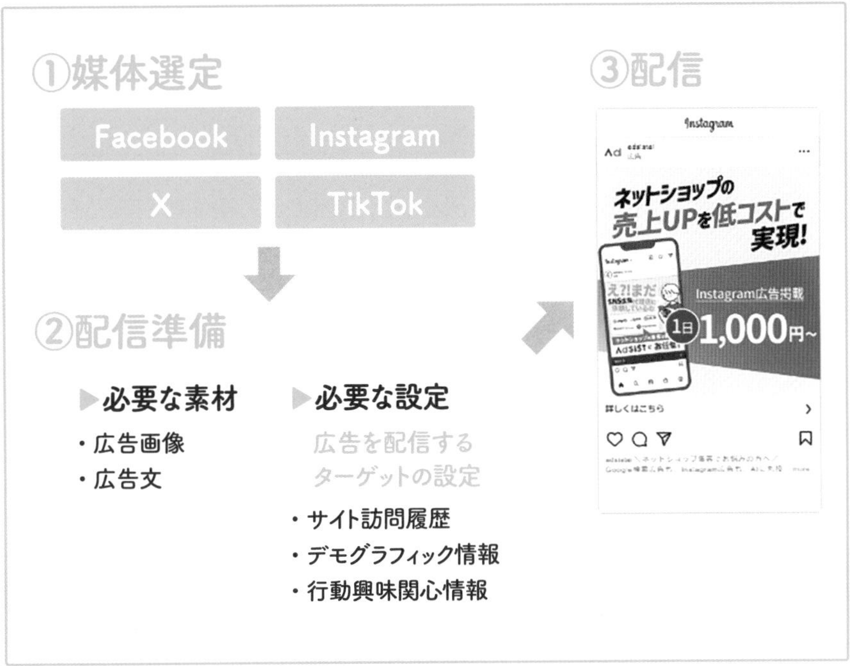

合、登録時に氏名・年齢・居住地・興味関心などの情報を登録します。これらの登録情報に基づき広告配信ができるため、より自社のターゲットにあった広告配信が可能になります。

複数のクリエイティブパターンを用意して配信

SNS広告においていちばん重要なポイントは「クリエイティブメッセージ」です。これは「広告を通してユーザーに何を伝えたいか?」ということ。つまり「自社商品の売りは何か?」です。情報の入れ替わりが早いSNSでは同じメッセージを長い期間利用するとユーザーは飽きてしまい、結果、購買率が下がります。**他の広告よりも多くのクリエイティブパターンを作成することが重要**です。主なクリエイティブメッセージのパターンはキャンペーン(期間限定など)、商品の品質、安心感(多数の人が利用している)、季節性のあるメッセージ、などがあります。これら複数のクリエイティブパターンを用意し、広告を配信することが重要です。

SECTION 08

その他のウェブ広告①

見込み客に毎日商品を宣伝できる「インフィード広告」

近年のインターネットユーザーはブラウザだけでなくアプリ内に滞在する時間が伸びています。インフィード広告とはその中でも主にニュースアプリに対しての広告配信を指します。

使用頻度の高さから購買率が高くなる傾向のインフィード広告

スマホユーザーはどの世代であっても1日5時間以上もSNSを含めた「アプリ」内に滞在しています。ゲームやニュース、SNS、ビジネスツールなどさまざまなアプリへの広告出稿は年々増加しています。特に、各種SNSに次いでニュースアプリは利用者が多く、広告出稿媒体として人気が高い出稿先です。

代表的なニュースアプリには、Yahoo! ニュースや**スマートニュース**があります。これらのアプリはそれぞれ数千万人のユーザーを持ち、多くの見込み客にリーチすることが可能です。 SNSやニュースアプリに投稿される広告や、記事と記事の間に表示される広告は「インフィード広告」と呼ばれます。

インフィード広告には大きく2つの特徴があります。1つ目は「リーチ数の多さ」です。ブラウザよりもアプリ内に滞在する人が増えたことで、多くのユーザーにリーチできるようになりました。また、SNSやニュースアプリはコンテンツの特性上、毎日開くユーザーが多く、一般的なアプリよりも使用頻度が高いため、同じ見込み客に何度も広告を配信することが可能になります。この点が他のアプリよりもリーチ数が多く見込める要因です。

2つ目は「購買率の高さ」です。インフィード広告はSNSへの投稿や記事と記事の間に自然に表示されるため、ユーザーはそれを**ネイティブな情報**と捉えることが多いです。その結果、遷移先のコンテンツを読了する率が高くなり、購買率も高くなる傾向があります。

スマートニュース
ユーザーの好みに合わせてカスタマイズして配信するニュースアプリ。スマートニュースは、幅広いニュースを150か国以上に配信している。2019年10月には日米合算5,000万ダウンロードを記録している。

ネイティブな情報
他のニュースコンテンツと同じような体裁で掲載されるため、広告のコンテンツでもそのまま自然に読み進められる。広告感を感じないため、ユーザーはストレスを感じにくい。

インフィード広告のしくみ（一例）

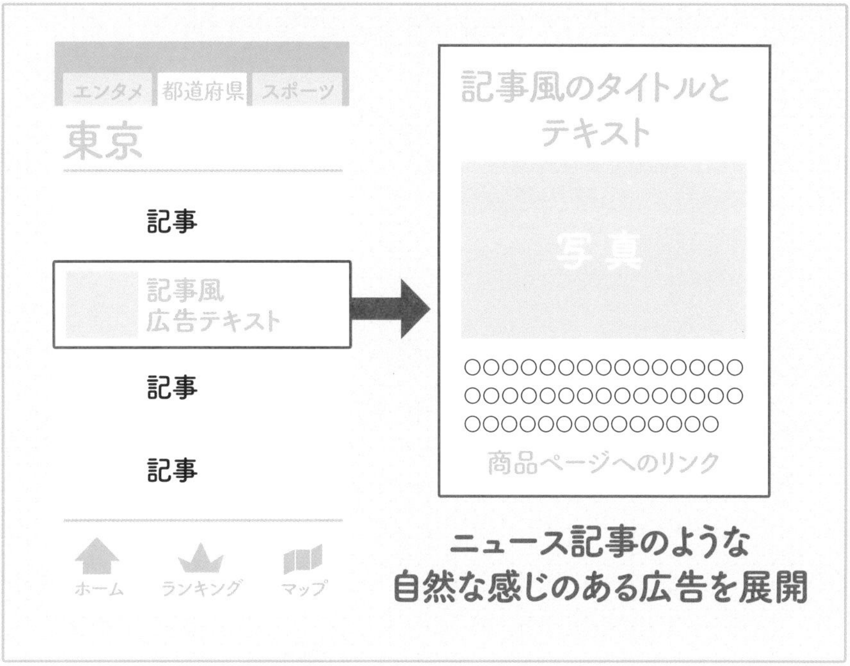

ポイントは興味を持ってもらえるコンテンツの表示

いちばん重要なポイントは「自然感＝ネイティブ感」です。インフィード広告は記事や体験談風の広告が多く、ユーザーはそれをニュースやためになる情報と認識します。そのため、コンテンツをクリックした先に突然、商品やサービスを全面的にアピールするECサイトが表示されると、多くのユーザーは離脱し、購入まで至らないケースが多くなります。クリックした先に現れるのは「いきなり売ろうとするコンテンツ」ではなく、**「興味を持って読んでもらえるコンテンツ」の広告ページであることが重要**です。

一つ注意したいのは、テキストの分量です。ニュースアプリはスマホで閲覧するユーザーが多いため、PCの画面でスムーズに読める文章でもスマホではテキスト量が多すぎて読みづらいことがよくあります。必ずスマホで表示して、小さな画面でも読みやすいかを確認しましょう。

SECTION 09

その他のウェブ広告②

静止画広告よりも購買率が高い「動画広告」

動画市場は近年、急成長を続けています。インフラの向上に伴い容量が大きいコンテンツも容易に配信できるようになりました。静止画に比べても視覚的に多くの情報をユーザーに届けることが可能です。

情報プラス配信量が多い&購入確率が高い動画広告

スマートフォンの性能と回線スピードの向上によって、動画市場は急速な広がりを見せています。**アプリやサイトで動画コンテンツを目にすることが日常的になり、広告枠もどんどん増えています。**代表的な動画広告媒体は動画アプリのYouTube、SNSではInstagram、TikTok、LINEなどが挙げられます。また近年では、スマホ画面全体に表示されるため伝えられる情報の量が多く、購買に結び付きやすい縦型動画広告の需要も伸びています。

動画広告の特徴は大きく3つあります。1つ目は「情報量の多さ」です。1枚の静止画に比べ、動画では複数の表現パターンを用意したメッセージやイメージをユーザーに届けられます。

2つ目は「**アクション率**の高さ」です。同じ商品の広告でも上記の理由から、静止画よりも動画のほうが広告を視認後のアクション率は高いと言われています。広告の視認後に「知るきっかけになった」「好きになった」「購入した」などの**態度変容が起こる確率は、静止画よりも2割ほど高い**とも言われています。

アクション率
広告に対して、クリックして商品を表示するなど、レスポンスを返したユーザーの割合のこと。

3つ目は「配信量の多さ」です。さまざまな動画プラットフォームが普及した現在、ユーザーは時や場所を選ばずに好きな動画を視聴するようになりました。動画で広告を出稿できる枠は増えていますが、静止画よりも制作に労力のかかる動画広告の入札倍率は静止画の広告よりも低い状態です。静止画広告よりも競合が少ないため、安価にユーザーへのアプローチができる可能性があります。

動画広告と静止画広告の比較

	動画広告	静止画広告
アクション率	高	低
情報量	多	少
競合数	少	多
制作工数	大	小

開始3秒が勝負、購買につなげる動画クリエイティブ

動画広告を成功させるにはクリエイティブが大切です。特に静止画と比べて情報量の多い動画では、意識するべきポイントも変わってきます。その中でも特に費用対効果が高い動画クリエイティブでは**「開始3秒で興味を引く」**ことが何よりも重要になります。TikTokなどの動画配信媒体では、ユーザーは開始3秒で興味を持てない場合には次の動画に移ってしまいます。そのため、動画サムネイルや再生直後の強い訴求でユーザーに関心をもってもらうことが大切です。

その際に商品の特徴をあれもこれも伝えようとすると、かえって広告メッセージはぼやけてしまいます。いちばん訴求したい特徴・最も強みのある特性に絞り、かつ動画の冒頭で伝えることが重要です。

「期間限定」「今この動画を開いている人限定」といった時間的制約や、「30代の方は見てください」といった絞り込んだターゲットへの呼びかけ、「痩せたくない人は見ないでください！」といったあえて否定的な表現でインパクトを残す方法などが興味を持たれる傾向にあります。

SECTION 10

その他のウェブ広告③

成果報酬型の集客「アフィリエイト広告」

アフィリエイト広告は成果報酬タイプのため、ショップにとってとても魅力的な集客手法です。EC 業界においても、多くのショップが利用する大事な施策。デメリットも把握しつつ、バランスをとりながら活用していきましょう。

費用対効果の高さが魅力のアフィリエイト広告

アフィリエイトとは**アフィリエイター**と呼ばれるブロガーやインフルエンサー、メディアサイトの運営者に商品の宣伝や販促をしてもらい、その成果に対し報酬を払うという販促方法です。EC サイトの場合、商品を紹介するブログの記事ページなどから商品を購入したかどうかを追跡できるプログラムを用意し、該当の商品が購入された際に報酬が発生するしくみの販促広告です。

アフィリエイター
ブログなどの SNS で商品を紹介し、売れたときに広告主からの成果報酬を得ているブロガーやインフルエンサーなどのメディアサイトの運営者。

アフィリエイトは一般的に **ASP** と呼ばれるアフィリエイト会社に、広告主が宣伝したい商品とその情報を登録します。次に、商品の宣伝を通じて報酬をもらいたいと考えている「アフィリエイター」が、登録商品の中から自分が宣伝したいと思う商品を探し、自分のメディアに適した商品があれば、宣伝用のページをつくりプロモーションを行います。

ASP
アフィリエイトサービスプロバイダの略。アフィリエイターと広告主をつなぐ仲介役となり、アフィリエイト広告の取りまとめを行う事業者のこと。現在はサービスそのものを指すことも多い。

アフィリエイトを行ういちばんのメリットは、費用対効果の高さです。アフィリエイト広告では、報酬が発生する成果の条件を、広告主側で決めることができます。たとえば定期通販商材と買い切りの商材を販売している場合、定期購入した人のみを成果とするといった設定が可能です。

デメリットを理解して活用につなげるのが大事

アフィリエイト広告にはデメリットもあります。多くのアフィリエイターが自身の主観で商品を宣伝するため、広告主は誰がどのような宣伝をしているかなど、完全に把握するのが難しくなり

アフィリエイトのしくみ

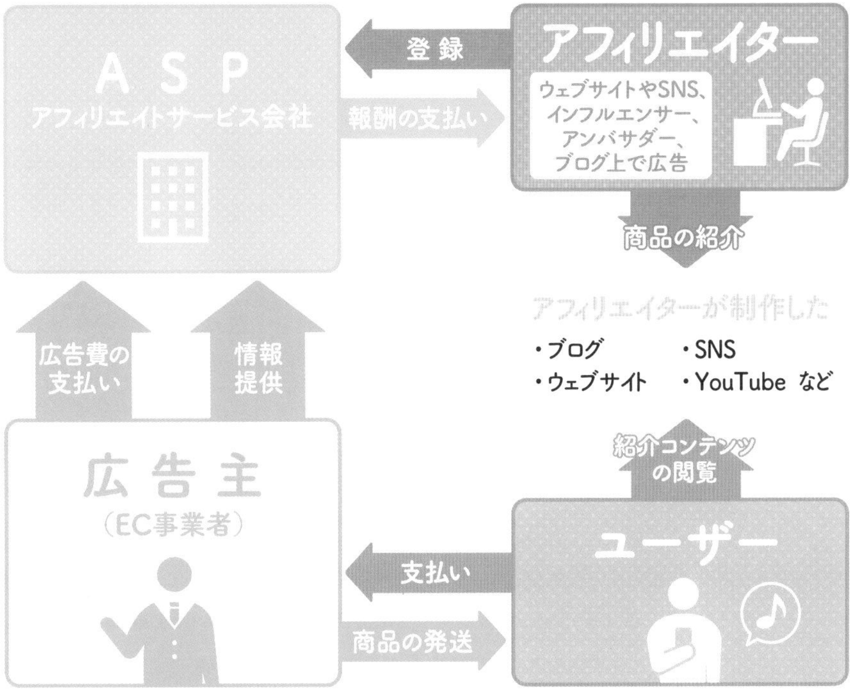

ます。そのため、広告主の気づかないところで、**ブランドイメージを損ねる内容でプロモーション活動をされている可能性もあります。**また、アフィリエイターの一部には**転売屋**と呼ばれる、非常にマナーの悪いプロモーション活動を行う人達もいます。転売屋は、商品を購入することで成果発生を起こし、報酬を受け取るだけでなく、購入した商品をフリマアプリなどですぐに売ってしまいます。このような事態が起きると、広告費が無駄になるだけでなく、商品の価格相場が落ちるため、フリマアプリで自社の商品を調べるなどし、不正が行われていないかチェックが必要になります。もし不正を見つけたら、ASPの担当者に報告をすることが解決策の一歩です。これらのデメリットを許容したうえで、アフィリエイト広告を活用していきましょう。

転売屋
自分には必要ない商品を転売する目的で購入する人のこと。転売ヤーとも言う。報酬が高額なものもあるため、アフィリエイターが報酬目当てで自ら商品を購入することもあり、それを転売されてしまうと、プロモーションの成果が上がらずに広告費だけがかかることになってしまう。

SECTION 11

ウェブ広告のデザイン

訴求と表現が大切！ バナー広告のデザイン

ディスプレイ広告において最も重要な要素のひとつが、広告のデザインです。使用する写真やレイアウトはもちろんですが、デザイン内で何を訴求するのかによってもその効果が大きく左右されることがわかっています。

訴求×表現で結果にコミットするデザイン

ディスプレイ広告（P.130）やSNS広告（P.134）、インフィード広告（P.136）では、視覚的に商品を訴求するバナー広告が用いられます。そこで重要になるのが広告のデザインです。**デザインが効果的であれば、ユーザーの興味を惹き広告がクリックされる確率が高くなり**、サイトへの流入数を増やすことができます。逆に魅力的でないデザインの広告では、ユーザーは関心を寄せず、サイトへの流入を増やすことができません。また、多くのクリック課金型広告は、クリック率が高い広告ほど**クリック単価**が低くなる傾向があるので、魅力的な広告デザインを心がけましょう。

クリック単価
クリック課金型広告では広告を表示しただけでは広告料は発生せず、広告をユーザーがクリックしたら広告料が発生する。1回クリックするときにかかった単価をあらわすのでCPC（Cost Per Click）とも言う。

バナー広告は大きく2つの要素から成り立っています。1つ目が「訴求」です。ユーザーにとって魅力的なコンテンツで訴えることで、興味を惹くことができます。たとえば、「全品50%OFF」というのはユーザーにとって価格メリットを感じる訴求です。他にも販売実績などの「実績訴求」、著名な人物と紐づける「権威訴求」などがあります。

2つ目が「表現」です。どのような画像を組み合わせるか、**トンマナ**をどう設定するか、配置はどのようにするかといった見映えの要素です。たとえば、どんなに魅力的な訴求だったとしても、文字が小さかったり、背景の画像と比べて色が地味だったりするとユーザーの目に留まりづらくなります。良い広告デザインを目指すうえで、日頃からあらゆるバナー広告を見て、気になったものは保存し、成功パターンを蓄積していくことが大切です。

トンマナ
「トーン（調子）&マナー（方法、流儀）」の略。広告では、デザインやブランドイメージに一貫性を持たせることを指す。

効果的なバナー広告の考え方

バナー広告のデザインにおける3つの注意点

注意点は3つあります。まず1つ目は、情報と表現の一貫性です。広告での訴求とサイト内の情報が食い違ったり、デザインのトンマナが商品イメージと異なったりすると、ユーザーの不信感が増し、せっかくサイトに訪れても離脱につながります。

2つ目が素材画像のサイズです。商品や人物写真をバナーに盛り込む際は、作成するバナーより大きいサイズの画像を用意します。**小さな画像**を用いると画像が粗くなり、広告の魅力が低下します。

3つ目は、定期的にバナー画像を差し替えることです。バナー広告は配信を開始すると、時間の経過とともに反応が低下します。これは、ユーザーにとって広告の新鮮さがなくなり、興味が薄れるからです。そのため、常に新しいバナー広告の作成が必要です。

近年では、AIを活用することで誰でも広告バナー制作がしやすくなりました。AIを活用してPDCAの数を増やせば、当たりパターンを見つけやすくなります。

小さな画像
画像データは小さい（解像度が足りない）と、写真が粗く表示されてしまう。画像の解像度はdpiという単位で表され、ウェブ上では72dpi程度できれいに表示される。あとはバナーの縦横比（200×250など）を確認してそれに収まるように画像を編集するとよい。

SECTION 12

ウェブ広告のテキスト

文字の力で訴える！広告の見出しと説明文

リスティング広告における広告文や、ディスプレイ広告、SNS 広告、アプリ広告などで用いられるインフィード広告では、文章による広告訴求が必須です。このセクションでは効果的な広告文のつくり方を解説します。

勝てるウェブ広告はテキストが命

ウェブ広告では、見出しと説明文から成り立つ広告文を必ず入稿する必要があります。また、ディスプレイ広告や SNS 広告では近年、画像と広告文を組み合わせた**インフィード広告**（P.136）が主流です。ユーザーにとって魅力的な広告文を作成することは、ウェブ広告の成果を上げるために欠かせません。前節で解説した広告バナーであれば、色使いや文字のサイズなどのデザインの工夫で、魅力的な広告を作成できます。しかし、広告文においては文章そのものを工夫する必要があります。

インフィード広告
ウェブサイトやアプリなどの画面の上から下へと読んでいくフィード（タイムライン）型デザインで、コンテンツとコンテンツの間に表示される広告のこと。

見出しにキーワード、文章は「訴求」

まず押さえておきたいのが、広告文の構成です。一般的に広告文は見出しと説明文から構成されますが、**ユーザーにとって目に留りやすいのは広告見出し**のほうです。そのため見出しにはいちばん重要な情報を載せる必要があります。

一方、広告文ではバナー画像でも重視した「訴求」の軸で考えることが欠かせません。たとえば、「50%OFF」と「¥3,000 OFF」で割引額が同じだとしても、商材やターゲットのペルソナによって反応が異なります。A/B テスト（P.148）を行い、自社の商材に相応しい訴求力のある広告文の表現を見い出すことが大切です。A/B テストを成功させるには、当たりパターンを見つけるのがカギです。そのためにはたくさんのテキストパターンを準備します。AI を活用してさまざまなパターンの掛け合わせをつくると効果的です。

広告文は組み合わせでつくる

ダイエット商材の場合

このキーワードの組み合わせでタイトル文をつくっていき、A/Bテストを行う。このやり方であれば組み合わせを考えるだけなので簡単にたくさんの広告文がつくれる

キーワード		結果		まとめ
痩せてる人が行っている	×	体重を減らす方法	×	が話題
整形外科医が勧める		デブと言わせない噂の方法		がすごい
運動嫌いでもできる		簡単ダイエットが		簡単すぎる

例 痩せてる人が行っている「デブと言わせない噂の方法」が話題

広告文は使用できる文字や文字数に注意

広告文における注意点は２つあります。１つ目が文字に関する制限です。一般的に**広告媒体ごとに文字や使い方に使用制限やルールがあります。**たとえばGoogle広告では広告見出しで「！（感嘆符）」の使用が認められていません。また、「、（読点）」の連続使用もNGです。このように広告媒体ごとに決められたルールに則った広告文を作成しないと配信できません。事前に必ずルールを確認するようにしましょう。

２つ目は広告文の文字数です。リスティング広告では限られた文字数いっぱいで商品をアピールするほうが成果がよくなります。ただし、不自然な日本語にならないように気を配る必要があります。また、**ディスプレイ広告などのSNS広告では、広告文の文字数が多すぎると省略して表示されることもあるので、全角15～20文字程度が好ましいとされます。**

SECTION 13

ウェブ広告の運用①

顕在層向けから始める広告運用の基本と王道

広告出稿を行う際には、最も購入する確度の高い顕在層に向けたメニューから配信を行います。選ぶべき広告媒体や売上を上げるための運用のポイントについて解説します。

広告を打つべき2つの媒体と配信スケジュール

機械学習
コンピューターが大量のデータを分析して傾向などを学習する技術のこと。

広告を優先的に出稿する媒体としては、Google と Meta が挙げられます。広告媒体側の**機械学習**が優れており、配信面の質も高いため、**立ち上げ直後の EC サイトであっても売上を伸ばしやすい媒体です**。また、これらの媒体では顕在層のみならず、準顕在層、潜在層へとターゲットを広げていくことも可能です。

まずは広告アカウントの開設やキーワードの登録、配信ユーザーの設定、広告バナーの作成などの配信準備をします。準備期間の目処として１ヶ月程度を見ておくとよいでしょう。もし、よりスケジュールを前倒しして配信したい場合には、顕在層向けのメニューから順次配信するように進めます。 そして、実際に配信を始めたら、最初の１～２ヶ月程度は媒体や広告メニューを見極めるための期間となります。この期間で、結果の出ないキーワードやターゲットを除外し、広告バナーや広告文の検証と差し替えなどを行いながら、目標とする KPI や売上に合わせて配信の調整を行います。

売上につながらない誤った広告施策とは

広告出稿のよくある誤った施策として、多くの人にリーチさせたいがために、潜在層向けメニューのみを実施することがあります。しかしこれでは、ただ商品の認知が広がるだけで売上につながりません。ユーザーは潜在層から準顕在層、顕在層と徐々に購買モチベーションが上がるので、まずはベース広告を展開したうえで潜在層向けのメニューを実施することが売上の最大化には欠かせません。

顕在層向けのベース広告を中心にPDCAをまわす

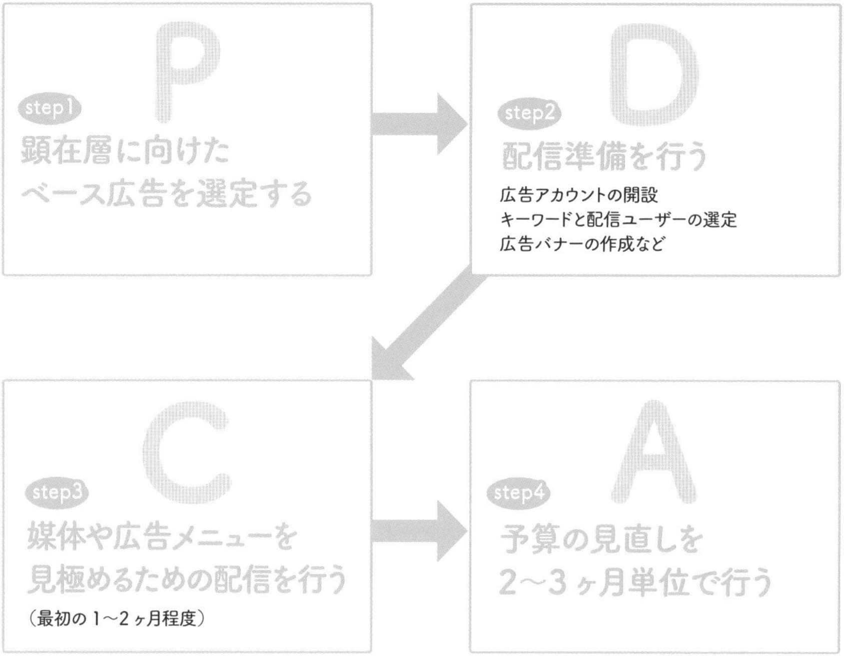

広告媒体や広告メニューの見極めと次の展開

一定期間、広告文の差し替えなど運用面の調整を行いながら配信を続けると、目標を超える売上が出たり、逆に目標に達しなかったりする媒体とメニューが明らかになります。その際に行うべきことが予算配分の見直しです。基本的にはよい成果を挙げるメニューの予算を拡大し、成果の出ないメニューは予算を縮小します。ただし、成果を改善するための施策が思いつかないメニューについては、一旦停止するべきです。停止したうえで、改善の方針が明確になった段階で再開するようにしましょう。

また、広告媒体への出稿や広告メニューを停止した場合は、代替策として新たな媒体やメニュー、もしくは既存の配信メニューへ停止した分の広告予算を充てるようにします。この**予算の見直しを２～３ヶ月単位で行うことが、成果を出し続けるためのコツ**となります。

SECTION 14

ウェブ広告の運用②

勝ちパターンを見つける A/Bテストの実施

運用実務の中盤として、A/B テストを取り上げます。成果を出すためには、A/B テストを行うことは欠かせません。ここでは A/B テストの重要性と実施方法について解説します。

A/Bテストの目的と効果

A/B テストとは、訴求や表現が異なる広告バナーや広告文を同時に配信し、その成果を比較検証すること。複数の広告を繰り返し配信することで、どの要素が結果に寄与しているのかを明確にし、**購入やクリックされやすい、勝ちパターンを探っていきましょう。**また定期的に広告を差し替えることにもつながるので、常に真新しい広告が表示されることになり、ユーザーに飽きられることもなくなります。

広告の A/B テストを行う際は、次のように PDCA を回していきます。まず、**訴求軸**や表現が異なる広告バナーや広告文を複数パターン作成し、同時に配信します。一定期間を設けて配信し、実績がある程度わかってきた段階で、テストを行った中からクリック率や購入率の良い広告を残し、それ以外の広告の配信を止めます。そして、成果のよい広告と訴求や表現が異なる別パターンを用意し、再度 A/B テストを行います。そして、この A/B テストを繰り返すことで、当たりの訴求や表現の「勝ちパターン」を見つけ出します。

A/Bテスト
ウェブサイトや広告バナーなどの画像で、AとBなど複数のクリエイティブパターンを用意して、クリック率や購入率から、どのパターンが高い成果を上げられるかを検証する方法。ユーザーにとってどのような広告が受け入れやすいのかを見極めることができ、ウェブ広告の費用対効果を最大に引き上げられる。

訴求軸
広告クリエイティブを作成する際に、ユーザーに訴えかけるために定める指針のこと。価格や話題性など、さまざまなセールスポイントの中から選択する。

A/Bテストで結果を出すための注意点

A/B テストを行う際のポイントは、初期段階でのテストで配信する広告の訴求軸はバラバラにし、後期段階では成績のよかったパターンを大幅に変更しないテスト広告を用意することです。

初期の段階では、ユーザーに対してどの訴求軸（価格訴求、権

A/B テストの実施方法とバナーの例

訴求 A が成果につながっている勝ちパターンだということが明白なので訴求 A を固定し、表現の勝ちパターンを探す

威訴求、**ベネフィット訴求**など）が「勝ちパターン」かを特定できていないため、訴求や表現を幅広く設定する必要があります。逆に A/B テストが進んだ後期では、勝ちパターンと**わずかな変化**をつけた広告を、まったく異なる広告と組み合わせて配信するようにしましょう。初期段階と同様の検証をいつまでも続けていても PDCA の速度が鈍化するのみで、無駄なコストが発生するだけです。A/B テストをうまく活用し、効率よく売上を伸ばしていきましょう。

ベネフィット訴求
商品やサービスによって「ユーザーが得られる利益」を軸にした訴求。

わずかな変化
キャッチコピーは同じでバナーのデザインを変更する、広告見出しは同じで説明文のみ変更するなど。

SECTION 15

ウェブ広告の運用③

広告運用における ランディングページの見直し

広告の成果を改善していくには配信内容の改善だけではなく、ランディングページの見直しも大切な施策となります。

状況に応じてランディングページを使い分ける

広告の成果は「出稿する広告媒体」「広告クリエイティブ」「**ランディングページ (LP)**」の組み合わせで決まります。広告成果を分析する際、広告全体や媒体別の **CPA**、媒体ごとのクリエイティブの **CTR** などを見直すことが多いのですが、ランディングページまで含めた分析が行われていないケースがあります。**どんなに優れた広告運用をしても、ランディングページの CVR が低いと、広告成果が薄れてしまいます。**広告成果を改善していく際は、ランディングページの分析見直しも忘れずに行いましょう。

たとえば、「新規ユーザー向けの広告」は購買につながっているがリターゲティング広告の成果が悪いランディングページがあるとします。この場合、今すぐ購入を考えているユーザーには反応のいいランディングページですが、再訪者に対しては、購入へ促すあとひと押しの内容が不足している可能性があります。リターゲティング広告専用として、再訪者限定クーポンや商品の感想を多く掲載したランディングページを用意することで、購買へと結び付けやすくなります。

ランディングページ
P.88 の解説に付け加えると、検索結果で自社のページが上位に表示されるようにする対策のことで、製品やサービスの魅力を掲載した説得型の縦長のウェブページ。

CPA CTR CVR
コンバージョン単価、クリック数、コンバージョン率
P.127 を参照

LPOの検証は「ファーストビュー」と「オファー」

ランディングページの改善を行うことを LPO（ランディングページ最適化）と呼びます。LPO は広告の成果を最大化するうえで欠かせない大切な施策です。主に検証すべきポイントは 2 点、「ファーストビュー」と「オファー」です。ファーストビューの離脱率が 40% を超えている場合は危険信号です。はじめに表示される画面で興味

ヒートマップデータによるファーストビューの検証

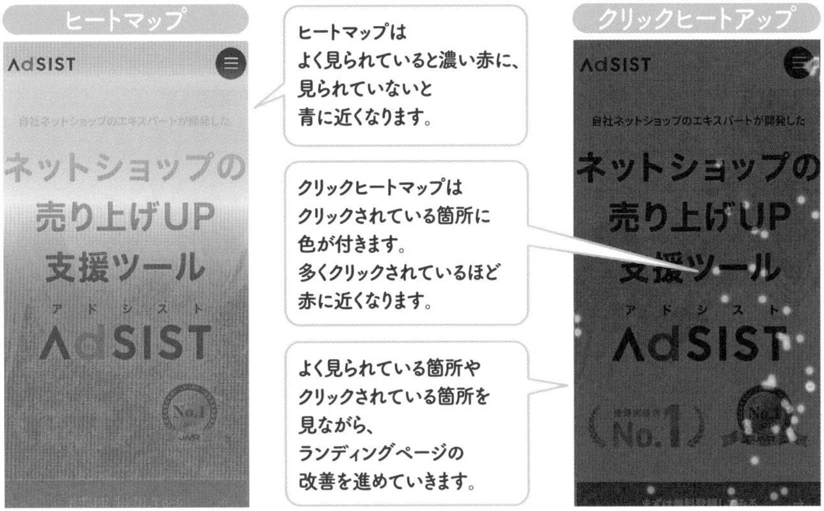

オファーデザインの変更ポイント

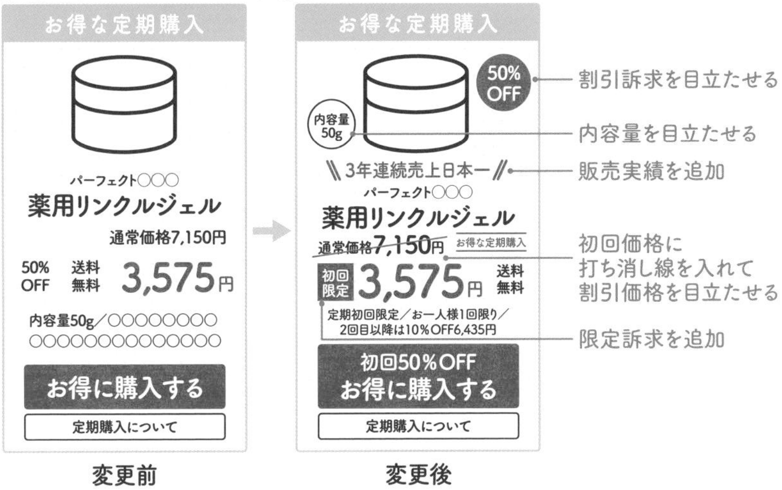

を持たれずに離脱に至ってしまっているので、スクロールしてもらえるようになるまで改善を繰り返します。

ショッピングカートのまわりに配置する「オファー」（購入条件）も重要ポイントです。割引率や送料無料などの購入を後押しするキラーコンテンツを配置し、CVR改善のPDCAを繰り返し試みます。

Column

生成AIの進歩によるウェブ広告の未来とは？

近年、生成AIの進歩は日覚ましいものがあります。この進歩によって、ウェブ広告の世界は新しいフェーズへと突入しています。従来は専門知識が必要だった広告の設定やターゲティングが、AIツールの登場により、誰でも簡単に扱える時代が到来しました。この進化によって、広告代理店の役割が大きく変わり、将来的にはAIがすべてを決定する未来が現れるかもしれません。

たとえば、BuzzECなどのAI駆使の自動配信ツールを利用するユーザーが増えています。これらのツールは膨大なユーザーデータをリアルタイムで分析し、最適な広告をタイミングよく表示します。また、これまでは多くの時間と労力がかかっていた広告文やクリエイティブもAIが自動生成し、これにより広告配信の精度の向上と時間の削減ができるようになりました。ユーザーはその分空いた時間で別作業を行い、より生産的な業務運営が可能となっています。

AIがトレンドを決める時代へ

この流れはさらに加速し、未来には、AIがビッグデータを駆使して新たな流行を創出する時代がやってくるでしょう。ファッションのトレンドカラーが国際流行色委員会によって決まるのと同様に、AIが「次に流行するもの」を予測し、すべてのトレンドを掌握する未来が近づいています。AIによる超パーソナライズド広告とリアルタイム最適化が進み、広告は個々のニーズや好みに完全に合わせられるのです。

AIと人間の共存は目前

最後にちょっと驚きの話を。AIの進化はこれからも続き、人間の代わりにさらに多くのタスクをこなすようになるでしょう。実は、このコラムもChatGPT、つまり生成AIが作成しています（少し手直しはしています）。AIと人間の共存する未来は私たちの目の前にあり、AIは人間の生活の一部として、日々進化を続けているのです。

Chap

6

購入率を上げるECサイトの接客術

集客施策でECサイトにお客様が訪れるようになったら、次は接客です。
店員のいる実店舗以上に細やかな案内を行う必要がある
ECサイト上の接客。お客様の利便性を高めるためのポイントや、
コンテンツのつくり方など、より具体的な手法を紹介します。

SECTION 01

EC サイトの接客のキホン

価格よりも大事? ウェブ接客力の重要性

EC サイトへアクセスしたお客様に、店員のいる実店舗のような接客サービスを提供することで顧客満足度を上げ、購入率を上げること。これが、今後の EC サイト運営で売上を伸ばすカギとなります。

ECサイトの接客における4つのポイント

近年、インターネット上には数えきれないまでにお店が増え、価格・品揃え・品質・配送スピードの充実は当たり前になり、差別化が難しくなってきました。そのため、ただ EC サイトに集客しただけでは売上を上げにくくなり、集客後の「接客」の重要性が増しています。EC サイトにおける接客と実店舗での接客サービスに大きな差はありません。実店舗と同じように、**適切なタイミングでお客様をサポートし、満足度を上げる接客を行うことで、購入率が上がり**、売上につながります。

EC サイトにおける接客では、「EC サイトを訪れた人が満足のいく買い物ができるよう」にサポートをしていくことが大切です。そのためには、①欲しい商品を迷わずに見つけることができる、②商品情報がわかりやすく掲載されている、③購入完了まで煩わしさを感じさせない、④ EC サイトを見ているだけでも楽しめる、という 4 つのポイントをしっかり押さえることが重要です。

当然ですが、**サイト内のどのページにどの商品が掲載されているか、探しやすい構成になっている**ことは、重要な接客のポイントです。また、商品についての情報はなるべく細かくたくさん掲載することも大切です。アパレル商品であれば商品写真だけではなく、モデルの着用画像や着ているモデルの身長体重など。食品であれば、パッケージ写真だけではなく、中身がお皿に盛られている写真や、調理過程なども。さらに、ギフト対応の可否や配送についての記載、お客様の声なども掲載します。

ECサイトの接客と実店舗の接客を比べてみると…

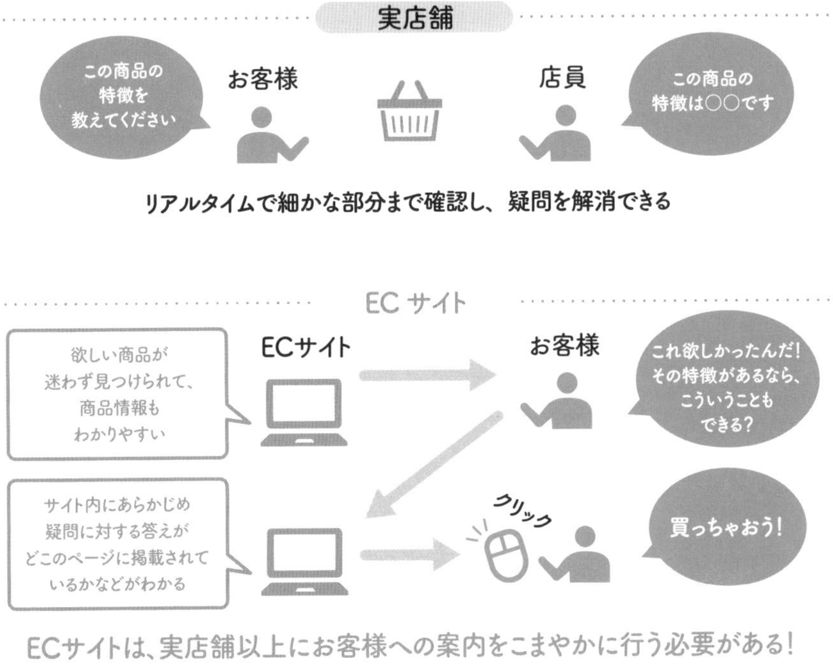

決済方法の拡充やブログ更新も接客サービスの一環

商品をカゴに入れてから決済をするまでの間にも、接客ポイントがあります。商品をカートに入れた後、決済情報や配送先などの必須入力項目が多いと、それだけでお客様の購入意欲は薄れてしまいます。それを防ぐために、**Amazon Pay** などの決済システムの導入や、個人情報の入力項目の見直しなどを行うことで、**購入完了までの煩わしさを減らすことも接客の一環**といえます。

さらに、新商品のお知らせや店舗ブログの更新などを積極的に行い、お客様が毎回飽きずに楽しく買い物ができるようにすることも接客のポイントです。実店舗とは違い対面での接客が難しいECサイトでは、より丁寧にお客様目線で満足いく買い物ができるよう工夫をすることが大切です。買い物をするためだけでなく、ブログの更新が楽しみでアクセスするファンがつくようになれば、ECサイトの接客がうまくいっていると言えるでしょう。

Amazon Pay
Amazon以外のウェブサイトでもAmazonのアカウントを使用して決済ができるシステム。はじめて訪れたサイトでも新たに住所やクレジット情報などを入力せずにスムーズに決済ができる。

SECTION 02

おすすめを紹介する接客ツール

レコメンドツールは購入率・客単価・リピート率を改善する優秀なスタッフ

「レコメンド」とは、「おすすめ」「推薦」という意味です。お客様にストレスなく欲しい商品を見つけてもらうために欠かせないツールで、購買率と客単価、リピート率を向上させるのに役立ちます。

自動で好みの提案をしてくれるレコメンドツール

レコメンドツールとは、サイト訪問者の好みに合った商品や、購入商品と同時に購入されやすい商品を提案してくれるツールです。お客様の購入傾向や、商品の**合わせ買い**の傾向を分析し、新たな商品をおすすめしてくれます。それにより、お客様は好みの商品を見つけやすくなるだけではなく、買う予定のなかった商品を発見することで、「こんな商品があったんだ！」という思いもしなかった商品と出会う楽しみが生まれます。また、EC サイト運営者にとっても、レコメンドツールの導入は**購入率の向上につながるだけではなく、客単価やリピート率の改善**といったメリットがあります。

機能には大きく分けて３種類あります。１つ目はパーソナライズ機能。これは、画面に商品の閲覧履歴や類似商品を表示するなど、お客様に最適な商品を自動的に提案する機能です。これにより、商品の買い忘れを防いだり、セットで購入してもらいたい商品の提案を行えます。２つ目はランキング機能。閲覧表示回数や実購入回数ごとのランキングを表示する機能です。今どの商品が人気なのかをお知らせすることで、お客様の購買意欲を促進するだけでなく、どの商品を購入すればいいのか迷っているお客様へのフォローにもつながります。３つ目はレコメンドメール機能。購入履歴などから、お客様の好みに合わせておすすめの情報を送信する機能です。通常のメールマガジンより開封率が高く、リピート購入につながります。

レコメンドツール
お客様の購入履歴や閲覧履歴を解析し、好みにあった商品をおすすめするツールのこと。

合わせ買い
関連する商品や興味がありそうな商品を追加でおすすめ表示し、追加購入を促すことで客単価を上げる。

レコメンドの例（パーソナライズ機能）

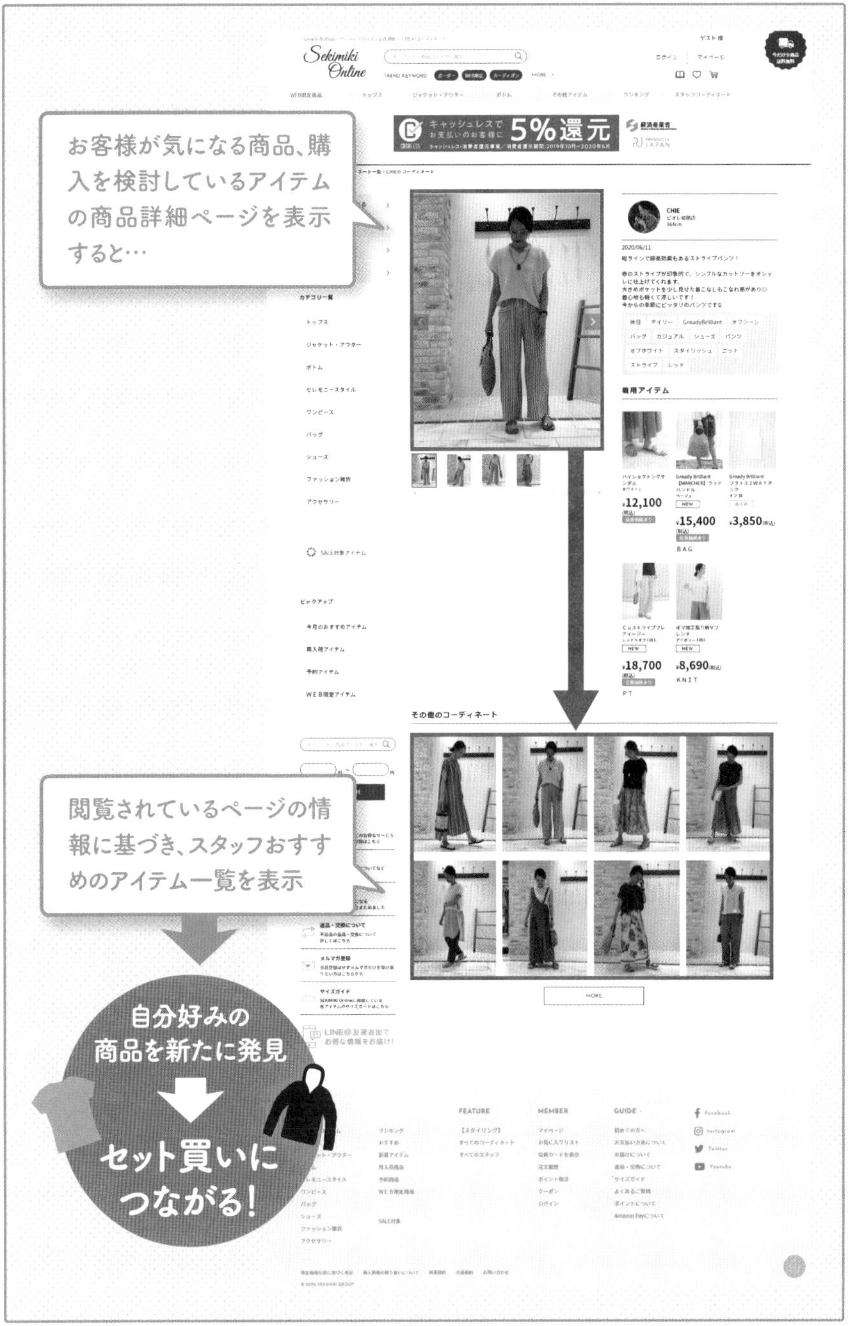

SECTION 03

商品案内の接客ツール

訪問者を離脱させない商品検索サジェスト

ECサイトの購入率を上げて売上を伸ばすためには、サイト内で希望の商品を簡単に見つけられる検索機能が必要です。ただし、検索のためのフォームを設置するだけでは不十分。購入率をさらに上げるために有効なのが、商品検索サジェストです。

サイト内検索で販売機会の損失を防ぐ

ECサイトの利便性を高めるうえでサイト内検索機能は欠かせません。取り扱っている商品点数が多いECサイトの場合、**商品の探しやすさは購入率や売上に大きく影響します。** せっかく広告を見てサイトを訪れたのに、欲しい商品を見つけられなかった訪問客はどうするでしょうか？　おそらく「このサイトで商品を探すのは面倒だな」と感じて離脱し、同じ商品を探しに競合サイトへ行くでしょう。ECサイトの売上が伸び悩む原因となります。実店舗でも商品の場所もわからず、店員も案内してくれないとなると、客としては不満が残るのと同じです。

このような事態を防ぐため、トップページのファーストビューエリアに**商品検索フォーム**を置き、サイト内をすぐに検索できるようにしておくことが大切です。これにより、お客様が求める商品をすぐに見つけられるようになるため、購入へとスムーズに導くことができます。これは**実店舗でいう店員の案内にあたります。**

ただし、一般的なサイト内検索機能では「ブランド名」「商品名」のキーワードが一致していないと検索結果が表示されません。たとえば「ダイニングチェア」を販売するサイトの場合、「チェア」で検索すればこの商品が表示されますが、「イス」や「椅子」と検索した場合は表示されない、ということが起こります。これを防ぐため、事前に「イス」や「椅子」などの関連するワードでも検索結果に表示されるよう、検索ワードの**タグ設定**を行うことが大切です。

商品検索フォーム
商品名などを入力して該当するものを検索する記入欄。

タグ設定
よく検索されるキーワードを設定する。正確な商品名を入れなくても予測で同じようなキーワードや、合わせて検索されやすいキーワードを設定し、お客様が目的の商品を探しやすいようにする。

画像も表示される商品検索サジェストの例

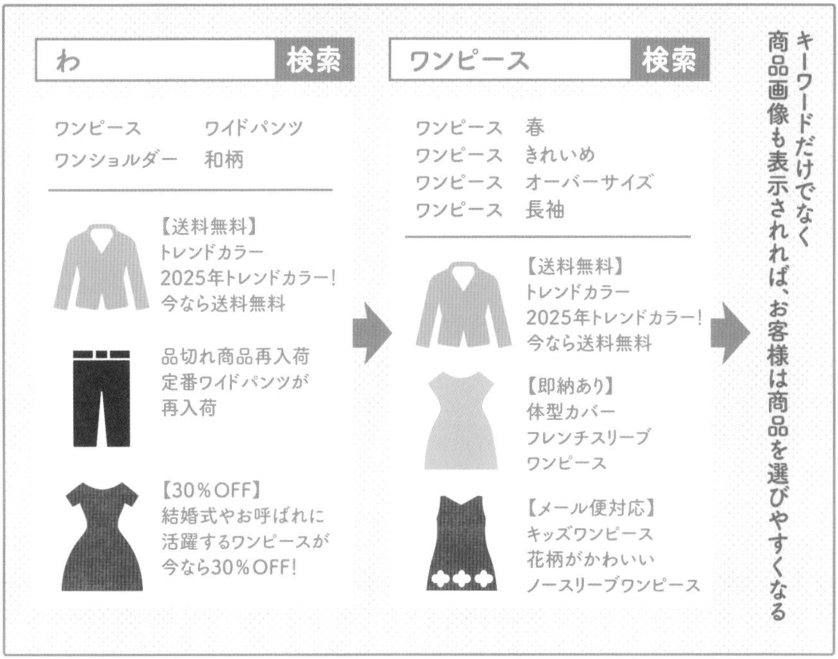

商品を検索しやすくするサジェスト機能

さらに購入率を伸ばすには、「検索キーワード」で「対象商品」を予測し、**サジェスト**表示することで訪問客が商品を探しやすくすることが必要です。

> サジェスト
> 検索窓にキーワードを入力した際、関連性の高いキーワードを自動で表示する機能。

たとえばアパレルブランドのサイトで「と」と入力すれば、「と」から始まる「トートバッグ」「トレンチコート」などの検索キーワードを予測して表示します。「とれ」と入力を進めると「トートバッグ」が表示から消え、「トレンチコート」などの「とれ」から始まる検索キーワードが表示されます。これが「商品検索サジェスト」です。システムによっては「トレンチコート」の文字だけではなく、実際販売するトレンチコートの商品画像をセットで表示してくれる機能もあります。

これによって利便性が高まり、購入率の向上につながります。細やかな気配りがお客様の満足度を向上させ、売上の高い、質の良い EC サイトにつながるのです。

SECTION 04

問い合わせに対応する接客ツール

ECサイトの利便性を高めるチャットボット

実店舗と違い、リアルタイムでお客様の問い合わせに対応することが難しいECサイト。その対策として登場したのが「チャットボット」。複雑な検索や面倒な問い合わせを簡略化できるので、リピート率や購入率の上昇が期待できます。

サイト内での目的を気軽に達成できる

チャット
インターネット上で行う、主にテキストメッセージでの会話。

bot
語源は「ロボット（Robot）」。事前に定められたルールや規則に従って、高速に処理を実行するプログラムのこと。

チャットボットとは、「**チャット**」と「ロボット」を組み合わせた造語で、お客様が入力した質問に対して、「**bot**（ボット）」と呼ばれるプログラムが自動で即時的に返答するサービスのことです。お客様の疑問に対して素早く回答することができるようになり、満足度や購入率の向上が見込めます。さらに、これまでスタッフが問い合わせ対応に割いていた**時間を節約でき、注力すべきECサイトの販促施策に充てる時間を確保**できます。

使い方は大きく分けて2つあります。1つ目は売り場と商品の案内です。お客様はスムーズに希望の商品を見つけられなければ、サイトから離脱してしまいます。また、実店舗であれば自分の好みや、ニーズに合った商品を見つけるサポートをしてくれる販売スタッフがいますが、ECサイトにはパーソナルな好みに合わせた商品案内が難しいという側面があります。これらのウィークポイントをカバーするのにもチャットボットが活躍します。

2つ目は購入方法の案内です。これまでのECサイトでは、お客様が何か疑問を持った場合、「FAQ」や「よくある質問」から、自分の疑問に対応する情報を調べる必要がありました。この方法だと、お客様がたくさんの情報の中から自分に必要な情報を探し出すという手間が発生します。チャットボットを導入することで、お客様はチャットを通して知りたいことを質問し、ECサイトの事業者があらかじめ用意しておいた回答にすぐにたどりつくことができます。これらの施策によって顧客満足度を高めることが購

お客様のストレスを軽減するチャットボットの例

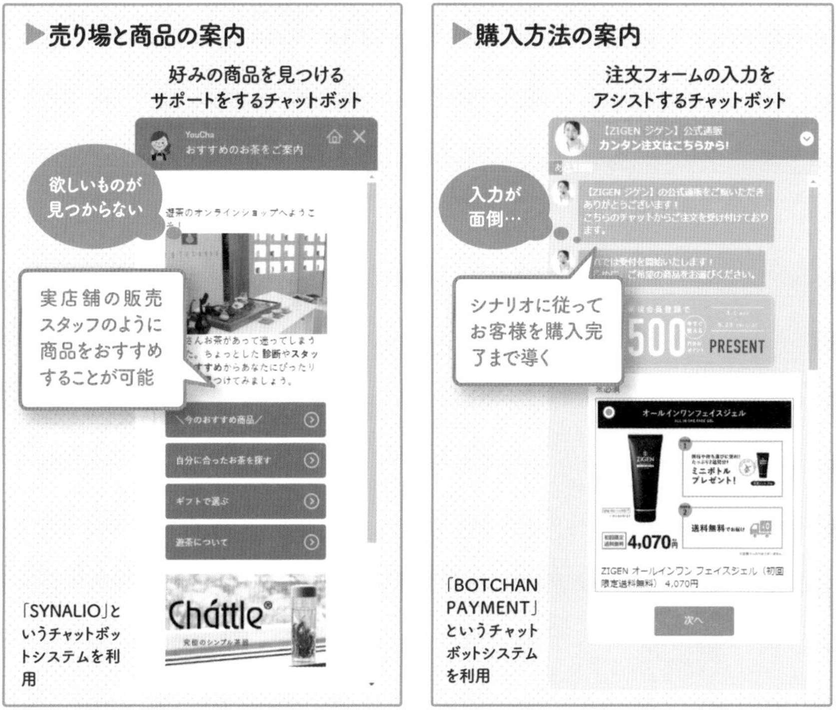

入率の改善につながります。

フォーム入力をアシストしてカゴ落ちを防ぐ

　お客様からの質問に答えるチャットボットだけでなく、商品購入の際にお客様情報の入力をチャットボット形式でアシストするツールもあります。上の図のように、チャットボット画面で購入したい商品の選択から、名前や住所、決済方法などの入力まで、シナリオ形式でお客様を導きます。

　代表的なツールに「SYNALIO」があります。このチャットボットがアシストすることで従来のカートシステムと比べてカゴ落ちが減り、購入率が2倍以上に伸びたという事例も多くあります。他にも同タイプのチャットボットの代表的なものとして「qualva」や「BOTCHAN PAYMENT」が挙げられます。

qualva（クオルバ）
対話型のAIチャットボットがお客様のフォーム入力をアシストしてくれるのでストレスが少ない。

BOTCHAN PAYMENT（ボッチャン ペイメント）
決済機能も備えたチャットボット。お客様が利用したい決済方法がなかった場合、最適な決済方法に誘導する。

SECTION 05

贈答ニーズに応える接客ツール

ギフト需要を喚起して売上向上！住所を知らなくても送れるeギフト

相手の住所がわからなくても、ギフトを贈れる機能があります。ギフト購入時のひとつのハードルである住所確認をなくし、ギフト需要を喚起していきましょう。

住所を知らなくてもLINEやメールで簡単に贈れる

EC サイトでギフトを贈るときのひとつのハードルが、住所がすぐにはわからない問題。贈りたいと思った瞬間に、相手の住所がわからないと購入完了せずに離脱してしまいます。年賀状を引っ張りだせばわかる、という状況ならまだしも、SNS や LINE でのコミュニケーションがメインの現代では、仲の良い関係でも住所を知らないということはよくあります。聞けば済む問題かもしれませんが、気持ちが高まった瞬間に手続きができないとお客様は離脱しますし、なによりも相手にわざわざ聞くこと自体が煩わしい作業です。

eギフトが使えれば住所なしで贈れる

eギフト
メールや LINE などの SNS を使って、住所がわからない相手にギフトを贈れるサービス。

e ギフトの機能を追加導入すれば、住所がわからなくてもギフトを贈ることが可能です。商品購入完了後に発行されるギフトＵＲＬを LINE 等で相手に送付し、ＵＲＬを受け取った人は住所を入力して完了、というしくみです。受け取り側も、受け取りたい場所と時間を自由に設定できるのでとても便利です。また、利便性の高さから、**受け取った人が同じしくみを利用するためにリピーターとして戻ってきてくれる**ことも多いので、ダブルで嬉しい機能です。ギフト需要を喚起して売上アップにつなげることができます。

ギフト商戦を当日まで売上に変える！

母の日や父の日、バレンタインデーやクリスマスプレゼント、誕生日などの記念日、日付が決まっているギフト商戦の売上に大きく貢

e ギフトの贈り方

①「eギフトで贈る」を選択
相手に送りたい商品を購入する際「eギフトで送る」を選択することで、住所を知らない相手にギフトを贈ることができる。

② 購入完了時に送付用 URL 発行
購入が完了すると、eギフト受け取り用のURLが発行される。

③ URL を贈答先に送付
発行されたURLをLINEやメールでeギフトを贈りたい相手に送付する。

e ギフトの受け取り方

① URL を受け取る
届いたURLにアクセスして、ギフトの内容を確認する。

② お届け先を入力
受け取り先の住所や名前を入力します。入力した個人情報は贈り元にはわからないしくみになっている。

③ ギフトを受け取る
入力した住所に商品が配達される。ギフトが到着したら通常の通販と同様に受け取る。

献できるのもｅギフトです。通常のギフトでは、配送の時間を考慮し、1週間前ほど前に注文を打ち切るケースがありますが、ほとんどのギフト需要は当日や直前が本来いちばん売上を確保できます。ｅギフト機能を備えたECショップであれば、当日まで受注が可能です。つまり当日まで注文可能日が増えるため、売上に大きく貢献できます。当日まで忘れられがちな父の日なんかにはぴったりな施策となります。感謝の気持ちを伝えたいお客様に寄り添う機能の実装で、売上も向上します。

SECTION 06

商品レビューの獲得と管理

「お客様の声」商品レビューはサイトの強い味方

ネット通販では、お客様の大半が他の購入者による商品レビューを参考にしていると言われています。購入者が商品を実際に使用した感想は、サイトの信頼感を増し、購入を検討しているお客様の背中を押すのです。

商品レビューで見込み客に購買を促す

商品の購入時にお客様が参考にする商品レビューは、購入率を向上させるのにとても重要な要素となります。レビューの数が増えるにつれて、購入率も高くなると言われています。理由のひとつに、商品や店舗への信頼が高まることが挙げられます。商品に対して高い評価をしている人が多ければ、お客様はその商品ばかりでなく店舗に対しても信頼感を抱き、不安や迷いを払拭することができます。**レビューを充実させることで、見込み客が購入客になる後押しができる**のです。購入してくれたお客様にレビューを書いてもらうための施策が大切になります。

多くのレビューを集めるには、お客様がメリットを感じる施策を行います。たとえば「投稿した購入者にポイントを付与する」施策は、見込み客の購入を後押しするだけでなく、レビューを書き込んでポイントを得た購入客のリピートにもつながります。

一方で、レビューの数が増えることで、評価の低いレビューが付く可能性もあります。商品の信頼性や信ぴょう性を高めるためには、**低評価のコメントを削除**するのは得策ではありませんが、**誹謗・中傷**は必ず削除します。**レビューの内容を真摯に受け止め、商品やサービスの改善と捉える**ほうが生産的です。場合によってはレビューを書き込んだお客様に直接連絡を取ってヒアリングしたり、お詫びをするなどの真摯な対応を心がけましょう。このような対処によって、ショップに対する信頼感を高めることもできます。

低評価のコメントを削除
評価をよく見せようとして評価の低いコメントを削除し続けると、サイト訪問者が不審に思い、逆にサイトの信頼性が下がることも。

誹謗・中傷
サイトや商品に対して、事実無根のレビューを書かれたときは速やかに削除する。あまりに被害がひどいときは名誉毀損など損害賠償請求の対象にもなる。

信頼性や信ぴょう性が高まる商品レビュー

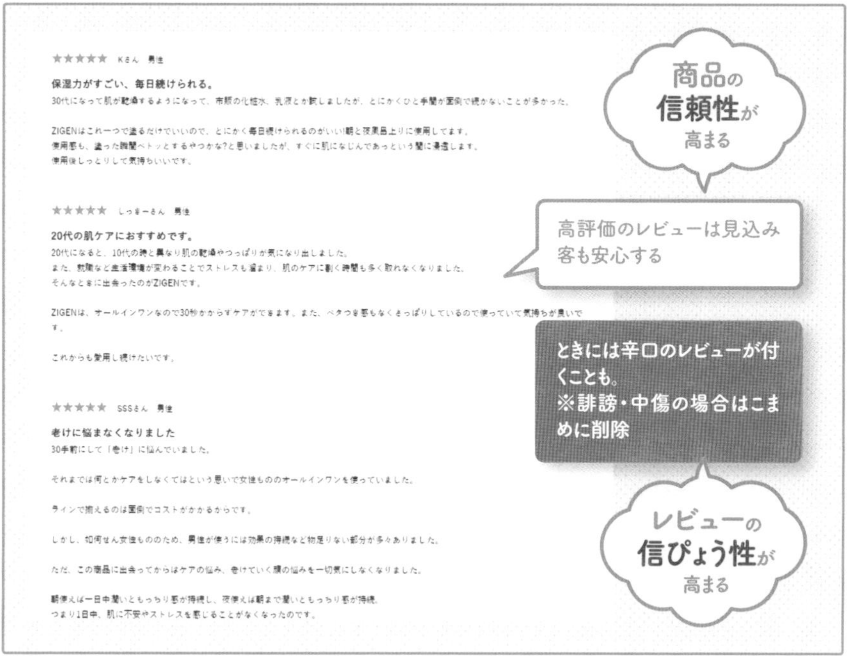

レビュー獲得の強力な味方「YOTPO」

YOTPO は、イスラエル発のレビューマーケティングツールです。商品を購入したお客様に対してレビュー投稿を促すメールを配信する機能や、レビューを集めるための施策の分析機能を持っています。実際に、YOTPO を使って商品購入後にメール配信を行うことで、レビュー獲得率が 2% から 10%以上になったというデータもあります。従来のレビュー投稿呼びかけメールではレビューを書くための手順が多かったのですが、YOTPO が配信するメールは本文中にレビュー投稿用のフォームが埋め込まれているため、投稿までのプロセスが格段に短く手軽になります。

さらに、YOTPO は一度配信したメールの効果測定をするだけでなく、どのメールをどのタイミングで送信すると効果的かを自動学習するため、常に最適な状況でメール配信が行えるようになります。これによって、レビューの獲得が促進されます。

YOTPO(ヨットポ)
商品購入者に対するレビューの投稿率を増加させるツール。SNS とも連携でき、コンバージョン率や検索表示順位の向上が見込める。

SECTION 07

消費者が発信するコンテンツの利用

お客様のリアルを接客に活用！ UGC（ユーザー生成コンテンツ）

UGC の EC リイトへの活用は年々、重要度を増しています。「商品の購入体験・利用体験から生活にどんな変化が加わるのか」のリアルを伝えることができる UGC は、より信頼のできる情報源として重宝されます。

リアルな疑似体験が商品の購入を後押し

UGC とは「User Generated Contents」の略で、「ユーザーによってつくられたコンテンツ」のことを指します。具体的には、レビューやコメント、ブログ記事、SNS に投稿された写真や動画です。購入してくれたお客様の商品の使い方や使用の結果などの“リアル”が可視化されるので、商品の使用を疑似体験できます。信用度や信頼感、親近感などが醸成され、購入の後押しをしてくれる役割を果たします。スマホや SNS の普及に伴い、気軽に多くの UGC に触れることに慣れてしまった現代人は、**ショップ側が一方的に発信する情報を鵜呑みにせず、UGC の後押しを求めています**。積極的な UGC の活用は、EC サイトの接客手法の定番といっても過言ではありません。

UGCの効率的な集め方

レビュー投稿
購入した商品や、お店に対しての評価を投稿する機能。

定番の UGC は**レビュー投稿**です。前節で解説したとおり、多くのレビュー投稿を促すには、「レビュー投稿でポイントプレゼント」などの施策を打ちます。なかなかレビューが付かずに悩んでいるショップでは、レビューを獲得するためのツールの導入も積極的に検討しましょう。

SNS 時代の王道 UGC 活用といえば、EC との親和性の高い Instagram の投稿を掲載する施策です。トップページに関連投稿を表示しているサイトは多くなりましたが、関連商品の投稿が商品詳細ページごとに掲載されていると、購入率 UP に貢献してくれます。

Instagram を使った UGC 施策

A Attenntion 認知	商品を知ってもらう	・目を引くUGC ・保存したくなるUGC
I Interest 興味・関心	商品価値を 理解してもらう	・多くの人がつかっていることがわかるUGC ・メディア特集などの権威付けUGC
B Buy 購入	購入してもらう	・使用した感想や使い方
R Repeat 購入継続・アップセル	継続利用・ 追加購入をしてもらう	・継続して利用した感想 ・別の詳細に関するUGC
S Share 他者への推薦・拡散	商品のファン化・ 他者へ勧めたくなる	・自分もマネして投稿したくなるUGC

SNS上に、特定のキーワードでポストされた投稿が、自動でサイト内に表示されるようになる。

ポストされた投稿には、商品への紐付けも行える。投稿の内容を参考に商品の購入ができる。

SECTION 08

需要を喚起する接客施策

顧客接点を強化して購入率アップ「特集ページ」の活用

ECサイトの売上を安定して伸ばしていくためには、特集イベントページを用意することをおすすめします。タッチポイントを増やすことで、多くのお客様の「欲しい」を呼び起こしましょう。

特集ページは年間50本以上を用意する

クリスマス特集やお中元お歳暮特集などの、販促のための特集ページを用意して購入率向上を目指す施策は、ECサイトでは定番です。通常の商品一覧ページよりも購入につながりやすいため実施するのですが、主だった季節特集だけでは年間に数えられるほどの特集イベントしか打てません。これだけでは売上向上施策としては限定的なものとなってしまいますが、年間50本以上を用意できるとしたらどうでしょう。1年間は約50週間あるので、1週間に1本のペースで特集企画を打ち出していくことになります。このくらいの頻度で打ち出すことができれば、**メルマガなどでお客様とのタッチポイントを各段に増やすことができます**。

タッチポイント
サービスやコンテンツがユーザーと触れる点のこと。顧客接点ともいう。

購入率の高いお客様はなんといってもリピーターです。リピーターに週1回のペースでアプローチすることができれば、売上が向上する可能性はあがります。

レギュラーの特集は数年かけてつくる

とはいえ週に1本の特集を用意するのは大変なので、数年かけて作成していくことをおすすめします。1度実施した特集ページは効果測定をしっかり行うことで、翌年も繰り返し活用することが可能です。ブラッシュアップを重ねるごとに購入率が上がっていくので根気よくつくり込んでいきましょう。とはいえ、週に1本の特集はネタに困る…という声が聞こえてきそうです。右ページに年間50本分の定番特集をまとめました。掲載されてい

年間特集イベントの例

●季節特集

月	ギフトイベント	季節イベント	長期休暇
1月	成人式	福袋	年始休暇
2月	バレンタイン		
3月	ホワイトデー	ひな祭り	春休み
4月		入園・入学　新生活	
5月	母の日	こどもの日	ゴールデンウィーク
6月	父の日		
7月	お中元		
8月		夏セール	夏休み
9月	敬老の日		シルバーウィーク
10月	七五三	ハロウィン	
11月	勤労感謝の日	ブラックフライデー	
12月	お歳暮　クリスマス	冬セール	年末休暇

●通年で展開可能な特集

ギフト系特集	商品系特集		値引き系特集
誕生日祝い	新着商品	ランキング	セール
結婚祝い	再入荷商品	予約商品	アウトレット
新築祝い	閲覧履歴	カテゴリ	まとめ買い
還暦祝い	ブランド	コーデ	大口注文
昇進祝い	コラボ	スタッフレビュー	
快気祝い	コラム・レシピ		
開店祝い			
定年退職祝い			
お土産			

る定番特集以外にも、「梅雨を吹き飛ばせ〇〇特集」や「マンガでわかる〇〇特集」といった、切り口や表現手法のバリエーションなどのアイデア次第ではたくさん生み出すことも可能です。自社の売上につながりやすい特集を、お客様が活用しやすい視点で組んでみることをおすすめします。

SECTION 09

メディア EC による情報発信①

ショップのファンを育成するメディアEC

実店舗とは異なり EC サイトでは、商品情報の提供や店舗内の案内などをリアルタイムに行えません。ブログや SNS など、商品情報以外のコンテンツを用意することで実店舗に近い購入体験を提供でき、EC サイトやスタッフのファンをつくることにもつながります。

お客様の潜在的なニーズを掘り起こすことも

商品の詳細情報だけではなく、お客様にとって有益なコンテンツを用意することで、顧客満足度をより高めることができます。ブログや SNS など、商品詳細ページ以外のコンテンツを提供する EC サイトのことを**メディア EC** と呼びます。

メディアEC
メディア配信型 EC サイト。SNS やブログなどの、コンテンツを配信できるメディアと連携した EC サイトのこと。

そもそも EC サイト内の情報は、商品情報やキャンペーン情報など、どうしても販売に関する内容に特化しがちです。しかし、お客様はそれらの販売情報以外にも「ECサイトがどのような想いでつくられているのか」「どのような人たちが運営しているのか」「商材に関しての豆知識を知りたい」など、間接的に商品購入のきっかけになる情報や、EC サイト自体に興味がわくような内容を求めているものです。ただ新商品の紹介をアップするだけではなく、お客様が気になる情報を配信し、**購入したい商品があるとき以外でもアクセスしたいと思わせるサイトづくり**が必要です。

サイトをメディア EC にすることによって、お客様のファン化が期待できるのはもちろん、衝動買いを促すという効果も生じます。実際に商品を日々利用している様子などをコンテンツを通じて発信することで、商品購入後のイメージが浮かび、衝動買いにつなげやすくなります。

なお、こまめにコンテンツを更新することによって**ショップスタッフとお客様との距離が近くなり、信頼関係が生まれる**ことで、その店員がおすすめしたものが購入されやすくなるなどの効果も期待できます。

メディア EC のメリット

顧客の購買行動段階

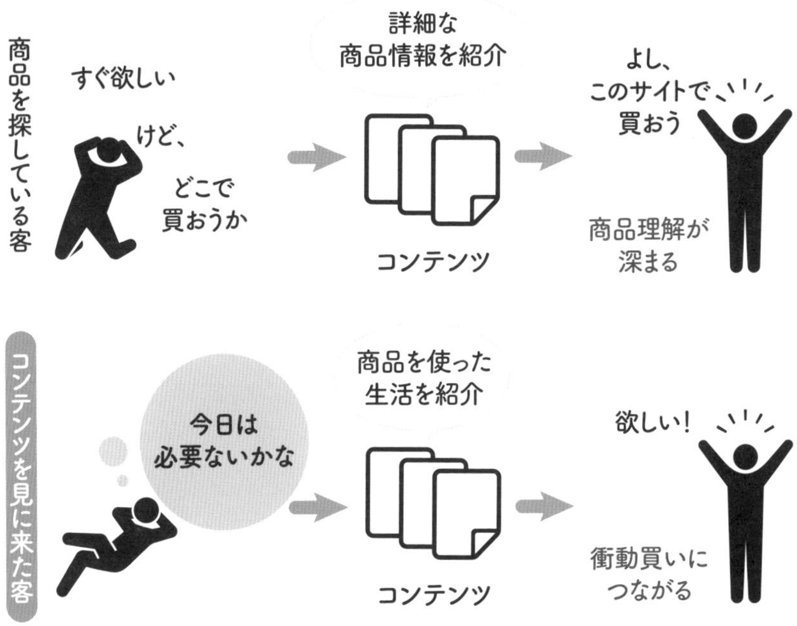

SECTION 10

メディアECによる情報発信②

管理しやすい コンテンツ配信サイトのつくり方

コンテンツを活かしたメディアEC運営を目指すのであれば、メインのEC機能はカートシステムを使って構築し、コンテンツ部分だけをコンテンツの作成に特化した別のシステムを利用して作成する方法がおすすめです。

EC機能とコンテンツ配信機能を分ける

カートシステムの多くは、コンテンツ配信を行う機能が脆弱です。そのため、コンテンツを活かしたメディアEC運営を目指すのであれば、**ECサイトとコンテンツ配信サイトを別々のシステムで作成し、それらを同じドメインの中で運営する方法が最適解**となります。

主流なのは、ECサイトのカートシステムと**WordPress**などの**CMS**を連携させる方法です。WordPressはブログやコンテンツを配信する際に人気のあるシステムで、Amebaブログなどと比較して拡張性が高く、さまざまな用途に利用できるのが特徴です。カートシステムにはコンテンツのアーカイブを日付順や、内容ごとにカテゴライズする機能が備わっていないため、せっかく作成したコンテンツを活かしきれません。しかしWordPressは元々ブログを書くために使われるシステムなので、簡単に更新日時やカテゴリーごとに記事を管理できます。それによりECサイトの利便性も増して、お客様が探しているコンテンツにアクセスしやすくなります。

なお、ECサイトのシステムとCMSを別ドメインで管理すると、ECサイトからコンテンツページへ遷移する際に、スマホのブラウザでは別のタブページを開いて表示するため、お客様に煩わしさを感じさせます。主要なカートシステムに備わっているWordPressとの連携オプションを利用し、同一ドメインで管理することでシームレスなECサイト環境を整えることができます。

WordPress
ブログやサイトを構築できるCMS。

CMS
コンテンツを管理したり更新したりするシステムのことで、HTML/CSSの知識がなくてもサイトを構築できる。Contents Management System（コンテンツ・マネジメント・システム）の略。

同じドメインで使い分けるメディア EC サイト

ECサイトとメディア側のデザインは同じにする

メディア EC サイトを制作する際は、EC サイトとメディア側のデザインを統一する必要があります。ポイントは **「ヘッダー」「サイドメニュー」「フッター」エリアは、EC サイトとメディア側で共通のデザインにする**ということです。EC 側とメディア側はあくまで別のシステムなため、ドメインを同じにするだけではお客様は別のサイトに移動したかのように感じてしまいます。それを防ぐためにも、EC サイト内の共通エリアは同一のデザインで作成しましょう。

SECTION 11

メディアECによる情報発信③

サイトを訪れる理由になるコンテンツのつくり方

メディアECの運営で大事なのは、こまめな更新を継続すること、お客様の興味に沿った内容のコンテンツを作成することです。お客様のファン化につながるコンテンツづくりのポイントを押さえておきましょう。

検索キーワードをヒントにコンテンツづくり

メディアECの運営で最も大切なのは、コンテンツを更新し続ける体制を整えることです。お客様がサイトを訪れたとき、コンテンツの数が少ない状態が続いたり、最終更新日から1年以上も経っているようでは、サイトのファンになってもらうのは難しいでしょう。日々の更新を継続するしくみをつくり、短期的な効果を求めるのではなく長期的な視点を持つことが肝要です。

コンテンツを更新し続けるためには、お客様の興味に沿った内容にすることが重要です。おすすめはGoogleなど**検索エンジンの「サジェスト」から、商品を探す見込み客が調べているキーワードを分析**して、その内容に合わせたコンテンツを作成すること。

たとえば、**サジェストキーワード取得ツール**を使い「日本酒」というワードでGoogleのサジェストを検索した結果、右図のような結果が得られました。この結果から、お客様が興味を持っているのは「日本酒の飲み方」「つまみ」「賞味期限」だということがわかります。この分析をもとに、これらに関連するコンテンツをつくることで、お客様に「日本酒を買うときにはこのサイトが役立つ」と思わせることができ、ファン化にもつながります。

サジェストキーワード取得ツール
検索窓に入力したときに、どんなキーワードが関連して表示されるかを一括で取得する。これにより、どのようなニーズがあるかを把握することができる。

また、お客様は「日本酒を飲む未来」を想定して、つまみや飲み方についても検索しています。そこに先回りして、おすすめのおつまみレシピとそれに合う日本酒を紹介するコンテンツを用意すれば、「商品を購入した後、どのような未来が待っているのか」を想像しやすくなり、購入意欲を高めることができます。

「日本酒」のサジェスト検索結果

Google.co.jpより99件見つかりました

日本酒／日本酒ランキング／日本酒度／日本酒原価酒蔵／日本酒賞味期限／日本酒度数／日本酒つまみ／日本酒種類／日本酒飲み方／日本酒通販／日本酒飲み方器／日本酒ランキング／日本酒酒度／日本酒原価酒蔵／日本酒種類飲みやすさ／日本酒飲み方マナー／日本酒つまみ塩／日本酒飲み方アレンジ／日本酒種類ひやおろし／日本酒種類値段

メディアECが強くなる理由

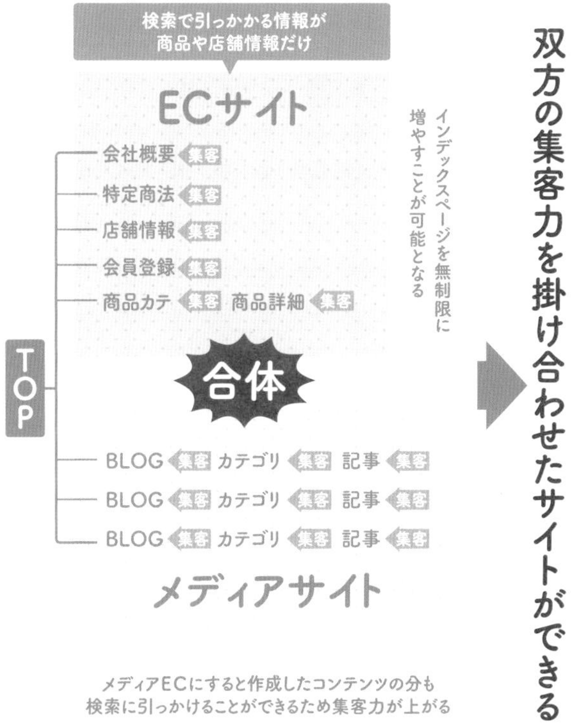

メディアECは集客力も上げる

多くの事業者はブログとECサイトを別々のドメインで運営しています。しかし、SEOではインデックスされたページの数が多いサイトを高評価にする傾向にあります（P.101）。別々のサイトを運営してしまうと、ブログとECサイトでそれぞれページが分散し、SEOの評価を高める集客施策の効果が半減してしまいます。

EC機能とコンテンツ機能をひとつのドメインにまとめたメディアECは、**ECサイトの集客力とメディアサイトの集客力を掛け合わせている**ため、より売上につながりやすい運用方法となります。コンテンツを使いECサイトの集客を行うのであれば、同一のドメインの運営をすることが成功のカギとなります。

SECTION 12

購入申し込み時の接客サービス

売上アップに効果的なカゴ落ち対策

カゴ落ちとは、カートに商品を入れた後、購入せずに離脱されてしまうことです。購入に最も近いカート周りの改善は、売上にダイレクトに影響するため、真っ先に改善を行うべきポイントです。

些細なことでお客様は買い物を止めてしまう

一般的に**ECサイトのカゴ落ち率は約70%**と言われています。主な原因として、「購入する際の配送情報や決済情報の入力が煩わしい」「配送料が想定よりが割高である」「商品が欲しいタイミングに届かない」「商品をカートに入れていたことを忘れてしまう」などが挙げられます。またスマホからの購入の場合「購入途中にLINEや電話がかかってきた」「屋外でECサイトを利用していたため、人目があるところでクレジットカード情報の入力ができない」など、お客様は些細なきっかけで簡単に離脱してしまいます。これらを改善するには、商品を選んでから決済完了までの動線を極力減らし、購入までのステップを短くすることが大切です。購入時に入力するお客様情報の項目を見直し、**EFO対策**をしましょう。

EFO対策
個人情報などの入力フォームを、お客様が使いやすいように最適化すること。EFOは"Entry Form Optimization"の略。

ラクと安心がEFO対策のポイント

ECサイトに限らず、入力する項目は少なければ少ないほど離脱は少なくなるため、氏名や配送先など最低限必要な項目を除き、できるだけ**入力事項を減らすのがポイント**です。郵便番号を入力すると自動的に住所が入力されたり、入力漏れや間違いを指摘したりする入力補助機能を利用することで、EFO対策ができます。

また外出先でクレジットカード情報の入力ができず離脱をしてしまうケースには、Amazon Payや楽天ペイといった決済システムの導入が効果的です。Amazonや楽天市場の会員として既に登録してある個人情報が自動で入力されるシステムのため、お客様

カゴ落ちする人は購買意欲が高い

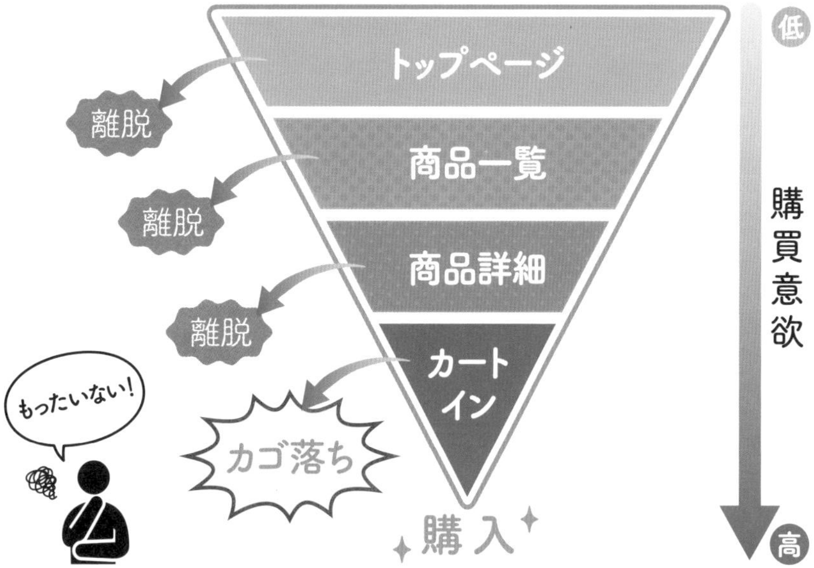

商品を一度カートに入れている＝購買意欲が最も高い。
この層の離脱を減らすことが重要！

の手間が省けるだけでなく、自分が会員登録をしている**大手モールの決済システムが使えることで安心感も高まり**、離脱の減少につながります。

カゴ落ち対策は売上改善に結び付きやすい

お客様は些細なきっかけで離脱します。そのため、カゴ落ちの改善は購入率アップに効果が見込める施策のひとつです。実際、購入率を上げるためのEFO対策を適切に行っているECサイトは、カゴ落ちを50%台まで減らしているケースもあります。

また、カゴに商品が入っている状態でECサイトを離脱してしまったお客様に注意を喚起するツールがあります。「カートリカバリー」などのツールは、購入に至らなかったお客様にポップアップやメールを使ってお知らせします。買い忘れ防止機能が備わったツールの導入で、カゴ落ちを極力減らしていきましょう。

» Column

世界中の商品が即日到着で購入できる未来は近い？

『ドラえもん』のひみつ道具に「とりよせバッグ」というものがあるのをご存知でしょうか？ これはバッグのなかに手を入れて欲しいモノの名前を声にだすと、バッグから取り寄せられるひみつ道具です。

いつ・どこにいても欲しいものを注文し、数日以内に手に入れられる、現在のECサイトが格段に進化したひみつ道具と言えるでしょう。しかし、実はこんな夢のような現実がもう間もなく訪れるかもしれません。

ロケットで世界中の物流をつなげる

世界各国で民間宇宙開発の分野が盛んになっています。アメリカの民間宇宙開発ベンチャー、スペースX社は長距離旅客輸送に進出すると発表しました。これは最高時速2万7千キロメートルで一時的に宇宙空間を通過し、地球上の主要都市を30分程度で結ぶロケットです。

2024年現在では、まだ実現に向け検討が開始された段階ですが、もし実現すれば、これまで空輸便で十数時間かかっていたあらゆる物流を30分足らずで各都市をつなぐことになります。これまでの物流の常識を覆すようなサービスです。

世界中で実用化が進むドローン配達

2025年に行われる大阪万博の目玉パビリオンのひとつとして「空飛ぶクルマ」が話題です。またドローン技術を活かしたパビリオンも用意されていると言われており、近い将来、有人で道路を走って行う配送だけではなく、無人ドローン配送が一般化するかもしれません。

実際、世界中でドローンを使った配送は実用化されており、日本でも2024年元旦に起こった能登半島地震の際、孤立した集落への医薬品の配送で活躍しました。

ドローン配送のメリットは、「人件費の削減」「配送困難な地域への配送が可能」「即時配達が可能になり商品が届くまでの時間が削減される」などが挙げられます。

これらの配送技術の進歩が、近い将来に一般化した場合、国内ECでも越境ECでも、どちらであっても欲しいものを即日手に入れることができる時代が来るかもしれません。

欲しいものが何であっても、どこでも購入でき、即日で手に入れることができる……。ドラえもんの世界のような未来はすぐそこに来ているのかもしれませんね。

Chap

7

もっと売上を伸ばすためのECサイト分析と改善

ECサイトの売上を伸ばすには、データ分析がとても重要です。

ここではサイト分析に必須の指標や、

分析ツールの目的や機能について解説します。

SECTION 01

EC サイト分析①

ゴールは売上！売上目標から逆算して行うECサイト分析

EC サイトの売上を向上させるうえで、自社のサイトがどのような状態なのかを定量的・定性的に把握することはとても重要です。 すべての PDCA を回していくための基礎になる分析手法を解説していきます。

正確な数値状況を把握し、購入率改善につなげる

サイトを改善する際に思い込みや根拠の薄い施策を行い、思うような結果が出ていないケースをたびたび見かけます。データ分析で重要なのは、ゴールとなる「売上目標」から逆算し、各 KPI の数値を正確に分析し把握するところから始まります。データを把握しながら EC サイトの改善を行っていきましょう。

まずは年間売上目標を立て、その売上を達成するために必要な「アクセス数×購入率×平均客単価」の数字（P.32）を仮説でもよいので立てます。月平均、週平均、日平均に分けて計画を作成できると理想的です。それらの数値が計画通りに運用できているかを分析していきます。EC サイトの売上は季節変動を受けるため、**前月比での売上の増減に一喜一憂するだけでなく、昨対比での売上を確認し、年間を通じた売上データで分析**することが重要になります。

アクセス状況だけではなく、顧客状況もデータ診断

定量分析を行うことで、売上を伸ばす施策が明確になります。たとえば新規の顧客を増やすよりも、購入経験のあるユーザーに再購入を促すほうが売上につながりやすくなります。再購入を促す施策を展開するには、「誰が何回どのような頻度で購入しているか」というデータを把握したうえで、リピート施策を実行します。EC サイトへのアクセス状況だけではなく、顧客状況を分析することも、売上アップに欠かせない要素です。

定量分析
数値データを元に行う分析のこと。「アクセス数」「購入率」「客単価」といった数値を元に、売上を伸ばすために行われる。

ECサイトの売上と顧客の分析

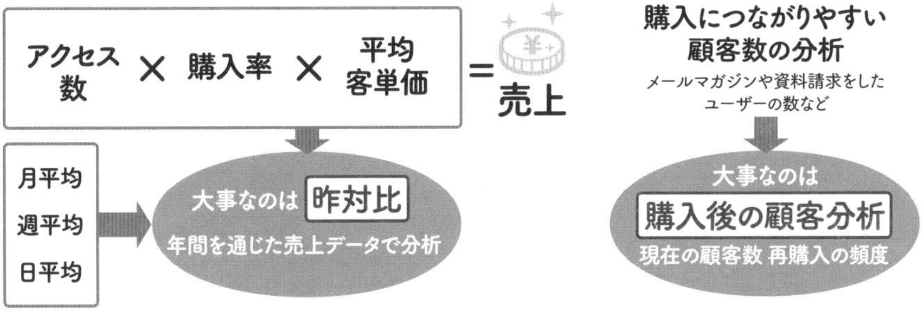

ECサイト分析の指標やキーワード

	指標やキーワードの意味
アクセス数	ユーザーがサイトを訪問した回数
ユーザー数	サイトを訪れた訪問者の数（ユニークユーザー数もある）
PV数	サイト内のページが表示された回数
エンゲージメント	サイトやアプリに対するユーザーの操作
購入率	ECサイトにどれだけ訪問され、購入されたかの割合。購入／セッション数
参照元メディア	自然検索、SNS、広告などのサイトの流入元のこと
行動フロー	ユーザーのサイト内でのページを回遊した動き
参照元デバイス	サイトの閲覧に使用した機器

外部要因などの定性分析を行う

ECサイトの分析では各ツールを使うことで数字が明らかになるため、定量分析に偏りがちですが、**定性分析**も大切になります。自社の状況だけではなく、「競合他社の状況」や「季節要因」なども含め、分析した数字にはさまざまな要因が背景に隠れていることが多いです。「なぜそのような結果になったのか」までを定性的に把握できれば、より効果的な次の一手を考案することが可能となります。「この商品の購入をどんな目的で検討しているのか？」「なぜこのタイミングで購入したのか」といった購入動機を絡めて分析していきましょう。ベンチマークサイトの分析（P.18）やこれまでの年間販促カレンダーの施策などを振り返ることで見えることも多いです。定量面・定性面ともに分析をかけ、最適なPDCAを回してこそ、売上UPにつながってくるのです。

定性分析
数字では表せないデータを分析すること。「お客様の行動」や「他社との比較」、「季節変動」など、購入動機を分析することができる。

SECTION 02

ECサイト分析②

ECサイトの運営と分析に必須の5つのKPI

ECサイトの分析を行う際に、違いのわかりにくいキーワードがあります。ここではアクセス数の指標となる「セッション数」、「UU数」、「PV数」の違いや、「直帰率」と「離脱率」の違いを紹介します。

アクセス数の3つの指標を理解する

一般的に言う「アクセス数」には、**セッション数**と**UU数**と**PV数**の3つの指標があります。たとえばサイトの訪問者が2名いて、うち1人はサイトに3度訪れ、すぐ離脱。もう1人は1度訪れトップと商品詳細ページを閲覧して離脱した場合、セッション数は4回、PV数は5ページ、UU数は2人となります。

ECサイトの分析において、この**3つの指標の中で最も活用機会が多いのはセッション数**です。なぜなら、購入率の計算に使用する数値だからです。スマホ時代のユーザー行動属性として、友達からのLINEなどでちょっとした離脱はよく発生します。そのたびにアクセス人数をカウントして購入率を判定すると、過小な数字が表れ正確な購入率を把握できません。ちょっとした離脱が発生するスマホ時代には、30分以内の再訪をカウントしないセッション数を分母に購入率を計算するとよいでしょう。

UU数は主にサイトの認知度を測る際に使用します。認知度を伸ばすようなマス広告の出稿や、インフルエンサーマーケティングを行った際の効果検証に役立つ指標となります。広告の出稿期間中に、どれだけの人数がサイトを訪れてくれたかなどを把握できます。

PV数はメディアEC（P.170）の運用時に役立つ指標です。ECサイトは基本的に素早く購入に至ってくれることを目標にサイト改善を行っていきますが、メディアECの場合はサイト全体のコンテンツをいかに閲覧してもらい、回遊性を高め、滞在時間を伸ばし、サイトのファンになってもらって購入につなげるかを目標にします。PV数

セッション数
ユーザーが何回サイトを訪れたかを表す。離脱したユーザーが30分以内にサイトに戻ってきた場合は、同じセッションとなる。

UU数
（ユニークユーザー数）
一定期間内にサイトにアクセスしたユーザーの数をカウントした数字。

PV数
（ページビュー数）
ECサイトのページごとに1人のユーザーが1度アクセスをする度にカウントされる数字。言い換えると訪れた人たちが全部で何ページ閲覧したかの数字となる。

アクセス数の3つのKPIと分析方法

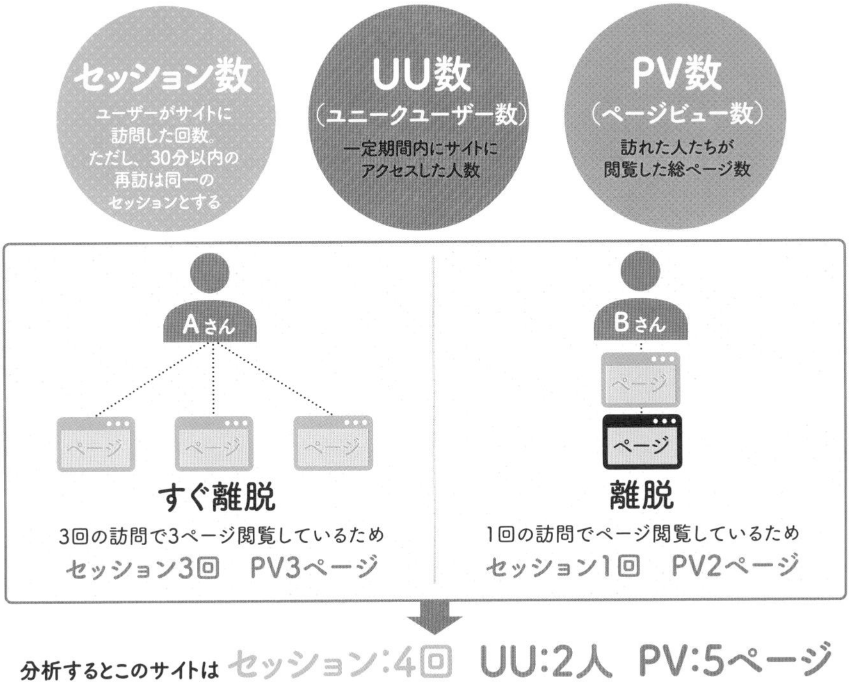

と購入数には相関関係が現れるので、より多くのPVを稼げるサイトが良しとされます。

ページの離脱の仕方で異なる「直帰率」と「離脱率」

直帰率と**離脱率**も混乱しやすい指標です。直帰率とはECサイトにアクセスした最初のページのみを見て離脱した人の割合のことです。離脱率は特定のページから離脱した人の割合となります。最初にアクセスしたページから数ページを回遊して離脱した場合、直帰は「0」で最後のページの離脱が「1」となります。

直帰率や離脱率は、扱う商材やECサイトの構成により、大きく変わります。大切なのは**サイトの中で特に直帰率や離脱率が高いページがあるかどうか**です。数値が著しく高いページは、ページ構成が悪いか、ページに流入しているユーザー層とターゲットがずれている可能性があるので、見直す必要があります。

直帰率
サイトを訪れたユーザーが、他のページに移動することなくサイトから離れた割合のこと。セッション数を指標にして求められる。

離脱率
ユーザーがサイトのどのページから離れたのかを表す割合。PV数を指標にして求められる。

SECTION 03

アクセス解析ツールの基礎①

Googleアナリティクス（GA4）の役割と重要性

ECサイトの分析を行う際に欠かすことのできないGoogleアナリティクス。Googleが無料で提供するアクセス解析ツールですが、2020年に新たなバージョンであるGA4がリリースされました。GA4を使いこなすことができれば、サイトの健康状態を把握することが可能です。

本格的な分析を行うにはGoogleアナリティクス

ECサイトの分析を行うには、アクセス数や購入率などさまざまな数字の分析が必要になります。これらの数字はカートシステムに付随する分析機能で確認できるものもありますが、本格的にECサイトを分析するのであれば、**Googleアナリティクス**の導入は必須です。

Googleアナリティクスとは、**無料で利用できる高機能なアクセス解析ツール。**具体的には「どんなユーザーが」「どこから入ってきて」「どのページを見て」「なにを買ったか」を詳細に分析できるツールです。単純なアクセス数だけでは把握できない細かな情報を解析し、ECサイトの改善につなげることができます。

Googleアナリティクス
Googleが無料で提供するアクセス解析ツール。アクセス数や滞在時間、使用したデバイスなど、ユーザーの行動に関するデータを分析することができる。

ユーザー行動をベースに分析する次世代の分析ツール

2020年10月に「GA4」がリリースされ、それまで利用されていた「**UA**」から2023年7月に完全移行されました。新バージョンがリリースされた背景には、テクノロジーの進化とプライバシー保護の重要性が挙げられます。従来のUAは主に**Cookie**を使用してユーザーの行動を解析していましたが、近年、スマートフォンやタブレット、PCなど複数のデバイスを使うユーザーが増えているために、Cookieベースではこれらの多様な行動を正確に追跡することが難しくなってきました。

GA4では、従来のCookieベースの「ページセッション型」計測から、ユーザーの行動全体を捉える「ユーザー型」計測に変更され

UA
Googleアナリティクスの以前のバージョン名。

Cookie
ウェブサイトにアクセスした際に記録されるファイル情報のこと。訪問者が訪れたサイトの履歴、入力したデータ、ID、さらに利用環境などの情報を指し、再度ウェブサイトにアクセスしたときにこれらの記録されたファイル情報を再入力することなくサービスが利用可能になる。

GA4を使って調べられるデータの一例

① **リアルタイム**…過去30分のサイトへのアクセス状況

② **キーイベント**…購入数

③ **ユーザー属性**…どんなユーザーがサイトにアクセスしているか

④ **集客**…どの経路でサイトに訪問してきたか

⑤ **エンゲージメント**…ページの表示回数やイベント回数

ページや日付単位で調べることができるツール

旧Googleアナリティクス（UA）と新Googleアナリティクス（GA4）の違い

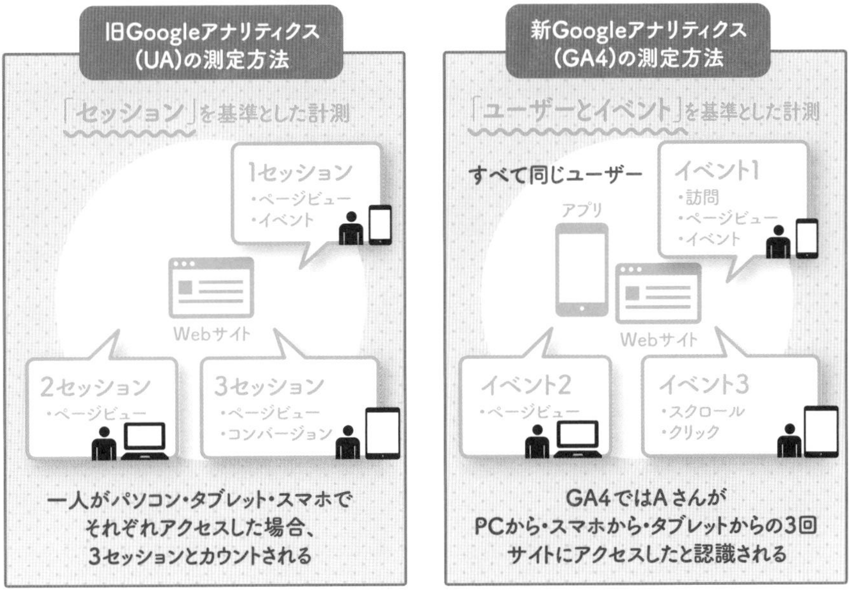

ました。これにより**異なるデバイス間やアプリとスマホ間を跨いだアクセスでも同一ユーザーだと判別できるようになり、ユーザー行動の全体像をより明確に把握できるようになりました。**従来のセッション単位の計測では分析が難しかったユーザーの行動を、より詳細に追跡することを可能にし、より綿密な分析が可能となりました。

SECTION 04

アクセス解析ツールの基礎②

意外と簡単！ GA4とECサイトの連携

GA4を活用してECサイトを分析するには、GA4とECサイトの連携作業が必要です。専門知識が必要で難しいと思われがちな作業ですが、ECサイトの場合はカートシステム側で設定箇所が用意されているため、簡単に行えるケースも多いです。

ECサイトにGA4を連携させるまでの手順

GA4の設定で最初に行うのは「アカウントの作成」です。Googleアナリティクスにログイン後、左下の「管理（歯車アイコン）」を選択して、「アカウントを作成」からアカウント名とアカウントデータの共有設定を行います。

次に「プロパティの作成」を行います。自社の業種や規模感などを入力して設定を進めます。プロパティ内にある「データストリーム」から「ウェブ」を選択し、任意のサイト名とURLを記載して「ストリームを作成」をクリックすると、データストリームが完成します。

「ウェブストリームの詳細」内に、Gからはじまる測定IDが発行されているので、カートシステムの設定項目に入力します。多くのカートシステムでは、測定IDを入力するだけで連携が可能となっていますが、一部のカートシステムでは直接タグを埋め込む作業が必要となります。詳細に関しては各カートシステムのマニュアルを参照してください。

GA4は2段階チェックで正常稼働を確認

GA4を設定したら**必ずテスト購入を行って、正しく動作するかを確認しましょう**。GA4を設定したページにアクセスし、サイトを閲覧しながら別のタブでGA4を開きます。GA4のホーム画面にある「過去30分間のユーザー」が1人と表示されていれば、正しく動いている証拠です。

次に、CV（コンバージョン情報）がきちんと取得できるかを確認

➡ EC サイトに GA4 を連携させるまでの手順

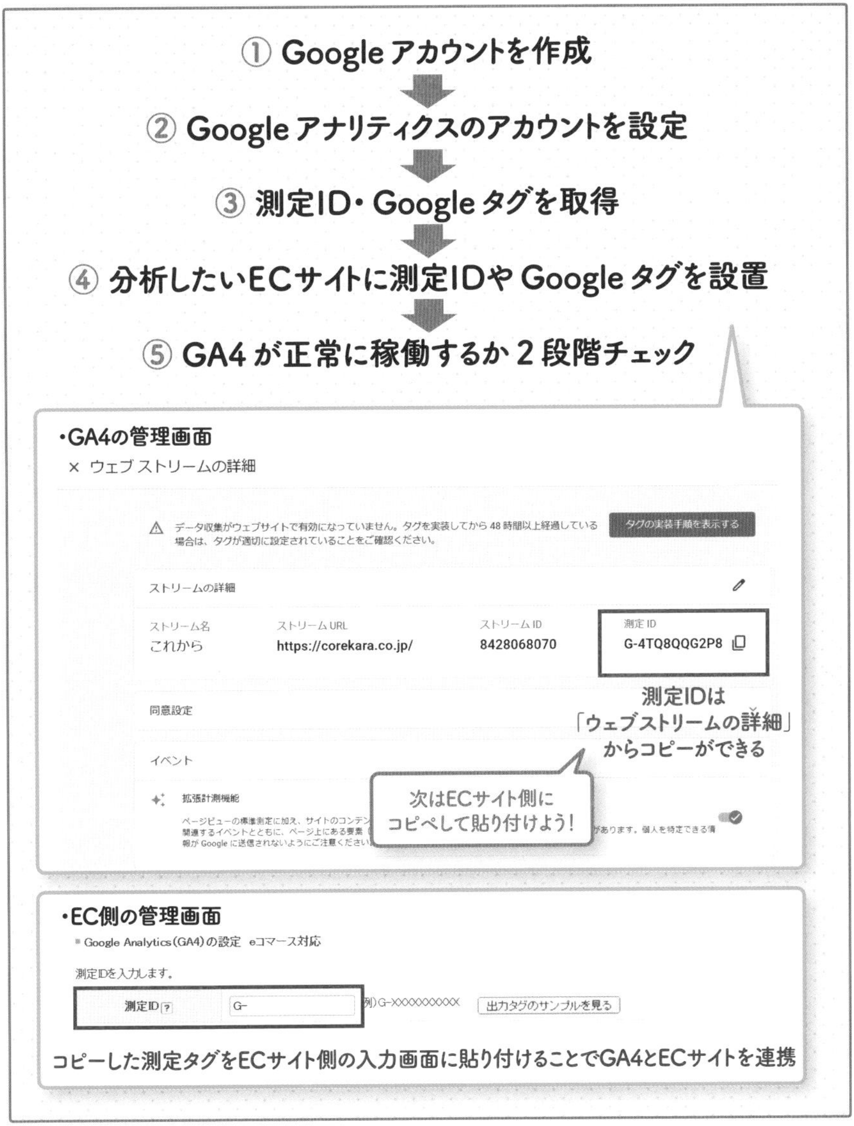

します。テスト購入を行い、購入データが取れているかを確認します。この2つのデータが正常に取得できていれば、GA4の設定は完了です。なお、GA4は設定後、最大 24 時間は正しく動作しないことがあります。確認作業は設定した翌日に行うことをおすすめします。

SECTION 05

GA4の分析機能のキホン

ECサイトの分析に特化した「自由形式」の探索レポート

GA4では「探索レポート」機能を使うことで、分析したい項目にカスタマイズしたオリジナルのデータを抽出し、レポートを作成できます。効果的に活用することでより詳細なEC分析を行うことが可能になります。

GA4の探索レポートとは

GA4の「探索レポート」は、ユーザーが自由に分析レポートを作成できる機能で、UAのカスタムレポートに近いものです。詳細な分析レポートを作成でき、サイト分析に必須のツールです。

「探索レポート」には「自由形式」「ファネル分析」「経路データ分析」「ユーザーエクスプローラー」「セグメントの重複」「コホートデータ探索」「ユーザーのライフタイム」の7種類の**分析テンプレート**が用意されています。**ECサイトの分析をする際は「自由形式のレポート」を活用する**のをおすすめします。

分析テンプレート
分析操作の際に使用するためのデータやレポート、結果を表示するためのカスタムレポートシートなど、複数のシートが含められたテンプレート。

自由形式レポートの設定の仕方

自由形式のレポートは、「変数」と「タブの設定」の2つの主要なエリアから構成されます。

まず、変数エリアで「セグメント」「ディメンション」「指標」の各項目を登録します。たとえば、「新規ユーザーがどれだけ離脱をしているか」を分析する場合、ディメンションとして「ユーザータイプ」から新規ユーザーを、次に指標から「離脱数」を選択します。

変数エリアで選択した項目を「タブの設定」エリアに反映（ドラッグ&ドロップ）することで、レポートとして表示できます。変数エリアの「行」や「列」にディメンションで設定した項目を、「値」の項目に指標で設定した内容を反映させます。上の例だと、「行」に新規ユーザーを、「値」に離脱数を設定することで、新規ユーザーがどのページで離脱したかを分析することが可能になります。

➡ 自由形式レポートの画面構成

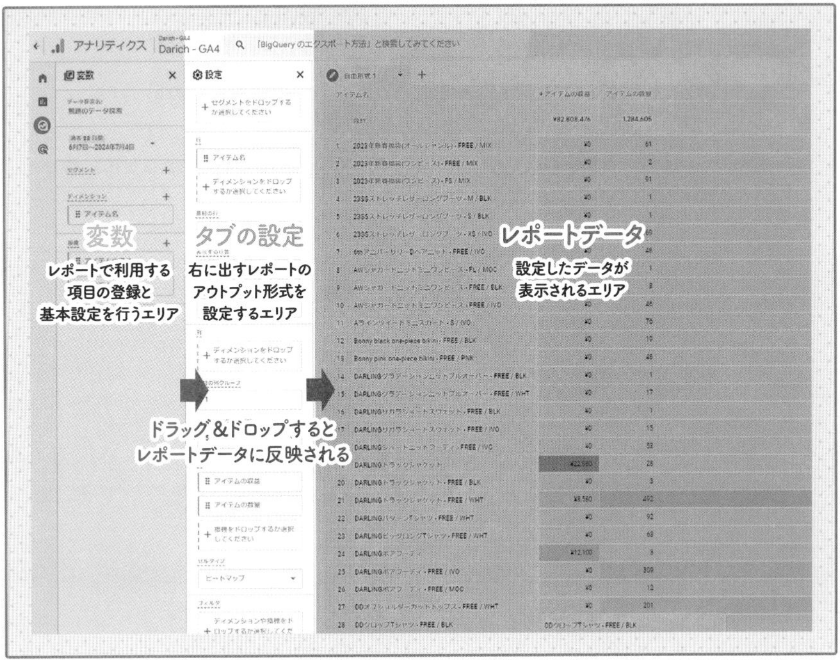

ディメンション、指標、セグメントの役割

分析は「ページごとの表示回数を確認したい」のように「○○○ごとに□□□の数値を確認」というのがオーソドックスな手法です。このとき「○○○」にあたる部分がディメンション、「□□□」にあたる数値が指標です。上の例では、「ページ」がディメンション、「表示回数」が指標に該当します。他の例として、「デバイスの種類」「参照元」「ランディングページ」などがディメンション、「ユーザー数」「セッション数」「コンバージョン数」が指標となります。

また、セグメントとは特定の条件でユーザーの行動データを絞り込む機能です。たとえば、「新規ユーザーで離脱した人」や「スマホを使ってはじめて購入した人」などの条件を設定することで確認できます。

SECTION 06

GA4による分析①

サイト改善に2つの基本分析 チャネル分析とデバイス分析

売上を伸ばしていくための基本分析として、まずは押さえておきたいのがチャネル分析とデバイス分析の２つの分析手法です。設定方法から分析のコツまでを解説していきます。

チャネル分析で売上アップ対策

チャネル分析
探索設定を「手法：自由形式」「ビジュアリゼーション：テーブル」「セグメントの比較：なし」「行：セッションのデフォルトチャネルグループ」「列：なし」「値：基本指標セット」「セルタイプ：ヒートマップ」「フィルタ：なし」にして分析する。

ECサイトへの流入経路を分析することを「**チャネル分析**」と呼びます。検索エンジン、広告やSNS、メルマガなど、**どの流入経路からECサイトへアクセスし購入に至ったかを分析する**ことで、販売施策を立てることに役立てます。

チャネルごとの「セッション数」と「CVR」を明確にし、チャネルごとに対策の優先順位をつけていきます。たとえば、Instagramからの流入と購入が多いECサイトの場合、Instagram広告や類似するSNS媒体からの販促対策を行うことで売上につながります。

また、毎月発行しているメルマガからの売上が低いのであれば、コンテンツを改善するか、メルマガを停止して別の施策の強化に切り替えていくなどの対策を立てられるようになります。

このように売上につながる理由を流入元ごとに理解することで、結果の出ている「売上対策」はさらに強化し、結果につながっていない施策は見直しを行うことができます。その中で、改善幅の大きな打ち手は優先順位を立て、販促施策を行っていきましょう。

デバイスごとの購入状況を分析

デバイス分析
探索設定を「手法：自由形式」「ビジュアリゼーション：テーブル」「セグメントの比較：なし」「行：デバイスカテゴリ」「列：なし」「値：基本指標セット」「セルタイプ：ヒートマップ」「フィルタ：なし」にして分析する。

デバイスごとのアクセス数とCV数を分析することを「**デバイス分析**」といいます。近年はスマホのセッション数が最も多いため、最も効果が出やすいスマホを優先的に改善することが多くなります。実際に分析をし、どのデバイスが最も改善の影響が出やすいかを見極め、改善の方針を立てることが大切です。

チャネル分析のGA4画面

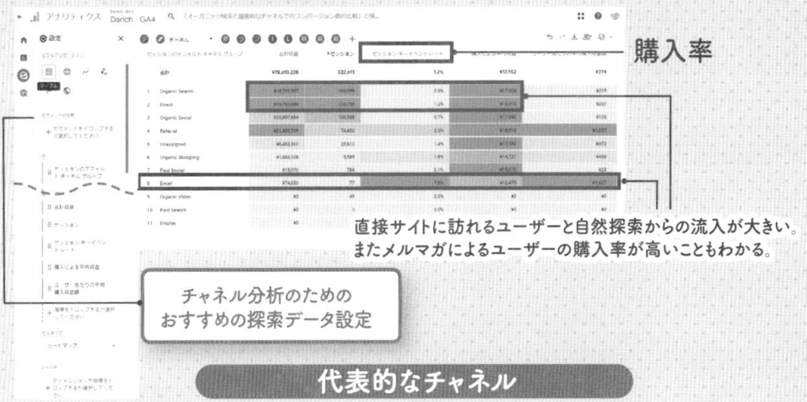

代表的なチャネル

Organic Search	オーガニック検索からの訪問
Organic Social	ソーシャルメディアの広告以外のリンクからの訪問
Organic Shopping	ショッピングサイトの広告以外のリンクからの訪問
Organic Video	動画サイトの広告以外のリンクからの訪問
Referral	「Organic Search」「Organic Social」に分類されない他サイトからの訪問
Paid Search	リスティング広告からの訪問
Paid Social	ソーシャルメディアの広告からの訪問
Paid Shopping	ショッピングサイトの広告からの訪問
Paid Video	動画サイトの広告からの訪問
Display	ディスプレイ広告からの訪問
Affiliates	アフィリエイトからの訪問
Audio	Podcast などのオーディオプラットフォーム上の広告からの訪問
Email	Eメールのリンクからの訪問
SMS	テキストメッセージのリンクからの訪問
Direct	ブックマークなどの保存済みのリンクからの訪問や、URLの直接入力による訪問
Mobile Push Notifications	モバイルアプリのプッシュ通知からの訪問

状況ごとの優先すべきチャネル

チャネル分析	セッション数多い	セッション数少ない
CVR高い	◎最も優先すべきチャネル	○集客を強化することで売上につながりやすい
CVR低い	○サイトの内容の見直しをすることで売上につながりやすい	×優先度の低いチャネル。他のチャネルの対策の後、CVRを高める施策を行う

SECTION 07

GA4による分析②

ユーザーのニーズや行動を明確にするランディングページの分析

ECサイトの分析ではサイト全体の分析以外にも、ランディングページごとのCVRを分析することも大切です。ここではランディングページの分析について解説いたします。

ランディングページの分析と改善方法

コンバージョン率の分析
探索設定を「手法：自由形式」「ビジュアリゼーション：テーブル」「セグメントの比較：なし」「行：ランディングページ+クエリ文字列」「列：なし」「値：基本指標セット」「セルタイプ：ヒートマップ」「フィルタ：なし」にして分析する。

ランディングページ単位での**コンバージョン率を分析**することで、**より売上を伸ばせるページと改善が必要なページを優先的に発見する**ことが、ECサイトの運営では重要になります。

一つ目の発見すべきランディングページは「セッション数が多く、CVR（コンバージョン率）も高いページ」です。このページは既に高い販促効果を持ち、お客様のニーズに合致しています。広告やSNS、メルマガでの配信を強化することで、さらに多くのサイト訪問者を購買に結び付けられる可能性があります。

二つ目の発見すべきランディングページは「セッション数が多く、CVRが低いページ」で、見つけ次第、対策を施します。このようなページでは、LPの内容そのものに問題がある場合や、ターゲットとするユーザーに対しての集客方法がうまく機能していないことが考えられます。ページコンテンツだけでなく、広告の出稿キーワードやSEO対策のキーワードも見直す必要があります。

CVRは2桁以上の購入があるページを基準に

コンバージョン率が高いランディングページを把握する際には、サイト内の平均値よりも相対的に数値が高く、また購入数も多いページを探すようにします。たとえば購入数が少ないページの場合、特定の限られたお客様がたまたま購入したためにコンバージョン率が高くなっているケースもあるため、最低でも2桁の購入があるページを基準に分析を行うとよいでしょう。

ランディングページ分析の GA4 画面

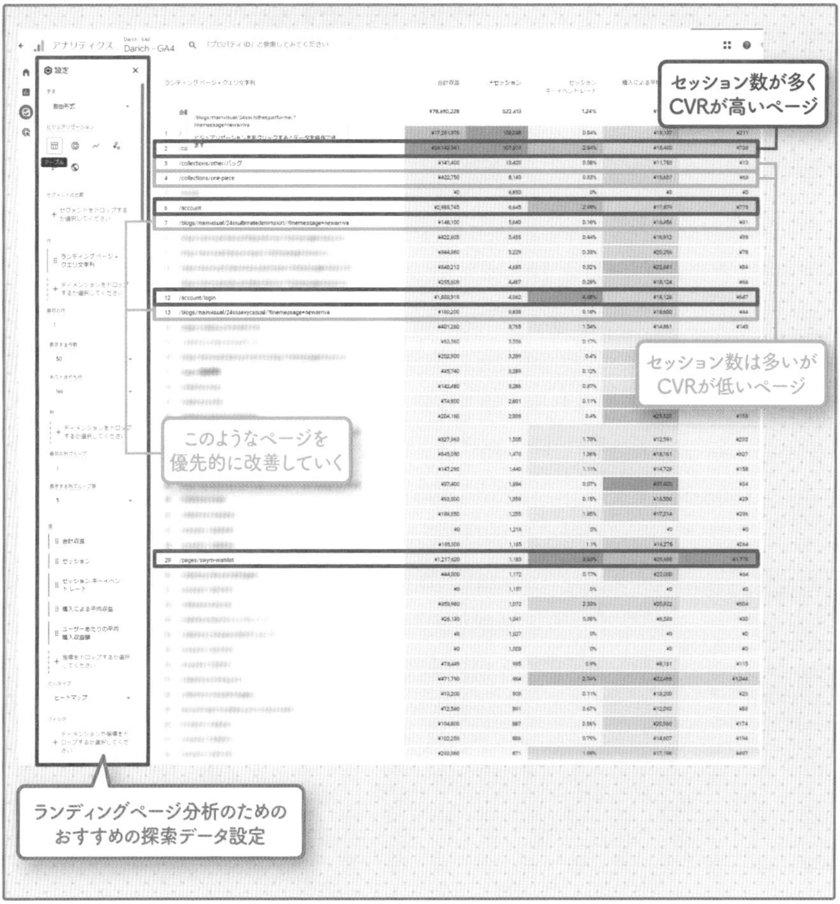

ランディングページ分析で発見すべき 2 つのページ

SECTION 08

GA4による分析③

離脱ステップを見抜いて売上向上が狙えるファネル分析

購入に至るまでのステップにおいて、離脱につながる箇所を明確に示してくれるのがファネル分析です。離脱箇所を把握することにより、CVRを高める施策を打ちやすくなります。ファネル分析をよりシンプルに活用する方法を解説していきます。

ファネル分析で重要な3つの率

ECサイトの**ファネル分析**で見るべき数値は、「商品到達率」「カートイン率」「購入完了率」です。本来ファネル分析とは、ユーザーがサイトへ流入した後に、購入を完了するまでのステップにおいて、どの**ポイント**で離脱していくかをチェックし改善していく手法です。しかし分析対象とするステップをたくさん用意すると、**ECサイトでは分析が困難になってしまうので、上記3つの率に注力して効率的に行います。**

セッションスタートページから商品ページへの「商品到達率30～40%」、商品ページでの「カート追加率15%～20%」「購入完了率50%」が、各ステップの目標目安となります。ここで注意したいのが、「購入率」と「購入完了率」の定義です。一般的に言う「購入率」は「購入数/サイト全体のセッション数」で計算しますが、「購入完了率」は「購入数/チェックアウト開始数」で計算します。「購入率」の目標目安も右図に示しておきます。

図の場合、商品到達率は問題ありませんが、カートイン率に課題があることがわかります。カートイン率が低いときは、まず在庫切れを起こしていないかを確認します。在庫切れを起こしている場合は、予約購入や再入荷のしくみを導入したり、類似商品のレコメンド施策の強化を行います。在庫がある場合は、商品の魅力が伝わりきれていないか、そもそもニーズにあった商品でなかったか、商品ページが買いづらい理由などに大別できるので、商品写真や決済方法の充実を図り詳細ページの改善を行っていきます。

ファネル分析
探索設定を「手法：ファネルデータ探索」「ビジュアリゼーション：テーブル」「セグメントの比較：なし」「ステップ：5ステップ」「内訳：なし」「次の操作：基本指標セット」「フィルタ：なし」、5つのステップの内訳は「訪問（Session_start)」「商品詳細を閲覧（View_item)」「カートイン（Add_to_cart)」「チェックアウト開始（Begin_checkout)」「購入（Purchase)」にして分析する。

ポイント
サイト全体の離脱ポイントを詳細に把握したい場合には、データが膨大になるため、AI解析（P.200）をおすすめする。

流入から購入までのステップを分析するファネル分析

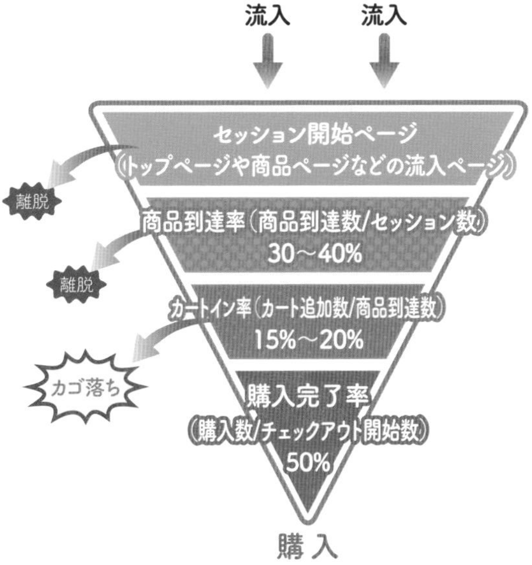

ECサイトの客単価別の目安となる購入率は次の通り!

購入率(CVR)は「購入完了数/セッション数」です。
ファネル分析で活用する、購入完了率は「購入完了数/チェックアウト開始数」なので混同しないよう注意が必要。

客単価	購入率(CVR)
〜5,000円	〜3%
〜10,000円	〜1.5%
10,000円〜	〜1%

ファネル分析のGA4の設定画面

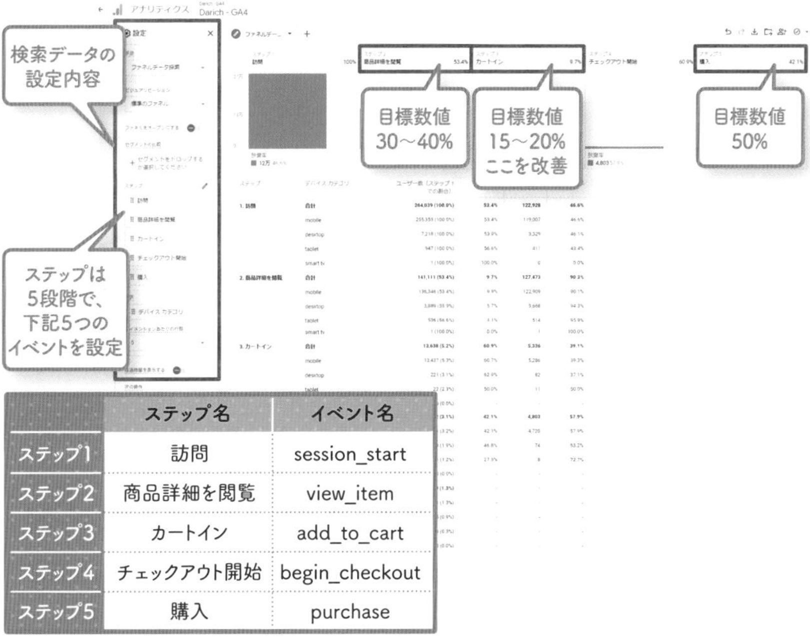

	ステップ名	イベント名
ステップ1	訪問	session_start
ステップ2	商品詳細を閲覧	view_item
ステップ3	カートイン	add_to_cart
ステップ4	チェックアウト開始	begin_checkout
ステップ5	購入	purchase

SECTION 09

GA4による分析④

ヒーロー商品をまずは伸ばす！販売商品分析はEC分析の王道

ECサイトの主役は商品です。売れている商品と、そうでない商品の原因を明確にし、売上アップの施策に活かすことを、分析の初期段階で考えます。

ヒーロー商品を軸に販促を行う

パレートの法則
2割の要素が全体の8割を生み出しているという法則のこと。

総合通販型のECサイトでは多数の商品を取り扱うため、必ず売れ筋商品とそうでない商品に分かれます。**パレートの法則**の数値に近づくのが一般的です。売れ筋商品をヒーロー商品と位置づけ、まずは**ヒーロー商品をもっと売り伸ばす施策を打っていきます**。なぜなら、売れない商品を売れるようにするよりも、売れている商品をもっと売れるようにするほうが難易度が低いからです。

売上別の商品分析
「手法：自由形式」「ビジュアリゼーション：テーブル」「セグメントの比較：なし」「行：アイテム名」「列：なし」「値：基本指標セット」「セルタイプ：ヒートマップ」「フィルタ：なし」で分析する。

GA4で**売上別の商品分析**を行う設定は、右の通りです。売上の高い商品順に並べるとヒーロー商品は一目瞭然です。売上が伸びている要因は、大きく2つに大別できます。購入数が多い人気の商品と、購入数は多くはないが単価の高い商品です。購入数が多く人気のある商品は、より露出度を高めることで売上増につながります。購入数が少なく単価が高い商品は特定のお客様に刺さる商品なので、特性を見極めて販促活動をすることで売上を伸ばすことが可能です。まずは、売れるヒーロー商品をもっとたくさん売るために商品分析を行いましょう。

課題商品を発掘し、ヒーロー商品に育てる

次いで、次世代ヒーロー商品の発掘作業に入ります。「購入数は多いが売上額の小さい商品」「閲覧数は多いが購入数が少ない商品」「カートイン数は多いが購入数の少ない商品」…これらの商品は、ちょっとしたきっかけを与えることによってヒーロー商

改善すべき商品の特徴と改善策

	状況	課題	改善策
1	購入数は多いが 売上額の小さい商品	単価の安い商品	まとめ買いやセット販売の実施
2	カートイン数は多いが 購入数の少ない商品	フォーム通過率の 低い商品	購入ハードルの見直し (送料や決済方法、価格など)
3	閲覧数は多いが 購入数の少ない商品	カートイン率の 低い商品	商品訴求の改善(説明・送料・ 価格など)、在庫数の見直し

GA4 で行う売上別の商品分析の設定

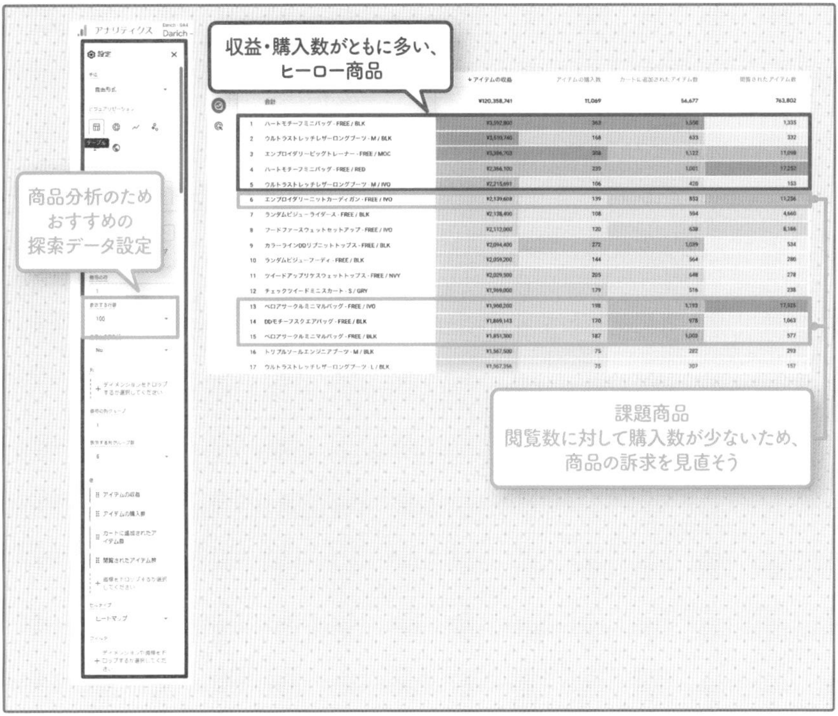

品になりうる存在です。**セルタイプをヒートマップに設定する**ことで、ヒーロー商品となりうる課題をもつ商品のセルが濃く表示をされ、直感的にヒーロー商品となりうる商品を発見することが可能となります。

セルタイプをヒートマップに設定する
GA 4ではセルタイプを「棒グラフ」「書式なしテキスト」「ヒートマップ」の3種類から設定することが可能。

SECTION 10

SEO分析ツールのキホン

SEO対策の分析ツール！ Google Search Console

Googleアナリティクスとは別にGoogle Search Consoleを使ったサイトの分析を行うこともECサイトの分析では大切です。ここではGoogle Search Consoleについて解説します。

サイト流入の分析を行うサーチコンソール

Googleアナリティクスが「サイトにユーザーが訪れた後」を分析するのに対し、**Google Search Console**は「ユーザーがサイトを訪れる前」の分析をするツールです。

サーチコンソールには、大きく分けて2つの機能があります。「ユーザーが検索エンジンから、**どのようなキーワード＝ニーズでサイトへ流入しているのかを分析**する機能」と「Googleの検索エンジンに自社サイトの存在を知らせる＝**検索エンジンに掲載してもらえるように働きかける**機能」です。

Google Search Console
サイトの分析ツールで、自分のサイトが検索キーワードで何位なのか、どのぐらい検索され、どのぐらい訪問されたかがわかる。Googleアナリティクスがサイトに訪問してからの分析なのに対し、Google Search Consoleはサイトを訪問する前を分析する。

キーワード分析で未知のニーズを掘り起こす

たとえばバッグや財布を商材とするECサイトを例にすると、自社のサイト名や取り扱っている革製品の商品名、ブランド名をキーワードにして検索し、アクセスされていることは容易に想像できます。が、実際には上記に加えて「バッグ　1万円以下」や「バッグ　底板」といった、運営側では想定していないキーワードでの流入も多くあります。「バッグ　底板」でのアクセスが多いのに底板の販売や修理を行っていないのであれば、サービスを提供することで売上を伸ばせる可能性が高まります。

Googleサーチコンソールでアクセス元キーワードを調べてみると、想像をしたこともないキーワードでの流入も多いため、確認してみるとよいでしょう。

Google Search Console で確認できる主な情報

検索パフォーマンス	検索結果	どのキーワードで検索されているか
	Discover	ユーザーの興味や関心のある分野の最新情報を、自分で検索しなくても自動で表示されるDiscoverにどれだけ表示されたか
インデックス作成	ページ	ページのインデックス情報
	動画ページ	インデックスされている動画情報
	サイトマップ	サイトマップの送信
	削除	自然検索で表示させないようにするページの指定
エクスペリエンス	ページエクスペリエンス	モバイルフレンドリーやページの表示速度に問題がなく、見やすい状態になっているか
	ウェブに関する主な指標	ページの読み込みやクリック時の反応に問題がないか、レイアウト崩れがないか
ショッピング	商品スニペット	評価、レビュー情報、価格、在庫状況などの追加の商品情報を含むスニペット化された商品データの一覧
	ショッピングタグのリスティング	Google検索の「ショッピング」タブのリスティングに関する情報
拡張	レビュースニペット	商品に付けられたレビューを集計して、検索結果画面に抜粋して表示させた情報

キーワードごとの検索順位もわかる

サーチコンソールでは、サイト内の各ページが Google の検索順位で何位に表示されているかということもわかります。もし検索順位の上位を目指しているキーワードと、実際のキーワードが一致していない場合、SEO 対策の見直しか広告の検討が必要です。また、先のキーワードが検索上位なのにアクセスがない場合、**description** の見直しなどクリック率の改善施策が必要です。

EC サイトの場合、テキスト量が多くコンテンツとして充実しているカテゴリーページは、検索順位が上がりやすい傾向にあります。そのため、特定のキーワードでの順位を伸ばす場合、まずはカテゴリーページの検索順位がどのキーワードで何位になっているかを確認し、改善を行うことが大切となります。

スニペット
title や description 以外に検索エンジンの検索結果に表示される、価格などの商品情報などのテキストのこと。指定されたタグを埋め込むことで表示されるようになり、これをスニペット化という。

description
検索結果が表示されたときにサイトのタイトルの下に表示される 120 文字程度の補足説明。

SECTION 11

AIとサイト分析

客観的データで改善を提案「AI解析ツール」の活用

ECサイトの分析は複雑な一面もあり、より多くの経験値が必要とされてきました。近年ではAIを活用してECサイト分析ができるようになり、かつてほどの高い経験値がなくとも詳細な分析ができるようになってきました。

AIを使った分析で最適な改善策を提案

ECサイトの改善施策は、「分析データ」とこれまでの「経験」から主観的に行うものです。しかし近年、より深い分析データと客観的データを使い、精度の高い改善を行うために、AIを活用する手法がスタンダードになっています。**AIにはGoogleアナリティクスの膨大なデータが蓄えられます。**そのデータの中で購入につながる最適なECサイトのパターンを分析し、自社のECサイトとの差異から改善を提案するツールになっています。

AI
人工知能のこと。AIアナリストはGoogleアナリティクスのデータをもとにアクセスを解析してくれる。

ECサイトの場合、ユーザーがサイトを訪れ購入するまでの行動は、「デバイスの種類」「流入元」「入り口ページ」「経由ページ」「フォーム通過」によって決定します。たとえば、トップページから商品の使い方ページを経由し、商品詳細ページに遷移した人の購入率が高いというのが分析データから判明したとします。その場合、商品の使い方のページは購入を促すのに有効的なページと言えます。商品の使い方ページを必ずアクセスするように誘導できるサイト設計であれば、購入につながる可能性は高まります。そのような場合、AIは「商品の使い方ページへのリンクを、もっと目立つように」という提案を行います。

また、反対に経由をした結果、購入率が下がるページの場合は、ページを改善した場合と、そもそもページへの導線を無くしてしまう場合のどちらが、より売上につながるかを膨大なデータから導き出してくれます。これは人為では限界がありますが、AIであれば細かな行動までをデータ化し、最適な改善を行えます。

AI解析の結果を使ってページを改善するフロー

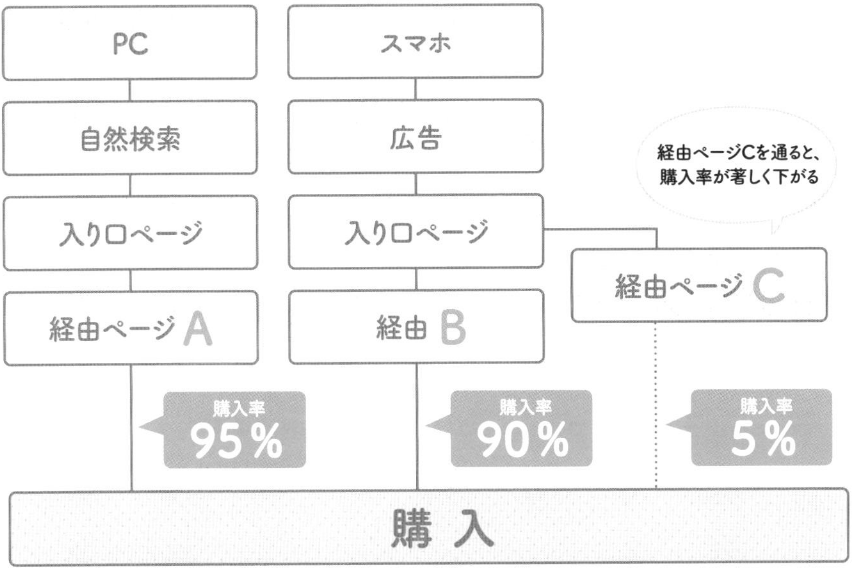

パソコンから自然検索で流入する場合

入口ページから経由ページAを通すのが購入への勝ちパターンに。

スマホから広告で流入する場合

入口ページから経由ページBを通ると購入につながる。しかし、経由ページCを通った場合には購入につながらない。そのため売上を上げるには経由ページCへのリンクは外したほうがよいことがわかる。

AIの提案を実行しPDCAを回し続ける

商品詳細ページに設置されている外部サイトへの**誘導ボタン**があることで、離脱につながっているケースがよくあります。SNSで商品情報を共有するためのリンクなどの例です。そもそも商品の良さなどを共有してもらうために設定したリンクが離脱の原因となっているといった、良かれと思った施策が本当に効果的なのかを、人為的に判断するのは意外と難しいものです。このような細かな改善施策をAIが常に提案し続け、A/Bテスト（P.148）を繰り返しながらPDCAを回すことができるようになれば、売上は上がっていきます。

誘導ボタン
SNSのシェアボタンのこと。商品の情報をユーザーに拡散してもらうために設置するが、スマホだと別のアプリが立ち上がってしまい、そのままサイトから離脱する可能性がある。

Column

売れない理由は商品ではない！　販売戦略だ！

EC事業者と話していると「うちのお店はニッチな商品を扱っているから売るのは難しい」という声をよく聞きます。また反対に「高い商品品質と崇高な事業理念に共感してもらえれば何か特別なことを行わなくても売れる」と思い込みで売上を期待している事業者の声もよく聞きます。しかし本当にECサイトの売上は商材がニッチかどうかや、商品品質だけで決まるのでしょうか？

ニッチな商品でも売れる

とあるECサイトが「食用昆虫」の販売をしています。扱っている商品は食用のサソリやタランチュラ。商品を見る限り、誰が買うのだろうか？　というニッチな物ばかり。元々食用昆虫の販売サイトは「高たんぱくで栄養価の高い昆虫が世界の食料危機を救うのに役立つ」という世界の流れから立ち上げました。事業者の声でいうと、「ニッチな商品」「高い品質」「崇高な事業理念」を持ったECサイトです。このECサイトは果たして売れているのでしょうか？　結論から言うと現在このECサイトは順調に売上を伸ばしています。

分析→販売戦略が重要

その秘密は、販売戦略がきちんと行えていることです。まずこのECサイトが売上を伸ばすために行った施策は、これまでの購入者の分析でした。すると、繁華街からの注文が多いことがわかりました。そこから仮説を立て、ホストクラブで働く人限定で広告を出稿したところ、罰ゲームグッズとして売上を伸ばしたそうです。そこから、飲み会の罰ゲームグッズなどのキーワードでSEO対策を実施。少しずつ売上を伸ばし、今では実店舗を構えるまでに成長しています。

ここまでニッチな商材を扱うECサイトは少ないかもしれませんが、売上を伸ばしていくにはペルソナを明確にした販売戦略を事前に立てることの大切さを教えてくれます。一方で、実際に運営していく中で、実は他にも需要のある購買層が出てくることも少なくありません。もし今ECサイトの売上が上がらないのであれば、商品はどのようなときに需要があるかを再度見直してみましょう。

Chap

8

ECサイト運用の王道！リピーター対策

売上を安定して伸ばしていくためには、

リピーター対策が必須です。

メルマガやLINEなどの顧客へのメッセージを配信する際には、

誰にどの情報を送るかを分析することも大切です。

本節ではCRMにおいての大切なポイントを解説します。

SECTION 01

リピーター対策の必要性

売上を安定的に伸ばしていくにはリピート対策が必須

ECサイト成功の秘訣は、リピート対策にあり。集客対策、購入率対策ばかりに目を配りがちなECサイト運営ですが、実はリピート対策こそが成功の大きなカギをにぎっています。

リピーター対策を意識したサイト運営

ラットレース
働いても働いても、一向に資産がたまらない状態のこと。

ECサイトの売上を伸ばしていくうえで、いちばんスポットがあたるのが集客対策です。しかし、ありとあらゆる手段で集客対策をし、せっかく顧客になってもらっても、その人たちが離脱してしまっては、いつまでたっても**ラットレース**から抜け出せず、売上は思うように伸びていきません。顧客の離脱による売上減少を再度コストと労力をかけ新規顧客を獲得することで補い、また顧客が離れたら、新規顧客を獲得し…という、まるで穴の開いたバケツに水を入れているような状況に陥ってしまいます。

どのようなショップでも、自社の商品を「今」欲しいと思っているお客様の数には限りがあるということを認識する必要があります。つまり、**新規顧客の売上はどんなに広告コストをかけようとも、一定の限界があります。**では、売上を順調に伸ばしているショップはどのようにしているのでしょうか？

売上を伸ばし続けているECサイトには共通点があります。それは、リピート売上がストックされていることです。一定水準の新規顧客を獲得しつつも、**リピート売上を積み上げているECサイトが、中長期的に売上を伸ばすことのできるショップ**です。

リピート売上を伸ばすことができれば、安定して高い売上を保持していくことができます。仮に新規獲得コストをかけられない事態が発生しても、リピート売上があれば、急激に全体の売上を落としてしまうことはありません。

某大手ネットショップの新規・リピーター別売上データ

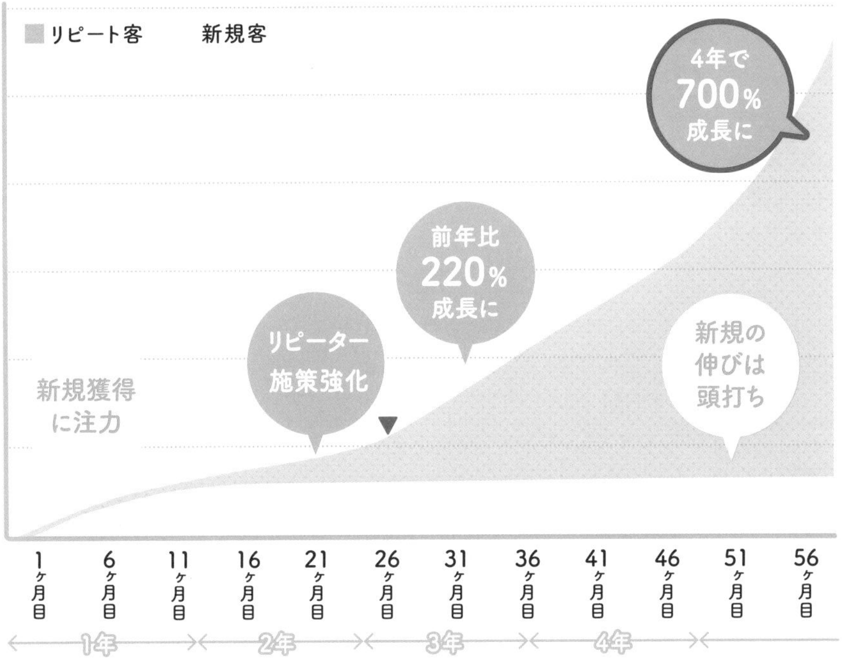

目指せ！　リピート売上率80%

上図は某ショップの新規売上とリピート売上の関係をグラフにしたものです。新規売上は一定水準を保ちつつも、リピート売上が大きく伸びています。特に26ヶ月目あたりからリピート売上が急増しているのがわかります。立ち上げ1年目は当然新規顧客獲得に注力していましたが、2年目から本格的なリピート対策を実施しはじめました。その結果、3年目以降に大きく全体売上を伸ばすことに成功しています。

ECサイトの世界にもパレートの法則(P.196)は存在します。「2割の**ロイヤルカスタマー**が、8割の売上をつくる」成功店舗といわれるようなショップの中には、売上構成の80%がリピート売上になっている店舗を多く見かけます。商材によってはリピート需要が生じにくいものもありますが、各ショップに合わせたリピート売上の目標を持って運営することが、成功への近道です。

ロイヤルカスタマー
企業に対して信頼感を抱き、継続的に関係性を維持し、企業に代わって他の顧客への宣伝役を果たしてくれる顧客のこと。

SECTION 02

顧客管理の基礎知識

顧客を知ることから始まるリピート対策

リピート対策をしなければいけないのは感覚的に理解できるが、何から始めたらよいのか迷われているショップは非常に多いようです。リピート対策を始めるには、まずお客様の状態を把握するところからスタートします。

リピート対策の基本　顧客とのつながりを管理せよ

CRM

Customer Relationship Management（カスタマーリレーションシップマネージメント）の略語で、直訳すると「顧客関係管理」のこと。

CRM という言葉を聞いたことがありますか？　これは、わかりやすくいうと、「顧客とのつながりを管理し、より良い信頼関係の中から利益を向上させていきましょう」という考え方です。1度購入してくれたお客様にリピーターとなってもらい、リピーターからファンへ、そしてロイヤルカスタマーへとなる道筋を意図的に管理していきます。

CRM 活動の基本は、「顧客分析」と「顧客に合わせた施策」の2点です。まずは顧客の状態を把握することからすべてが始まります。5回以上購入してくれている人は何名いるのか、累計100万円以上購入している人は何名いるのか、その両方の基準を満たすロイヤルカスタマーは何名で誰なのか、顧客の現在のステータス管理をすることが「顧客分析」です。

セグメント

同じ価値観や購買傾向、製品に対する認識など、購買に至る行動が似通っている集団に分けること。

その分析**セグメント**に基づいて、メール配信などのアクションにつなげるのが「顧客に合わせた施策」になります。全員に送信している全体メルマガよりも、「私宛て」にカスタマイズされた、特別感のあるメルマガのほうが反応率は上がります。

リピート対策で特に重要なのが、「初回購入者をいかに2回目の購入につなげるか」です。CRM 対策を行っていないショップでは、1回しか購入したことがない顧客の数が、リピーターよりも圧倒的に多いはずです。まずは2回目購入への引き上げを意図的に行い、リピート層の母数を確保できないと、3回目、4回目の購入につなげることが困難になります。

CRMの考え方

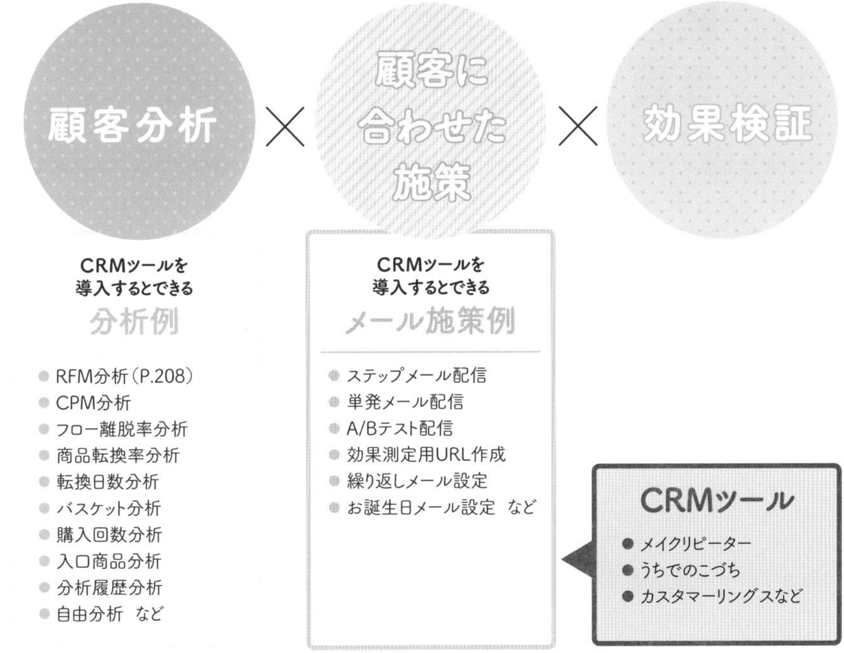

CRM対策をするにはツール導入がオススメ

CRM対策を実行するには、**メイクリピーター、うちでのこづち、カスタマーリングス**などの専用ツールの導入がおすすめです。

カートシステムに蓄積されている顧客データをエクセルに移し、自力で顧客分析をすることも可能ですが、膨大な時間と労力を費やしてしまいます。そこで上記のようなCRMツールを導入し、カートシステムと連携すれば、いつでも顧客状況が把握できる状態になります。CRMツールから、セグメントされた顧客に直接メールを配信することも可能です。また、送信したメールの開封率や、URLクリック数、メール配信による売上計測も可能になりますので、効果検証まで行えます。

顧客分析をし、顧客ごとに適した施策を行い、効果検証をかけ合わせていくことではじめて、リピート率を意図的に上げていくことができるのです。

メイクリピーター、うちでのこづち、カスタマーリングス
ECサイトに特化したCRMツールの一例。

SECTION 03

顧客分析の基礎知識

顧客分析の王道 会員ランク分析とRFM分析

顧客分析をする際に、最もポピュラーなのが会員ランク分析です。「ブロンズ会員」「シルバー会員」「ゴールド会員」などのおなじみの手法です。顧客状況をより正確に把握し、施策を実行するためにはRFM分析が有効です。

RFM分析を活用して顧客状況を把握し施策を実行

会員ランク分析は、カートシステムの機能として実装されていることが多いので、まずはデフォルトの機能を活用して、会員ランクの分析と施策を実行することがCRM活動のはじめの一歩になります。**会員ランク分析では、主に累計購入金額や累計購入回数により、ランクアップの定義づけを行います。**そこから、ランクに応じて購入価格・割引・ポイント付与率・送料無料などの優待設定をすることにより、リピート化を促していきます。

より「お客様に合わせた接客」を目指すのであればRFM分析が有効です。RFM分析とは、最終購入日（Recency）、累計購入回数（Frequency）、累計購入金額（Monetary）の3つの要素を表に落とし込み、顧客状況に応じた施策に取り組むための分析です。それぞれの要素のパラメーターはショップごとに異なるので、自社で設定をする必要があります。

たとえば、最終購入日（R）をR5＝〜3ヶ月、R4＝〜半年、R3＝〜1年、R2＝〜2年、R1＝2年〜で区切ります。アパレルや食品などはこのくらいの期間に設定しますが、家具などの購買周期が長い商品であれば設定期間を伸ばします。そして**累計購入回数**（F）と**累計購入金額**（M）にも自社の顧客分布に沿ったパラメーターを設定します。F5は累計購入回数10回以上、M5は累計購入金額50万円以上といった具合です。パラメーターを設定することで、RFM表に顧客がセグメントされます。抽出が完了したら、それぞれに沿った施策を実行していきます。

累計購入回数(例)
F5=10回〜、F4=〜10回、F3=〜5回、F2=〜2回、F1=〜1回

累計購入金額(例)
M5=50万円〜、M4=〜50万円、M3=〜10万円、M2=〜5万円、M1=〜1万円

RFM 分析表とその考え方

R5

	F5	F4	F3	F2	F1
M5人	43	1	0	0	0
M4人	64	92	18	1	0
M3人	0	55	178	22	8
M2人	0	0	141	328	848
M1人	0	0	0	5	384

はじめて購入してくれた現役の入門客

R4

	F5	F4	F3	F2	F1
M5人	29	1	0	1	0
M4人	68	104	36	1	0
M3人	0	56	312	72	12
M2人	0	5	259	688	2071
M1人	0	0	0	9	947

以前は何度も購入してくれたが、今は離脱してしまっている優良客

R3

	F5	F4	F3	F2	F1
M5人	12	0	0	0	0
M4人	43	65	29	0	0
M3人	1	35	221	54	15
M2人	0	1	225	737	2654
M1人	0	0	1	5	1323

R2

	F5	F4	F3	F2	F1
M5人	4	1	0	0	0
M4人	20	35	10	0	1
M3人	1	22	110	47	17
M2人	0	2	145	431	1874
M1人	0	0	1	5	904

R1

	F5	F4	F3	F2	F1
M5人	2	0	0	0	0
M4人	33	38	9	2	1
M3人	1	87	233	46	18
M2人	0	6	447	1160	4453
M1人	0	0	0	8	2443

現　役	離　脱
入門客　1	入門客
安定客	安定客
優良客	優良客　2

R5F1に当てはまる人に優先的に施策を行う

R1のF4/F5/M4/M5に施策を行っていこう

過去の優良顧客へは「おかえりなさいオファー」を

押さえておきたいのは、過去の**VIP 顧客**のカムバック。直近2年間は買い物してくれなかったけれども（R1）、累計購入金額も回数も多かった（F4 ／ F5 ／ M4 ／ M5）顧客には、強烈な「おかえりなさいオファー」を行い、再度購入してくれるように促していきます。なぜなら、「以前は金額も回数も多かったけれど、何らかの理由で直近では買ってくれていない」人がもし戻ってきてくれたら、また VIP 顧客になるかもしれないからです。**RFM 分析を行っていれば、セグメントされた顧客の属性に合わせた施策をすぐに実行することが可能**です。

また、恒常的にしなければならないのが、1 回購入者（F1）に対し、リピートを促していく施策です。RFM 分析表があれば常に 1 回購入者を簡単に抽出することが可能なので、最終購入日が近い人から優先的にアプローチしてください。

VIP顧客
購入金額、購入回数が多く、購入最終日が近い顧客のこと。ショップごとに定義は異なるが、RFM 分析に基づいて決められる。

SECTION 04

会員ランク設計

会員ランク設計と会員特典LPはリピート対策の第一歩！

リピート対策の王道として「会員ランク」がありますが、「ランク設計は最適に行われているか」「そのメリットがお客様にしっかり伝わっているか」はとても重要です。ランク設計の基礎を学んでいきます。

ランク設計のカギは「2回目購入」と購入回数の壁

会員ランクを設計する場合、「レギュラー」「ブロンズ」「シルバー」「ゴールド」「プラチナ」のように、5段階での設定をおすすめします。3段階ではランクの上がる2回のタイミングでしか施策が打てず、できることに限りが生じるためです。まずは各ランクの判定基準を定めていきますが、基本は累計購入回数とします。他の累計購入金額やレビュー回数などの行動に応じたトリガーを用意しランクに反映することもできますが、**管理が煩雑になってしまうため、慣れるまでは購入回数を判定基準とするのがよいでしょう。**

初ランクアップする判定基準（購入回数）は、必ず2回目に設定します。2度目の購入で会員ランクが即座に上がる設計ですと、お客様の購入モチベーションも上がるためです。その先で顧客の離脱や停滞しやすい購入回数…たとえば4回目と5回目の購入の間などリピートの壁が明らかに存在するならば、その前後を会員ランクが上がるポイントとして設計しましょう。

会員ランクに応じた特典＆降格時の配慮も

会員ランクに応じた特典を提供することで、お客様の購入意欲を高めることも重要です。高ランクの顧客にはポイント付与率を高く設定したり、シークレットセールや誕生日クーポンの案内、限定ノベルティの提供などの特典が効果的です。お客様は上位ランクを目指して購買活動を続ける動機付けがされるばかりではなく、**特別でかつお得なステータスをキープしたいという気持ちが強まり、**

会員特典LPの大切な要素

ファーストビュー

初回登録時に行うメリットを表示。

セカンドビュー

会員ランクの説明。会員ランクが上がるしくみやメリットを表示。

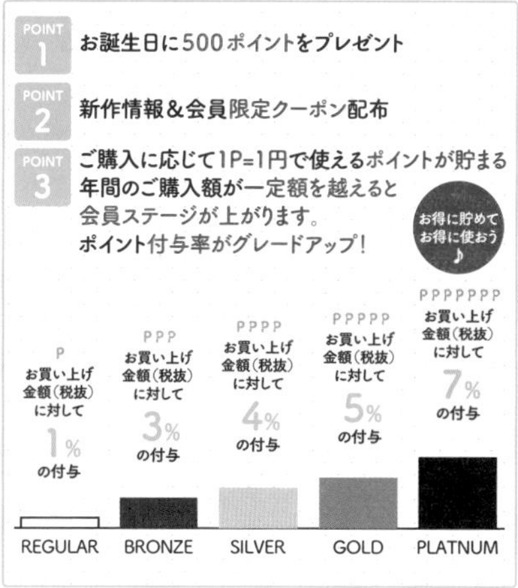

結果的にロイヤルティが向上します。

　また、ランクの降格時も適切に管理することで、顧客に再購入を促すしくみをつくります。なるべく降格しづらい設計にしておいたほうが無難ですが、降格基準にかかりそうな会員がいれば、ランクが落ちないよう購入を促す販促をします。さらに降格が決まってしまった際でも、1ヶ月以内の購入で元のランクに戻れるしくみなどであれば、モチベーションを落とさずに購入回数を上げていくことが可能です。

会員特典LPはECサイトの必須ページ

　会員ランクのしくみは、お客様に「ランクごとのお得感」を理解し実感してもらうことによって、購買意欲を向上させるというものです。ですので、ランクアップの条件やルール、ランクごとの特典などをお客様にしっかりと伝える必要があります。そこで必ず用意したいのが、「会員特典ランディングページ」です。会員ランクごとにどのようなメリットを享受できるかをわかりやすくLP化していきます。また、会員ページ内にもランクごとの特典を明記することで、ランクアップを強く意識してもらうようにします。

SECTION 05

F2 転換率

F2転換はスピードが命！鉄は熱いうちに打つもの

ありとあらゆる手法を駆使して新規顧客を獲得してもリピートにつなげられなければ、ショップは永続できません。リピートの中で最も重要なのが、F2 転換です。F2 転換させるには、「熱いうち」が最も効果的です。

適切なCRM対策で顧客の掘り起こしをせよ

F2 転換とは、リピートにつながった顧客のことです。F2 転換率は 2 回目の購入に至った割合を指すので、F2 転換率（%）＝ 2 回目の購入者数÷初回購入者数× 100 で算出できます。まずは自社の F2 転換率を算出し、現在よりも 5%～ 10%アップを当面の目標にしましょう。業界やショップによって適正値は異なりますが、最終的には **F2 転換率 30%を目標としてください。**

F2 転換率がリピート対策の中でなぜ最も大切なのかは、右図で見るとわかります。F2 転換数が後のリピート数に大きな影響を与えています。F2 転換率が 10%のショップと 30%のショップでは、その後のリピート率が一緒だとしても、未来のリピート客の数は 3 倍も変わります。また、初回顧客獲得 **CPO** を 10%下げるのは大変な努力が必要ですが、CRM 対策を講じていない状況であれば､F2 転換率を 10%向上させるほうが難易度は低く、リピート顧客獲得 CPO へ与える影響も大きくなります。たとえば、初回顧客獲得 CPO が 5,000 円、F2 転換率 10%のショップがあったとします。そのショップが 1 リピーターを獲得するには F2 転換 CPO50,000 円の費用が発生します。さらに、初回顧客獲得 CPO が 10%下がった場合と、F2 転換率が 10%上がった場合を比較します。同じ 10%の変化ですが、F2 転換 CPO は 20,000 円もの差が発生しました。F2 転換率の重要性がわかります。常に新規獲得に注力し、F2 転換対策をしっかり行うことで、ショップの売上曲線はより加速していきます。

CPO
購入・注文 1 件にかかった顧客獲得コストのこと。F2 転換 CPO= 初回顧客獲得 CPO ÷ F2 転換率で求められる。

F2 転換率の差で比較するリピート客数

	F1	F2	F3	F4
F2転換率30%	1000	300	90	27
F2転換率10%	1000	100	30	9

※F3以降の転換率は両者とも30%とする

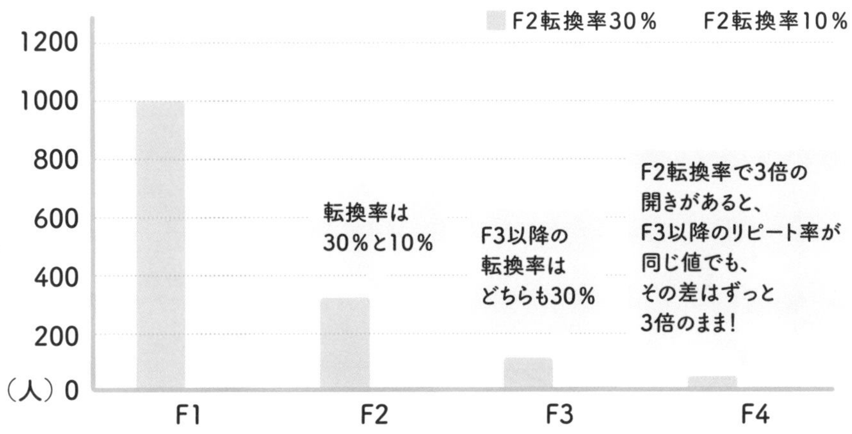

「熱い」うちからリピート対策に注力せよ

初回商品購入時から F2 転換施策を講じましょう。多くのショップは商品のお届けから、リピート対策を始めます。しかし、それでは顧客のモチベーションはすでに下がっていて、リピートに最もつなげられるタイミングを逃してしまいます。「鉄は熱いうちに打て」です。2回目以降の買い物に利用できる特別オファーの提供を、初回購入時の注文確認画面、注文完了画面、サンクスメール、発送メール、商品到着時の同梱物の各ステップでアプローチします。

商品が到着し、開梱するタイミングまでに F2 転換のチャンスは何度もあります。仮にライフサイクルの長い家具のような商材であっても、開梱して設置されるまでに強烈な好印象を与えることができれば、いずれ F2 転換率を大きく伸ばすことができます。

SECTION 06

ダイレクトマーケティング①

メルマガ配信はタイミングが大事

ECサイトにおいて、顧客との連絡手段で必ず取得できるものがメールアドレスです。お客様とのコミュニケーションの起点はメールになりますので、メールでのやりとりを上手にこなすことが後のリピート率に大きな影響を与えます。

適切なメルマガ配信で顧客の掘り起こしをせよ

メール配信の際に注意するべき3大指標は、「開封率」「クリック率」「購入率」です。その中でも特に重要なのは、「開封率」です。メール配信は開封されてはじめて意味のある施策になるからです。開封率を高めるためにすべき対策は2点あります。

①配信タイミング

そもそもメールを開封してもらいやすい曜日、時間を選んで配信をするべきです。ECサイトにおけるメール配信で**開封の可能性がいちばん高いのは、最も注文の入る曜日・時間帯**です。注文が多く入るタイミングが顕著に表れているようであれば、その曜日と時間帯がメール配信のベストタイミングです。

②メール件名（タイトル文）

お客様は自社以外のメールも大量に受信していると考えると、開封してもらうためには目につきやすく、興味を惹きやすい件名になっていることが重要です。具体的には、**「限定感」「具体的な数値」「お客様名」をタイトルに入れることがポイント**です。

CRMツールを導入していれば、ツールにメール配信管理機能が備わっているので、セールス情報やイベント情報、キャンペーン情報などを、該当する顧客に対して自動で配信できます。「あなたにだけ」という限定感を感じてもらうために、セグメントされた属性に対してメールの文頭に顧客名を挿入することも簡単にできます。前回の購買時間帯に配信する機能を有するツールもあるので、CRMツールからの配信をおすすめします。

メルマガの効果測定の３大指標

	メール開封率	メールクリック率	メール購入率
指標	$\frac{\text{開封数}}{\text{配信数}}$ 届いたメールがどのくらい読まれたかを示す値。開封率は、HTML形式のメールを配信し、Googleアナリティクスかメール配信システムを利用することで知ることができる	$\frac{\text{クリック数}}{\text{開封数}}$ 広告やウェブサイトへのリンクのクリック数を表示された回数で割った数値	$\frac{\text{購入数}}{\text{クリック数}}$ EC サイトの集客数に対して、商品が購入された割合のこと
目標値	**20%以上** ※平均開封率10〜15%	**20%以上** ※平均クリック率5〜10%	**10%以上** ※平均購入率1〜5%

いちばん重要なのは開封率
まずは開封してもらうのが第一歩

メルマガの効果検証KPI

顧客全員に送る全体メルマガの開封率の平均値は、10%〜15%程度です。顧客との**関係値**を良化できればできるほど、開封率は向上していくので、20%を目標に顧客属性に沿った適切な配信を目指していきましょう。

クリック率をより高めるためには、顧客ごとに最適化されたレコメンド商品を**画像リンク**とともに掲載することがポイントとなります。顧客属性に合わせ、よりメリットになる情報をお届けできるような工夫が必要です。クリック率も20%を目標に施策を進めましょう。

購入率は、メール本文のURLをクリックしサイトに訪れたユーザー数を分母として考えます。興味を持って開封、クリックしているユーザーですので、購入率10%以上を目指せる商品詳細ページを準備しておきましょう。

関係値
顧客との関係の深さのこと。

画像リンク
HTMLメール内でタグを使用して画像にリンクをつけること。画像をクリックすると、リンク先のページに進む。

SECTION 07

ダイレクトマーケティング②

セグメントメール配信とステップメール配信

メールを開封してもらうためには、一斉配信のメルマガでは限界があり、顧客に合わせた情報を配信できるようにする対策が必須です。ユーザーの状況や興味・関心に沿ったメールの配信を心がけましょう。

誕生日メールから始めるセグメントメールの配信

セグメントメール
顧客や会員を条件に分けて、細かくターゲティングしたうえで送るメールのこと。

セグメントメール配信を設計する場合は、簡単に設計できるものから始めます。その代表例が誕生日メールです。CRMツールが導入されていれば、簡単に設定できます。**お得な誕生日特典などのプレゼント付きで配信しましょう。**誕生日メールのテンプレートを作成し、配信機能をオンにするだけで、CRMツールから毎日、誕生日の人へ誕生日メールが発信されます。仮に3,650人の累計顧客がいれば、毎日平均で10人に自動で誕生日メールが配信されます。テンプレートを用意するだけで、CRMツールが大事なお客様に「誕生日おめでとうございます」と伝えてくれるのです。もし10人に1人が反応してくれる誕生日メールを設計することができれば毎日、売上が発生します。誕生日メールを配信するには、注文時や会員登録時にお客様の誕生日を必ず聞く設定にしておきましょう。ただし、初回注文時の離脱を防ぐためにも必須条件ではなく、任意の入力項目に設定します。

誕生日メールの反応をより上げていくために、さらにセグメントを強化していきます。たとえば、男性向け / 女性向け、「○○○○（商品名）」を購入した顧客向け、「R5F5M5ランク」（P.208）向けVIP専用の内容を用意するなど、購買情報を元に、より反応率のよい誕生日メールを探っていきます。

お客様とコミュニケーションできるステップメール

ステップメールは、ストーリー性のあるシナリオメールを、合

ステップメールの配信例

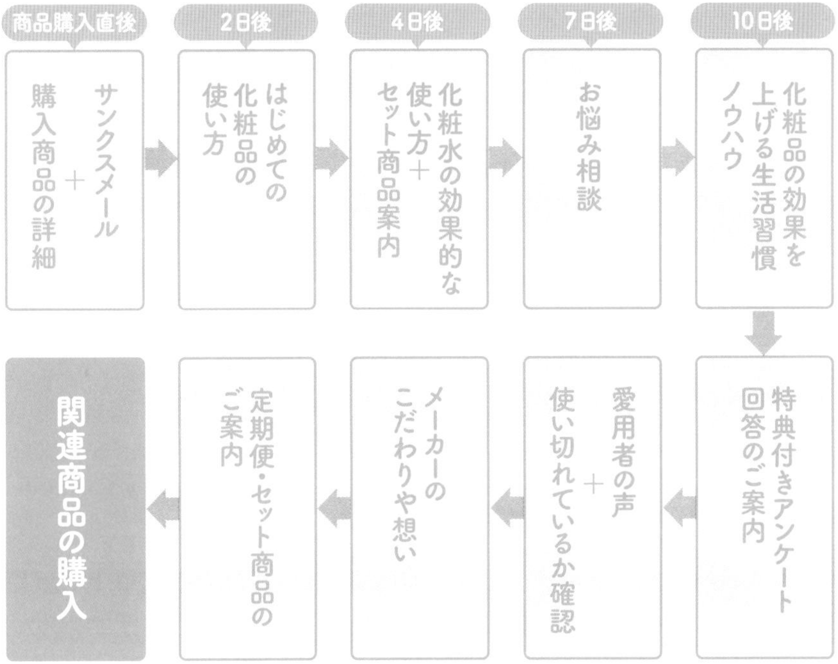

計10回程度の回数に定めて発信する手法です。たとえば、「商品Aを購入したユーザーが発生したら、全10回のシナリオメールが自動的に発送される」といった具合です。都度発行するメルマガと違い、**ストーリー性をもった明確な目標を各ステップに設定することがポイント**です。一方的に店舗側から情報を送信するだけではなく、お客様との双方向コミュニケーションを取れるようなしかけを組み込みます。

たとえば、特典付きアンケートの協力依頼。コツはアンケートに答えたくなるような特典を用意すること。また、アンケートではポジティブな情報を引き出しがちになってしまいますが、ネガティブな内容も積極的に聞き出します。課題の中に活路アリです。

後続の「愛用者の声」の中で課題に対する取り組みを内容に盛り込むと、「顧客の声をしっかり聴いてくれる企業」という印象が抱かれ、よりショップへの信頼度を高めることが可能です。

SECTION 08

LINE マーケティング①

圧倒的な誘導率でお客様とつながるLINE公式アカウント活用法

ECリイトが購入者との連絡手段として必ず取得しているのは、メールアドレスです。しかし、個人メールの利用率は年々落ち続けています。そこで救世主として現れたのがLINE公式アカウントです。

LINE公式アカウントでリピート対策

個人間のコミュニケーションにおいて、メールの時代は終わったと言っても過言ではありません。ECサイトにおけるBtoCの世界でも、近い将来その流れはやってくると考えられます。メールに対して勢力を強めているのが、LINEによるチャットコミュニケーションです。多くの企業が**LINE公式アカウント**を持ち、一部のカートシステムでは、発送メールなどのお客様とのやりとりにLINEを活用することが可能となっています。

LINEの有効性はなんといっても開封率です。**LINEの開封率はメルマガよりも圧倒的に高い**ので、今後はメールでのアプローチよりも、LINEでのコミュニケーションにシフトしていくべきでしょう。右図での例では、LINEの配信数に対して、サイトまで誘導できた**誘導率**が68%を記録しました。メルマガではまず難しい数値です。

メルマガの一般的な開封率は、通常のショップで15%程度、顧客とのつながりが強いショップでも30%～40%程度です。しかし、**LINEの開封率は60%を超える**と言われています。なぜLINEの開封率がここまで高いかというと、メールの場合は興味がなければ未開封で**未読スルー**をしますが、LINEの場合は通知バッチを消したいために、「読む気がなくても既読にする」習慣があるためです。つまり、開封だけはしてくれるので、あとはいかに興味を持たせるメッセージを配信するかに注力できるのです。

LINE公式アカウント
企業やお店が利用するビジネス用のLINEアカウント。 友だち登録をしてくれたユーザーに対しサービスに関するメッセージやクーポンを配信することで、リピート対策などの販促につなげることができる。

誘導率
広告を見た人がどのくらいの割合でサイトに訪れたかを示す値。

未読スルー
受け取ったメッセージを確認・返答せず無視すること。LINEには既読機能があるため、メッセージの送信相手がメッセージを確認したかわかるようになっている。

LINE公式アカウントを活用した実例

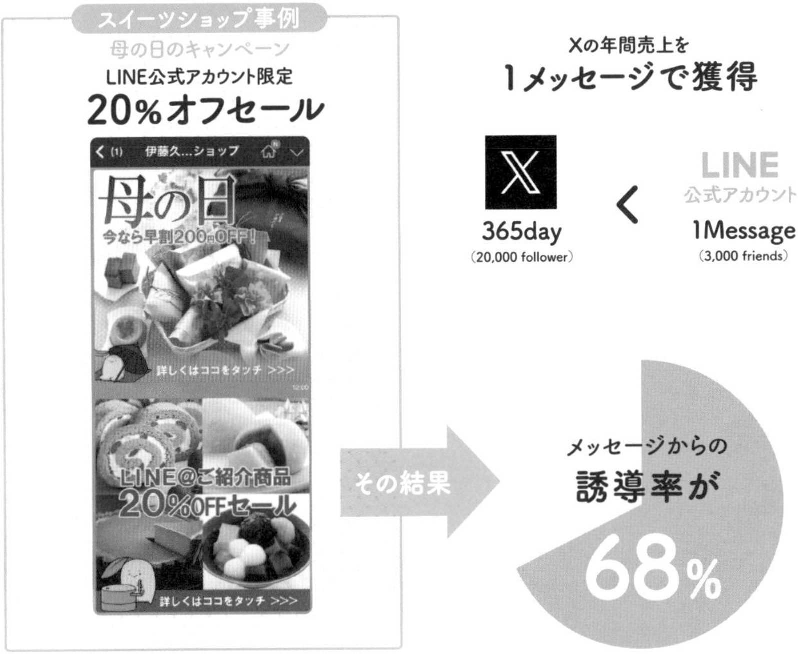

サイト誘導率を高めるリッチメッセージ

メッセージ配信の基本は**リッチメッセージ**の配信です。スマホ時代はテキストでダラダラと文章を読ませるのではなく、**シンプルにより短時間で訴求ができる、画像や動画でのアプローチが基本**になります。

上図の場合は、母の日のプレゼントを今すぐには購入しようと思っていないユーザーにも、母の日が近づいてきていることと早めの購入でお得になることが、文章を読まなくても瞬時に伝わります。そして興味を持ってくれれば、タップしてくれるでしょう。LINEでのアプローチでは、少なくとも開封はしてくれるので、あとはいかに興味を引くことのできるリッチメッセージを配信できるかがポイントになります。テキストメッセージはあくまでも補足説明が必要なときに配信するものだと考えましょう。

リッチメッセージ
リンク付きの画像を配信することができる機能。画像やテキスト情報をひとつのビジュアルにまとめることで、視覚的にも簡潔でわかりやすくできる。

SECTION 09

LINE マーケティング②

友だち獲得のコツと即ブロック防止術

圧倒的な開封率を誇るLINE公式アカウントですが、そもそも「友だち」になってもらえないと、配信ができません。ここでは友だち集めのコツと即ブロック防止術を伝授します。

ありとあらゆるタッチポイントで友だち集め

まず、お客様とのタッチポイントでは、必ず友だち集めを行う必要があります。リアルの店舗も運営しているのであれば、レジで友だち登録を促し、カタログ販売をしている場合であれば、カタログの1ページ目で友だち登録を促してください。**「お客様との接点では友だち登録」を合言葉に目標設定を行い、友だち獲得を積極的に行って**いきます。

自社サイト内の友だち登録リンクは、サイトヘッダー、サイトフッター、ハンバーガーメニュー内、カテゴリー表示下部、会員登録ページ、購入完了ページに設置します。

X、Facebook、Instagram などの LINE 以外の SNS を運用している場合でも LINE の友だち登録を促していきます。なぜなら、LINE のほうがお客様へのリーチ力が高いからです。他 SNS はタイムライン投稿で情報がどんどん流れていってしまうのに対し、LINE はメッセージ配信が**プッシュ通知**でできるため、顧客へ直接リーチできるのです。

その他にも、商品を発送した際の同梱物や、その後のメルマガでも友だち追加の訴求を行っていきます。**必ずすべてのタッチポイントで友だち登録を促してください。**

LINE の友だち登録は面倒なアドレス入力やパスワード入力が不要なので、非常に簡単です。その反面、**ブロック**するのもまた簡単です。ブロックしたいアカウントの設定にある「ブロック」をタップするだけで完了してしまうので、ブロック対策が必要です。

プッシュ通知
スマホの画面上にポップアップでメッセージを通知してくれる機能。代表的な例として LINE のメッセージ通知やアプリの最新ニュース情報などが挙げられる。

ブロック
相手からのメッセージや通話を届かないようにし、自分の情報も相手に伝わらなくすること。

媒体ごとに友だち獲得の目標 KPI を設定する

媒体	アクセス数	コンバージョン率	獲得数
店頭	1,000人	25%	250人
カタログ	10,000人	5%	500人
同梱物	5,000人	5%	250人
X	1,000人	10%	100人
メールマガジン	2,000人	15%	300人

「即ブロック」を防止する期間オファーの例

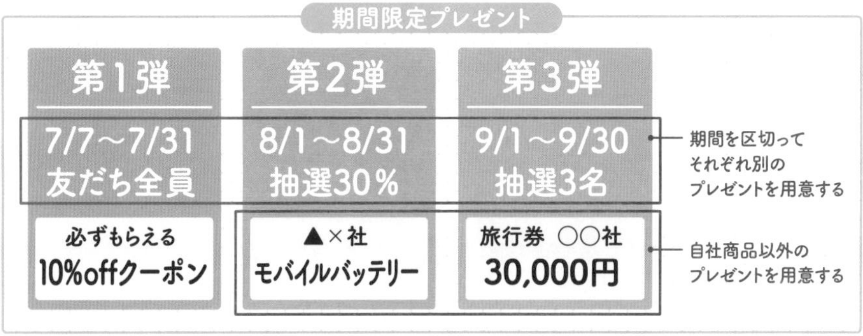

即ブロック防止には、永続的なお得感の演出を

LINE の活用でいちばん気をつけなければいけないのが、友だち登録時に配布したクーポンを利用し、その直後に発生する「即ブロック」です。せっかく友だち登録をしてもらっても、クーポンの使用直後にブロックされては、友だちになってもらった意味がありません。**「即ブロック」防止には、永続的なお得感が重要**です。

初回友だち登録クーポンのみのオファーでは、クーポン利用直後の「即ブロック」のリスクが高まります。必ず**期間オファー**を設定し、登録をしておくとお得なことがあることをアピールします。たとえばLINE の機能を活用した毎月の抽選会実施でも、十分に「即ブロック」抑止につながります。コツは「誰がもらっても喜ぶ」ものを軸に考えること。自社の商品の割引やプレゼントだと、オファー内容が限られてしまうケースがあります。飽きのこない永続的にもらって嬉しい、金券系オファーがおすすめです。

期間オファー
LINE で配布したクーポンを利用したお客様が「即ブロック」をしてしまわないように、永続的に特典などを配布すること。

SECTION 10

モバイルアプリマーケティング①

メール、LINEに続く第3のCRMツール「モバイルアプリ」

ECサイトの売上アップにモバイルアプリは必要か否か。正解は「必要」です。CRMツールとしての性質が強いモバイルアプリの活用法に関して解説していきます。

最強CRMツールであるモバイルアプリ

CRM対策
顧客と良好な関係を築くための対策。顧客の情報を分析し、その結果を反映させることで、売上のアップをはかる。

セグメント配信
顧客を購入回数や金額、性別などさまざまな要素別に分類し、それぞれのニーズに合わせた情報で配信を行うしくみ。

ECを展開している企業にとって、モバイルアプリの基本メリットは、強固な**CRM対策**を行うことができることにあります。プッシュ通知により**タッチポイントを増やすことができ、アプリ限定企画などで滞在時間も伸ばすことができる**ことから、ファン化につながる可能性が高まります。当然プッシュ通知はメールよりも開封率が高いため、顧客はすべてアプリ会員になってもらいたいところです。

ここで気になるのは、前ページまでで解説している、LINE公式アカウントとのすみ分けです。LINE公式アカウントでも「プッシュ通知」「**セグメント配信**」「ID連携　かんたんログイン」「スタンプカード」「抽選機能」「店舗紹介」などのアプリに標準搭載される機能は存在します。機能はほぼ同じでも、最大のメリットである「プッシュ通知」に大きな違いがあります。まず開封率。LINEのメッセージは友達からなどのメッセージに埋もれてしまう可能性がありますが、モバイルアプリのプッシュ通知は専用ポップアップが表示されるため視認性が非常に高いのです。

ここで注意したいのは、アプリの「プッシュ通知」がオンになっていないとスマホ画面に通知できないので、アプリのダウンロード時には、必ず通知の設定をオンにしてもらうアナウンスを行います。**目指すプッシュ通知率は80%です**。また、リアル店舗も展開している場合、店頭でのダウンロード時に「お気に入り店舗登録」をしてもらい、店舗ごとのセグメント配信も行っていきま

メール・LINE通知・アプリ通知のメリット比較表

	メルマガ	LINEプッシュ通知	アプリプッシュ通知
開封率	×	○	◎
顧客数目安	0人〜	0人〜10.000人	10.000人〜
コスト	◎	△〜×	△〜◎
店舗向け配信	×	○	◎

す。その際にECサイトも「1店舗」として選択肢に含め、店舗の情報とECサイトの情報をセグメント配信できるようにしておきます。LINE公式アカウントの場合ですと、店舗ごとの公式アカウントが必要となるか、すべての店舗・EC情報を配信することになるので、手間や誘導率の観点からモバイルアプリに軍配があがります。

最大の違いは「プッシュ通知」料金にあり

配信料金の面でも、LINE公式アカウントの「プッシュ通知」機能と大きな違いがあります。モバイルアプリのプッシュ通知は通数に応じての通数課金は基本的にありませんが、**LINE公式アカウントのプッシュ通知は3万通数を超えたところから従量課金となります。**通数のカウント方法としては、顧客が1万人いる場合、1通のメッセージで1万通数となります。つまり月間たった3回の配信で、その先は従量課金となります。顧客が2万人のショップが月に10回通知を行った場合、55万円もの費用になるのです（2024年6月時点）。モバイルアプリでは通数を気にすることなく配信できるので、最低でも週3回以上の配信を目安に、タッチポイントを増やして売上を伸ばしていきましょう。とはいえ、アプリダウンロードよりもLINE公式アカウントのほうが顧客数を伸ばしやすいのも確かです。CRM対策は「メルマガ」→「LINE公式アカウント」→「モバイルアプリ」の順番で行っていきます。

SECTION 11

モバイルアプリマーケティング②

ダウンロード促進の施策がカギ アプリ利用者を増やすポイント

一定のファンがついていないと、CRM の機能を発揮しづらいのがモバイルアプリです。アプリ利用者の増加に立ちはだかるハードルに関して解説していきます。

モバイルアプリ開発に乗り出す目安は顧客数1万人

プッシュ通知機能が抜群に優れ、操作性もウェブサイトに比べ改善できるケースが多く、売上増加の要素が満載のモバイルアプリは、ぜひ導入したいツールです。しかしながら、そもそも顧客がついていない店舗がアプリ展開をしても、その効果は限定的となります。当然ですが、プッシュ通知に反応してくれる顧客、アプリ内に滞在してくれる顧客がいなければ、EC サイトとなんら変わらないからです。モバイルアプリの開発費、維持費の無駄使いとなるばかりか、アプリの管理工数もばかになりません。**店舗と EC を合わせた顧客数が 1 万人を超えたあたりが、モバイルアプリを検討するラインになります**。顧客数 1 万人までは LINE 公式アカウントで CRM 対策を講じるほうが効率がよいでしょう。

また、アプリ施策を成功させるには、まずはダウンロード数を増やすことが重要です。アプリストアでは、「東京　アウトドアグッズ」のように、ニーズを表すキーワードでアプリを探す人は皆無で、店舗名やブランド名での指名検索しかされません。つまり、まったく接点のないユーザーがアプリをダウンロードすることはなく、既存顧客からのダウンロードしか見込めないのです。

ダウンロードのハードルを乗り越えていこう!

アプリのダウンロード数を増やすには、既存顧客へのアプローチが必須となります。LINE 公式アカウントの友だち集めを行ったときのように (P.220)、タッチポイントごとに KPI を設定し、ダウンロー

アプリのダウンロード特典を伝えるランディングページ

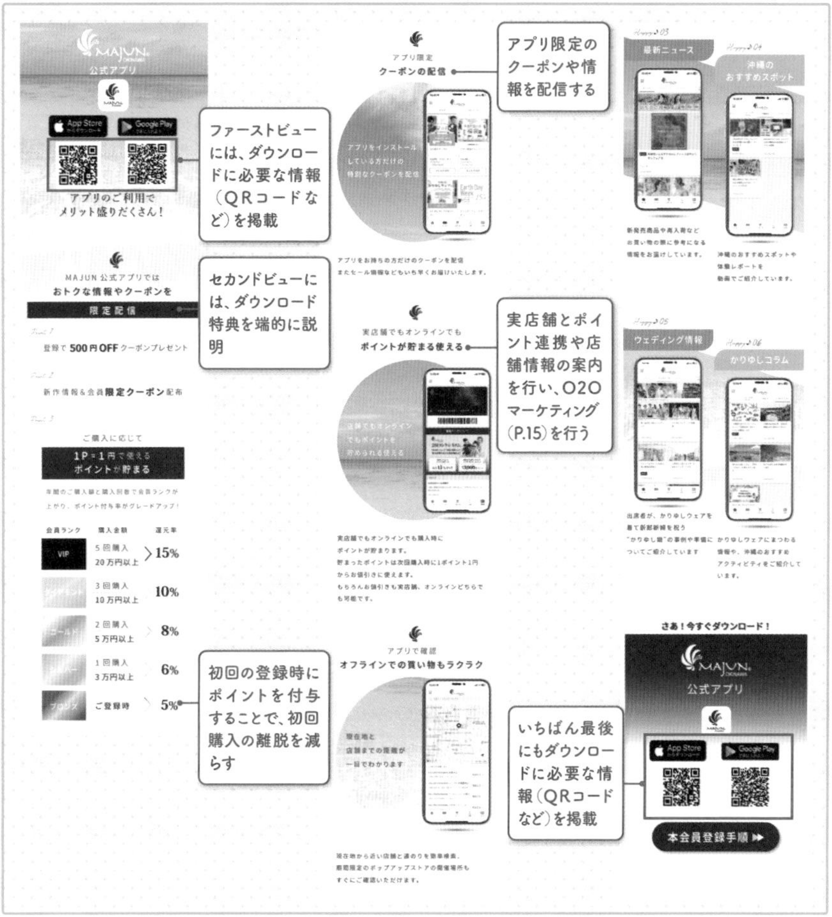

ド数を追っていきます。**LINE の友だち追加よりモバイルアプリのダウンロードのほうが心理的ハードルが高い**ため、メリット訴求をより考えていかなければなりません。アプリ限定のクーポンや商品・コンテンツ、アプリへのログインポイントの導入など、アプリを活用するメリットを用意します。EC サイトではアプリのダウンロード特典をわかりやすく掲載したランディングページを用意します。店舗がある場合は、レジでの声がけは必須です。アプリのダウンロード時に仮登録機能を用意し、会員情報を入力しなくてもポイントの付与やクーポンの獲得ができるようにし、ダウンロード数を稼ぎましょう。

SECTION 12

納品時のリピーター対策

顧客のハートを掴むには開梱時がチャンス

お客様が商品の箱を開ける瞬間は、リピート対策を行うまたとないチャンスです。感謝状を同封しいつも購入していただいている感謝を伝えるなど、同梱物を工夫してチャンスを逃さないようにすることが大切です。

箱を開けた瞬間のワクワク感を忘れずに

リピート対策の中で、最も重要な要素が同梱物といっても過言ではありません。P.64でも解説したとおり、商品の箱を開ける瞬間は、購買体験の中で最も高揚感が高まる瞬間であると同時に、見てもらいたい物を必ずお客様の目に触れさせることができる、唯一の瞬間でもあります。その一瞬にお客様のハートを掴めるかどうかは、後のリピート率に大きな影響を与えます。

それでは、どのような同梱物を入れたらよいか具体例を見ていきましょう。必ず同梱する物には「**納品書**」や「**領収書**」などがあります。でも、待ちに待った商品が届いて「いざ開封！」の瞬間に同封されていたのが「納品書」だけでは少し味気ないですよね？　手書きの感謝状が目に飛び込んできたら高揚感は間違いなく高まります。

必須の同梱物は、**「感謝状」「LINE公式アカウントの友だち登録を促すご案内」「QRコード付きモバイルアプリのご案内」「商品チラシ」の4つ**です。特に感謝状は、「初回購入」と「リピート購入」で、内容を分けることを心がけます。新規の購入者にははじめて購入していただいた感謝を、リピート購入者にはいつも購入していただいている感謝を伝えます。

その他には、「お客様の声」を同梱することによって、購入者の「やっぱり買ってよかった」という共感を得ることが可能です。商品開発秘話や効能に触れる内容など、ネットショップ上では伝えきれない内容を届けることができるのもメリットです。

納品書
受けた注文のとおりに納品したことを発注者に確認する書類。

領収書
料金が支払われたことを証明する書類。後払いの場合、請求書を送付し、料金を支払ったコンビニや金融機関で発行される払込受領書となる。もしくは、受領印のある払込票を郵送してもらい、引き換えとする。

リピート対策のための同梱物

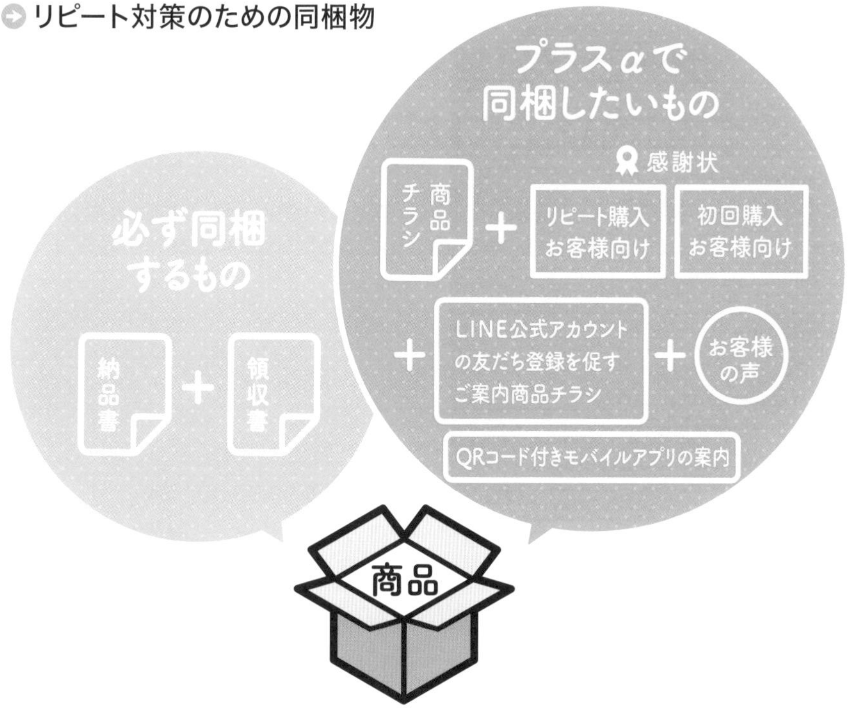

繁盛店の同梱物をチェックせよ

木工製品を扱っているネットショップの中には、桧の香りがするスプレーで、開封時にさわやかな香りの演出をしているお店もあります。このように「同梱物」はアイデア次第で無数に考えることができます。

しかし、「斬新なアイデアを」と言われても、急に思いつかないのも現実です。そこでまず**参考にしたいのは、繁盛店やライバル店の同梱物**です。繁盛店には繁盛する理由が必ずあります。実際に購入体験をすることが、繁盛の秘密を最も早く知る方法です。5店舗くらいをピックアップして実際に購入し、初回の同梱物やリピート時の同梱物をチェックするだけではなく、注文後のフォローメールやサポート体制も体験することをおすすめします。定期的にライバル店の商品を購入し、自社の顧客に合う同梱物を研究してみましょう。

SECTION 13

紙媒体のリピーター対策

アナログ対策も忘れずに！ 40代以上にはDMとカタログを

DM、カタログ、小冊子、バースデーカードなど、紙媒体を併用すれば、顧客とのタッチポイントを増やすことが可能です。他のネット通販ショップの取り組み度が低いからこそ、チャンスが眠っている施策です。

タッチポイントを増やしてリピート率アップの秘策

DM
ダイレクトメッセージのこと。顧客宛てに郵便物や電子メールを送って直にプロモーションを行う手法。

40代以上のユーザーがメインターゲットになっているショップでは、**DM**や商品カタログのような紙媒体が有効です。「今どき紙媒体？」と思われるかもしれませんが、紙媒体が有効な理由は大きく2つあります。1つ目は**タッチポイントが増える**こと。リピート率を上げていくにはお客様と接する頻度をなるべく多くすることが重要です。2つ目はネット通販の場合、紙媒体施策まで目が向いていないことが多いため、**ライバル店との差別化が図りやすい**ことです。ただし、30代以下のユーザーが多いショップの場合、紙媒体への馴染みが少ないので注意が必要です。

郵送物
郵送物は、郵送代に加え、印刷代がかかる。大量に印刷すれば、1枚あたりのコストは減るが、ハガキのカラー印刷は約65円、黒1色が約40円かかる。

郵送物は必ず手に取ってもらうことができるので、メルマガに比べると視認性が高いのが特徴です。しかし、開封もされずにゴミ箱に入れられてしまっては意味がありません。まずはしっかり開封してもらい、中身を見てもらう必要があります。そのための工夫として、「クーポン同封」などの目を引く文言をハガキの表や封筒に記載しておく必要があります。また、開封率を上げるには、封書タイプよりも圧着式ハガキのほうが有効です。

定型サイズの封書では、他の郵送物に紛れてしまい、目立ちにくくなってしまいます。そこで、変形サイズを使ったり、厚みのある冊子を封入したりして、中身が気になる工夫をします。また、ゴミとして捨てられないためには、「取っておく意味」を付加することが必要です。翌月まで使えるクーポンを同封するなど、しばらく捨てずにとっておいてもらえる工夫をしましょう。

紙媒体施策の例

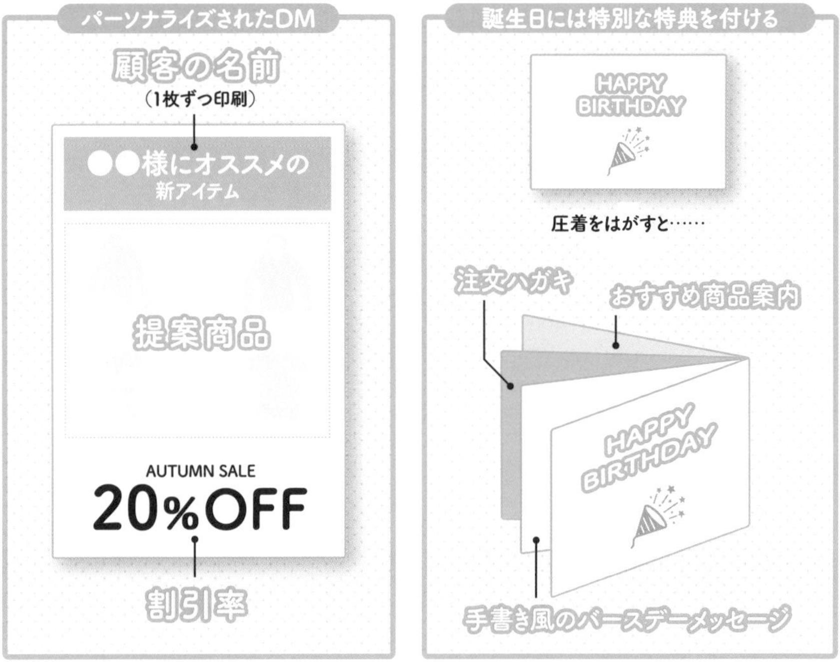

年間送付回数とタイミング

郵送物にはコストがかかるので、適切な送付計画と効果測定が欠かせません。小冊子タイプのカタログは効果が出やすいですがコストもかさむので年1回の繁忙期前に、圧着タイプの郵送物はシーズンごと年4回を目安に送付するとよいでしょう。ショップによって繁忙期には差があります。自社の繁忙期に合わせた送付計画を立てましょう。

効果測定は**クーポンコード**からの売上で判断します。実際にかかったコストと売上を天秤にかけたときに、経費以上に売上が確保できていればもちろんよいのですが、多少のマイナスが出ている場合でも継続の判断をしたほうがよいです。なぜなら、クーポンコードを活用して売上を確保できる以外にも、LINE公式アカウントの友だち増加施策やモバイルアプリのダウンロード促進、ショップに対しての意識喚起などの効果が見込めるからです。

クーポンコード
オンライン上の割引で使用できるクーポンの文字列のこと。

Column

ユーザーとウェブがつながり続けるIoT世界のCRM

ユーザーが取った行動の履歴やパーソナルデータをもとにして、商品をおすすめするのがこれまでのECにおけるCRM施策でした。しかし、近い将来、ECのCRMは今以上に密接に人々の生活を支えるものになります。

IoTが自分の行動を先回り？

あらゆる機器やデータがインターネットに接続され、インターネットを介して操作できるようになっています。たとえば、外出先から自宅のエアコンのスイッチを入れたり、路線バスの現在の走行位置をスマホで把握したり…。これを「IoT」と呼びます。IoT化することで、自身の行動やパーソナルデータが蓄積されていき、自身の行動に最適な形で、IoT機器が事前に行動を予測し先回りしてくれるようになるでしょう。

たとえば、毎月1回1ヶ月分のミネラルウォーターを購入している人の場合、中に入っている水の量を冷蔵庫が判断し、水が切れる前に「水がそろそろなくなります。注文はいかがでしょうか？」と促してくれる。あるいはスマホにインストールされたダイエットアプリのデータと、購入している食材のデータを連動させ「1週間分の適切なカロリーを計算した献立」を作成してくれる。エアコンの運転を開始する時間のデータから、家にいる時間を逆算して荷物の受取り時間をIoT家電が設定してくれるなど、個人の生活に合わせたサービスを享受できるようになるでしょう。いわばユーザーとウェブが常に相互につながり合う世界になることで、個人にフォーカスした、より密接な顧客対応が可能になるのです。

もっと踏み込んだ概念が定番に

ネットショップ単体でのCRMの概念は取り払われ、顧客満足度を向上させるサービスやIoT機器との連携が必須となってきます。

そのようなビッグデータ活用時代には、ただ単純にデータ活用をするだけではなく、「お客様とのつながり＝CRM」の重要性はより増します。「大切な記念日のプレゼントを忘れない」ところまではデータで簡単にフォローができますが、「最適なプレゼント商品の提案」ができるところまで、一歩踏み込んだ概念がCRMの定番になっていきそうです。

Chap

9

多店舗展開で売上アップ！ECモールへの出店

多店舗展開に欠かせないのが

ネット上のショッピングモール「ECモール」。

ここではECモールの特徴を紹介しながら、

Amazonなどでの効果的な販促方法について解説します。

SECTION 01

EC モール出店の基礎知識①

ECモール出店のメリットと注意点

P.28 でも解説したとおり、EC サイトの運営では、自社 EC サイトのほかに、EC モールを利用します。集客力の高い EC モールに出店し、自社 EC を認知していない新規のお客様を獲得しましょう。

ECモールの集客力を利用する

Amazon や楽天市場、Yahoo! ショッピングなどの EC モールの最大の特徴は、圧倒的な集客力の高さです。モール自体に知名度があるため、**うまく販促を行えば EC モールの顧客を自社のお客様として取り込むことができます。**

また、EC モール自体が売上を伸ばそうと、アクセスを増やすための販促活動を行っています。資本力のある EC モールが用意した " 売れるしくみ " が、たくさん設けられています。これにより EC モール型サイトの運営は、自社 EC サイトよりもアクセス数を集めやすい設計になるのです。

モール内の販促施策の実施は必須

ただし、EC モールには競合も含め出店者も多く、モールの中でお店の存在が埋もれてしまうのは否めません。また、モールで商品を購入するお客様の多くは、Amazon や楽天市場などのサイトを直接訪れるか、事前にスマホにダウンロードしたアプリを起動させ、そこから商品を検索して購入します。そのため、Google などの検索エンジンを一度も経由しません。

このような EC モールの顧客に自社が取り扱う商品を購入してもらうには、それぞれのモール運営が推奨する販促施策を行うことは必須です。**モール内での効果が高い SEO 対策や、露出を増やすための広告施策は、EC モール型サイトの運営ではたいへん重要**になります。

多店舗展開が必要な理由

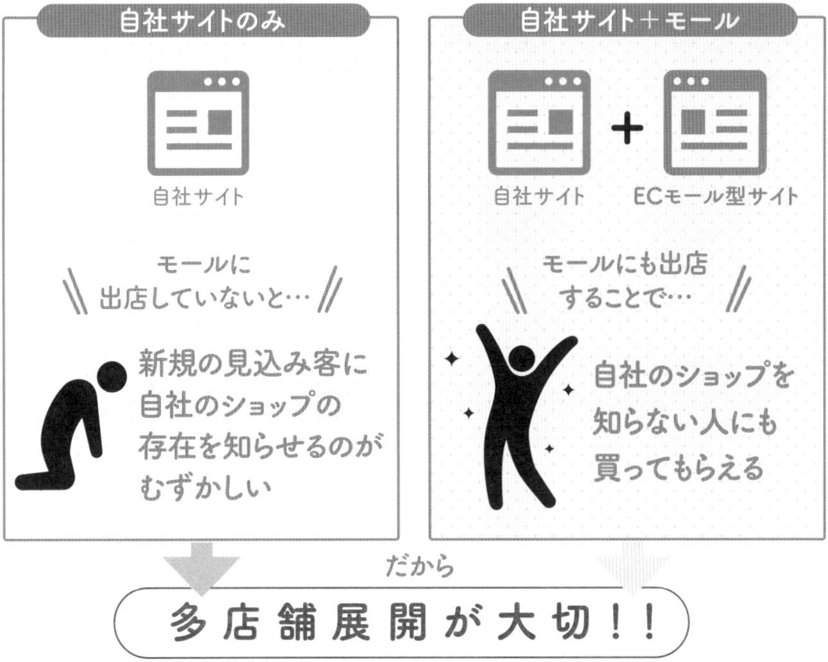

ECモール型サイトではよりブランディングの意識を

ECモール型サイトは自社ECサイトと比べ、ブランディングには向きません。自社ECサイトであれば、ショップのコンセプトや世界観に共感して利用してくださるお客様が多いのですが、ECモールでは購入意欲が湧いた商品を購入するだけです。どこの店舗で購入したかという意識は薄く、「楽天市場」や「Amazon」で見つけた商品という認識です。

また、次回購入する際にも、「先日訪れたショップをもう一度利用する」のではなく、今回も同じECモールを利用するという意識のため、あくまでモールのリピーター客ということになります。そのため、ECモール型サイトの運営では、各モールの特徴に合わせた**同梱物などを他店と差別化することで、ブランデングを高める施策を講じる必要**があります。

SECTION 02

EC モール出店の基礎知識②

3大ECモールの特徴と売上アップの好循環スパイラル

Amazon、楽天市場、Yahoo! ショッピングは、多店舗展開するうえでも重要な集客チャネル。ここではそれぞれの大型モールの特徴を紹介します。

3大ECモールの特徴

国内の 3 大 EC モールといえば Amazon、楽天市場、Yahoo! ショッピングです。国内の EC 市場規模が約 22 兆円なのに対し、この **3 社の国内の EC 流通金額の合計は、9.3 兆円を超える**と言われています。自社 EC サイトの多店舗展開を行うのであれば、欠かすことのできない集客チャネルです。それぞれの EC モールにはどのような特徴があるのか見ていきましょう。

世界最大の EC モールであり、日本国内でも最大の売上を誇る Amazon。もともと本や CD を販売する EC サイトでしたが、マーケットプレイスというサービスを 2002 年より展開し、誰でも商品販売ができるようになりました。他のモールとは違い、サービス提供開始時から物流体制を整えてきたため、今では **FBA**（フルフィルメント by Amazon）という独自の物流サービスを出店者に提供し、最短当日配送を行っています。

FBA
Amazon の物流拠点（フルフィルメントセンター）に商品を預けることで、商品の保管から注文処理、配送、返品に関するカスタマーサービスまで、Amazon が代行する物流サービス。詳細は P.240 を参照。

楽天市場は国内企業で最大のモールです。月商 1 億円以上のショップが 100 店舗以上もあり、商流金額の大きなモールです。しかし競合サイトも数多く出店しているため、自社の店舗が埋もれないように運営することが大切です。楽天経済圏と呼ばれる楽天サービスを利用したポイント運用サイクルが人気です。

Yahoo! ショッピングの特徴は、出店固定費が無料であることです。初期費用やランニングコストが安く、出店のハードルが低いので、120 万店舗以上が登録しています。また、携帯キャリア SoftBank との連携、PayPay への対応、**ZOZOTOWN** の買

ZOZOTOWN
EC モールのひとつでファッションに特化しているのが特徴。1,500 以上のショップが出店している。

売上アップの好循環スパイラル

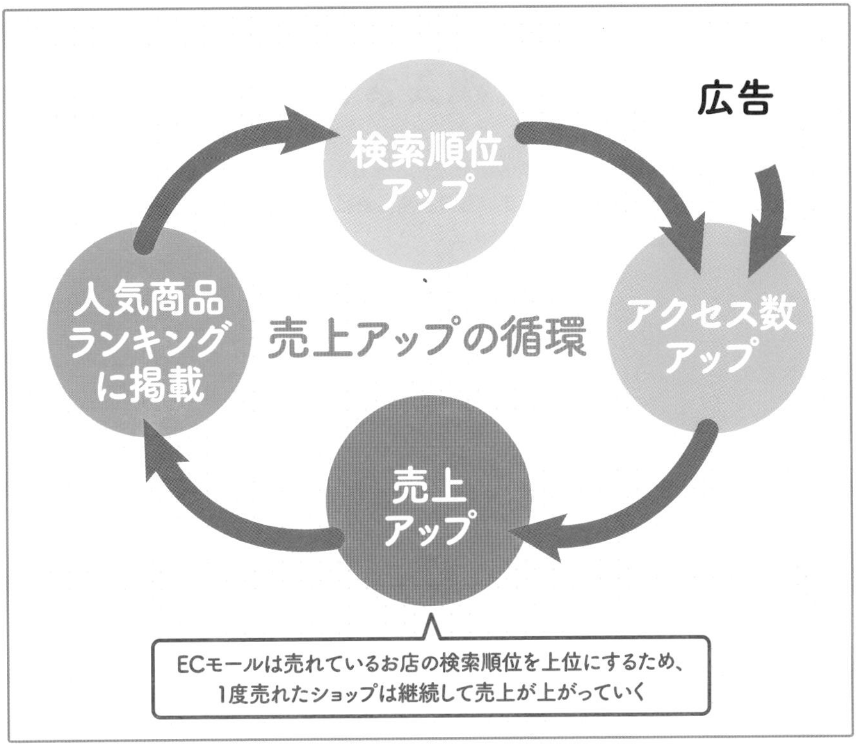

収など、独自のサービス展開を行っている点も見逃せません。

ECモール型サイトの売上が2極化しやすい理由

各モール内での検索順位は、累計売上ではなく直近の売上によって決定する傾向があります。**1度検索順位の上位に入ると、検索結果に表示されやすくなり、アクセス数が増加します。**また、モール内の人気商品ランキングにも掲載され、さらに売れるサイクルが回ります。反対に、この流れに乗り遅れてしまうと、検索結果で上位に表示されにくくなり、挽回が難しくなってしまいます。そのため、モール内では売れているショップと売れていないショップとが2極化しやすくなるのです。ECモール型サイトの運営では、まずは早くこのサイクルに乗れるように対策を行うことが肝要です。

SECTION 03

最大モール Amazon 対策①

商品写真はメイン画像で魅せて サブ画像で購入させるのがポイント

Amazon の商品詳細ページには検索画面で表示されるメインの商品写真画像と、6 枚まで掲載されるサブの画像の 2 種類が必要になります。それぞれに役割が異なり、適切な画像を用意することで売上を伸ばすことができます。

検索結果に表示されるメインの商品写真でページに呼び込む

Amazon の商品詳細ページには商品だけを写したメイン画像と、使い方や機能・使い心地などをアピールするサブ画像が表示されますが、これらの画像がお客様の購入意思をほぼ決定づけます。説明文はほとんど読まれず、商品の魅力を伝えられるのは画像だけと考えなければなりません。

メインの商品写真は白バックの切り抜き画像と定められています。競合する商品も切り抜き画像だから同じような写真になるだろう、などと甘く考えてはいけません。切り抜き画像だからこそ、**商品そのものの姿やかたちで魅力をアピールしなければなりません。**撮影時の、ライトの当て方や商品の置き方、正面や斜め俯瞰の構図などによって、お客様に与える印象は大きく変わります。検索結果ページに表示されるのはメイン画像です。**商品の魅力が十分に伝わる写真**で、自社の商品ページに誘導しましょう。

商品の魅力が十分に伝わる写真
モバイルアプリでのショッピング時に、画像をピンチアウトし商品の細部まで見るお客様も。商品をより美しく見せるためにも、幅 2000px × 縦 3000px 以上のファイルサイズの画像を用意する。

掲載NGの写真にならないよう注意が必要

メイン画像には以下の 5 つの禁止事項があるので注意します。「白以外の背景色」「商品のサイズが画像全体の 85% 以下」「同梱されない商品が写っている画像」「テキストや装飾・Amazon のロゴが施された画像」「複数の商品や色、サイズが写った画像」です。特に多店舗展開をしているショップは、Amazon 専用の商品写真を用意する手間を省くためにも、販売チャネルすべてで切り抜き画像を掲載することを検討してもよいかもしれません。

Amazon 商品ページでの画像の表示

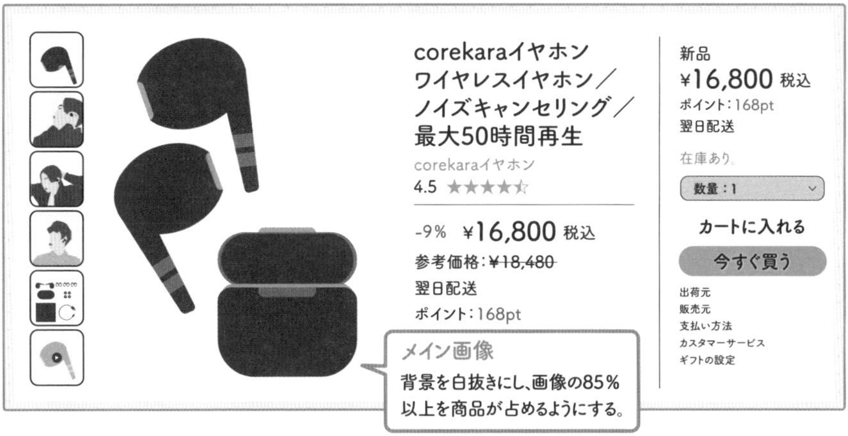

サブ画像の構成案とポイント

サブ画像1枚目〜2枚目

商品の機能やスペックを写真やビジュアルで説明。文字を入れる際は読みやすいよう大きなサイズで表示することがポイント！

サブ画像3枚目〜4枚目

使い心地など、実際に使ってみた感想が大切！

サブ画像5枚目

画像の最後は商品の付属物をすべて掲載。

サブ画像6枚目

最後はこれまでのまとめになる内容を動画で掲載。

SECTION 04

最大モール Amazon 対策②

Googleとは違うAmazonのSEOアルゴリズム

Amazon では Google の SEO とは異なる、「A10」というアルゴリズムによって検索結果が表示されます。Amazon の販売促進施策においては、特に重要なポイントとなります。

直近の売上が検索結果の順位に大きく影響を与える

「A10」と呼ばれる Amazon SEO のアルゴリズムの基本設計は、「購入につながる可能性の最も高い商品を、できるだけ上位に表示させる」です。これはユーザーが最も求めている商品を、検索結果の上位に表示することでユーザビリティを高め、「Amazon なら探しているものがすぐに見つかる」という顧客体験を提供するサイトを目指しているためです。

代表的なアルゴリズムは「おおよそ 7 〜 14 日以内の販売件数が多い商品が検索上位に表示される傾向がある」というものです。売上を伸ばすためには検索結果の上位に表示させるのはマストですが、そもそも上位表示を獲得するには売上が必要です。この問題を解決するには、**出品直後の SEO が弱い状態での「広告出稿」と「FBA の登録による prime マークの獲得」**(P.240) **が欠かせません。**

右図のように、Amazon の検索結果ページの上位表示スペースは、ほぼ広告枠です。さらに、Amazon ユーザーの 70%は 2 ページ目に遷移しないというデータもあるため、なんとしてでも Amazon 内の SEO を成功させ上位に表示させたいところです。

不足のない商品ページのつくり込みとレビューの重要性

Amazon SEO では商品詳細ページのつくり込みも、検索順位に大きく影響します。制作において特に大切なのが「商品名」です。最大 50 文字まで表示することができ、「メーカー名」「ブランド名」「商品名」「型番」「色・サイズ・タイプ」など商品に関する情報を、半

PC、スマホによる Amazon の検索結果の表示内容

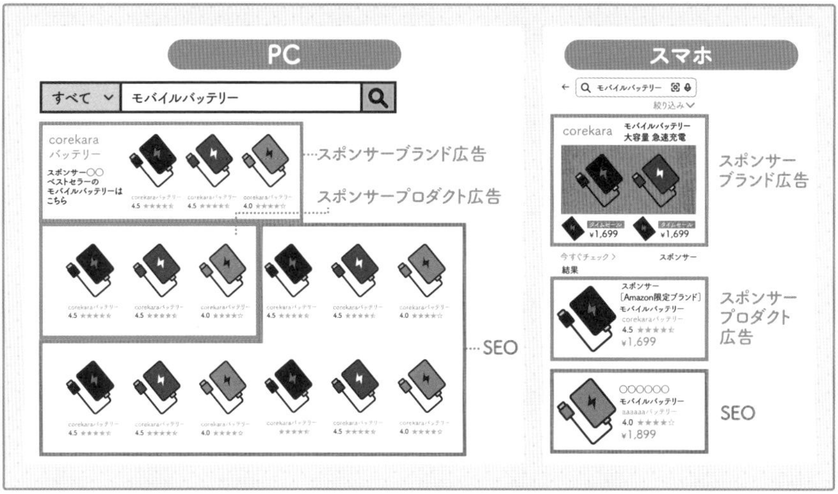

角で区切って登録します。また、商品詳細ページの「商品仕様文」「商品説明文」「商品紹介コンテンツ」の 3 種類のテキストコンテンツには、検索上位を目指すためのキーワードを盛り込みます。

検索順位は商品名や商品説明だけでなく、レビューの数や在庫をきちんと保持していたかどうかも重要な指標です。特に**レビューは検索順位を上げるだけでなく、ユーザーが購入を検討する際の参考にする大切な要素**です。サンクスメールでレビューを依頼するなどして、**カスタマーレビュー**の獲得を目指しましょう。ただし、意図的なレビュー内容の操作や高評価レビューの依頼、プレゼントを付与したレビュー依頼などは、規約違反になるので行ってはいけません。

カテゴリーランキング1位を取得し売上を伸ばす！

Amazon ではカテゴリーもしくはサブカテゴリーのどちらかで売上 1 位を獲得すると、「ベストセラー」のロゴが表示されるようになります。ベストセラーのロゴが商品ページに掲載されると、検索結果の上位ページに表示されやすくなるだけでなく、ユーザーからの信頼度も増すため売上を伸ばしやすくなります。Amazon では非常に多くのカテゴリーが存在するため、**1 位を取りやすいカテゴリーを発見して登録する**のも、ひとつの戦略です。

スポンサーブランド広告とスポンサープロダクト広告
スポンサーブランド広告は検索結果画面の最上位に表示され、商品の情報に加えて、ロゴや見出しを活用してブランドの情報やメッセージを広告訴求に含めることができる。一方、スポンサープロダクト広告は、検索結果で表示される商品一覧の上位に商品情報が表示される広告。

カスタマーレビュー
Amazon.co.jp で扱っている商品に関する意見や感想をサイト上に自由に公開できる場。商品に対する評価のよい悪いにかかわらず、さまざまな意見や感想が投稿される。

SECTION 05

最大モール Amazon 対策③

フルフィルメント by Amazonを利用しprimeマークを獲得

フルフィルメント by Amazon（FBA）は、Amazon が提供する物流代行サービスです。出品者が商品を Amazon の倉庫に預けることで、商品の受注から発送までを Amazon が代行する便利なサービスです。

最短即日配送で顧客の欲求に応える

Amazon で売上を伸ばしたいのであれば、「FBA（フルフィルメント by Amazon)」と呼ばれる**物流代行サービスの活用が必須**といえます。Amazon フルフィルメントセンターに商品を納品することで、梱包、発送、カスタマーサービス、返品対応のすべてを Amazon が代行してくれる便利なサービスです。FBA を活用することで、Amazon が持つ高速配送ネットワークを利用し、注文した商品を最速で当日にお届けすることが可能になります。

しかも、プライム会員であれば送料無料で商品を購入でき、土日を含め 24 時間 365 日出荷に対応しているため、「今すぐにお得に商品が欲しい」という消費者のニーズを満たし、顧客満足度を向上させながら売上を伸ばすことができます。

FBA活用でprimeマークをゲットせよ

primeマーク
Amazonから出荷や配送品質などが認められたもの。

FBA 活用の大きなメリットとして「**prime マーク**」がつくことが挙げられます。prime マークが表示されることで、ユーザーからの**信頼度も高まり、売上が 2 倍以上も変わる**と言われています。なぜなら、prime マークがついていることで「お急ぎ便の対応」「配送無料」「配送の追跡」などのメリットがあることが伝わるためです。

カートボックス
P.242に詳細解説。

prime マークはお客様からの信頼を得られるばかりではなく、「**カートボックス**の獲得」「Amazon 内広告」「Amazon 内 SEO」にも大きく貢献するので、Amazon を利用する EC 事業者にとって必須といっても過言ではありません。

FBAのしくみ

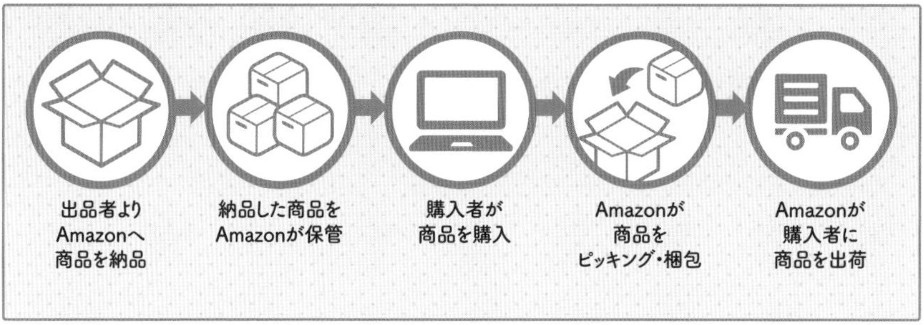

FBAのメリット

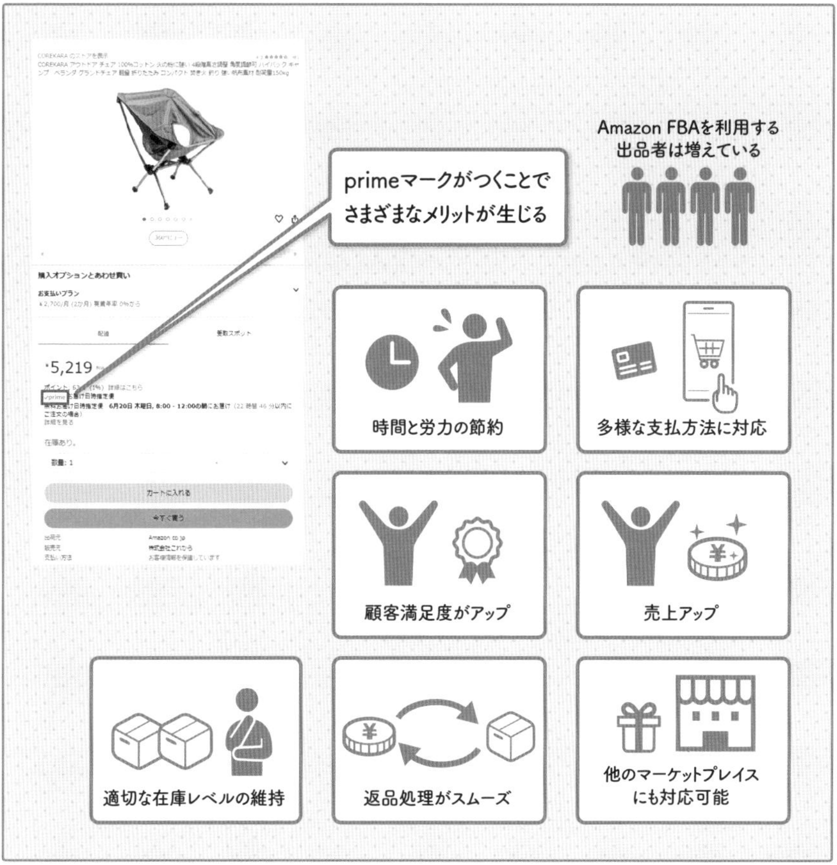

SECTION 06

最大モール Amazon 対策④

商品をカートに入れてもらうために絶対不可欠な「カートボックスの獲得」

Amazon はカタログ型 EC と呼ばれ、同一商品を複数のショップが販売していても、商品ページは 1 ページにまとめられて表示されます。いちばん条件の良い状態で出品しているショップが「カートボックスの獲得」をします。

Amazonではカートボックスを獲得しなければ売れない！

Amazon はカタログ型 EC サイトのため、商品アイテムごとに商品ページが 1 ページで表示されます。複数のショップから同じ商品が出品されている場合、商品ページの最初に表示されるのは 1 つの店舗のみで、他のショップは「相乗り」するしくみとなっています。

この「商品詳細ページの最初に表示される」ことをカートボックスの獲得といいます。**複数の事業者が出品している商品のページでカートボックスを獲得していないショップは、商品を購入してもらえる可能性はとても低い**ため、まずはカートボックスの獲得を最優先で対策する必要があります。

自店舗がカートボックスを獲得しているかを確認するには、商品ページの「カートに入れる」ボタンの下にある「販売元」をチェックします。自店舗が表示されていれば、カートボックスを獲得しています。なお、販売元と併せて出荷元の表示がありますが、FBA を利用している場合の出荷元には Amazon が表示されます。「Amazon の他の出品者」を開けば、カートを獲得していない他のショップからの出品情報を確認できます。

カートボックスを獲得するのに必要な条件と要素

Amazon のユーザーは、どの店舗から商品を買うかを検討することはほぼないため、商品詳細ページで「カートに入れる」ボタンが押されると、カートボックスを獲得している店舗の商品が

カートボックス獲得の大切な要素

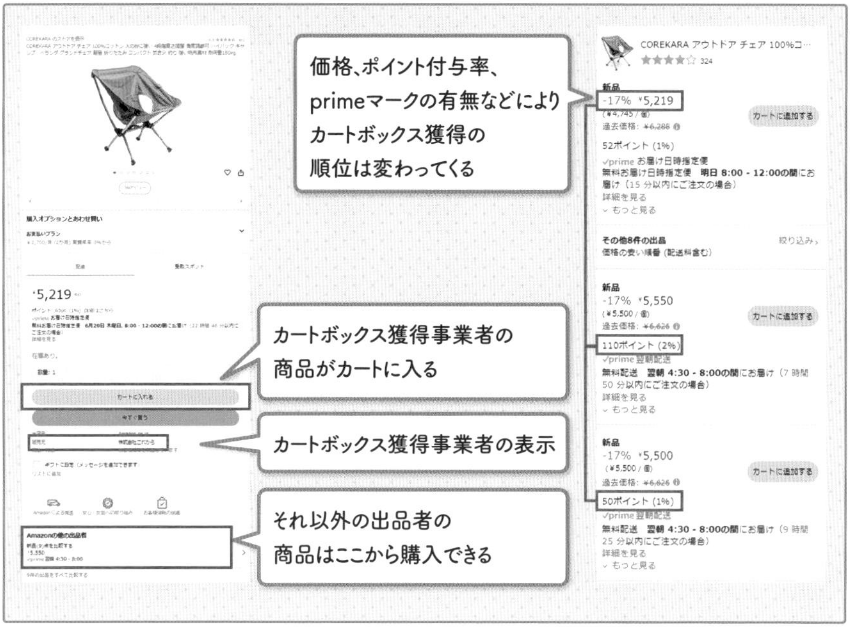

自動的に注文されます。このことからもカートの獲得が売り上げに大きく影響することがわかるでしょう。

カートボックス獲得の必須条件は、出品プランの「**大口出品**」を選択することです。Amazonには「大口出品」と「**小口出品**」の2種類がありますが、カートボックスを獲得できるのは前者のプランのみです。また、購入しやすい商品価格を設定することも重要です。商品の品質や送料が同じ場合、安い価格の商品ほどカートボックスを獲得しやすい傾向があります。そして、ユーザーの購入意欲が高まるポイントの付与率が高いほど、カートボックスの獲得につながります。

店舗運営のパフォーマンスを上げることも大切な要素です。具体的には、素早い発送、注文不良率やキャンセル率の低減、在庫切れを起こさないようにすることで、カートボックスは獲得しやすくなります。FBAを利用すれば、これらの作業をAmazonが代行してくれるため、店舗パフォーマンスの向上に期待できます。

大口出品／小口出品
大口出品は毎月固定費がかかるが成約料が発生しないもの。小口出品は固定費がゼロだが、商品が売れるごとに基本成約料が100円（税抜）かかるもの。

SECTION 07

最大モール Amazon 対策⑤

広告出稿でライバルを圧倒！好循環売上スパイラル

Amazon の売上を最短で伸ばしていくためには、広告の利用をおすすめします。ベストセラー称号の獲得を目指して、積極的に Amazon 広告を出稿していきましょう。

はじめの一歩はスポンサープロダクト広告

Amazon での広告出稿は「スポンサープロダクト広告」「スポンサーブランド広告」（P.239）**「スポンサーディスプレイ広告」「AmazonDSP 広告」**の 4 種類に分類されます。

スポンサーディスプレイ広告
興味関心や過去の行動データをもとにターゲティングをして配信するディスプレイ広告。商品詳細ページやカスタマーレビュー、商品検索結果ページやおすすめ商品の下にある Amazon の広告枠に表示される。

AmazonDSP広告
Amazon の外のウェブサイトやアプリにも出稿するしくみの広告。Amazon の購買データを活用してユーザーに広告を出すため、効果的にターゲットユーザーにリーチできるのが特徴。

その中でも最も基本的な広告がスポンサープロダクト広告です。検索結果や商品詳細ページに表示され、購買意欲の高いユーザーにアプローチできるため、売上に直結する可能性の高い広告です。

特に新規出品の場合、売上・アクセスともに少ない状態なので検索上位を狙いにくいのですが、広告でアクセスを集めることで販売直後から売上を伸ばし、売上最大化のスピードを上げることができます。費用は**１クリックあたり数十円程度、月間コストとしても数万円程度から始められるため、敷居が低い**のも特徴です。

オートターゲティングとマニュアルターゲティング

スポンサープロダクト広告の出稿方法には、オートターゲティングとマニュアルターゲティングの 2 種類があります。

オートターゲティングは、商品説明文に記載のあるキーワードを Amazon が自動取得し、ニーズのマッチ度の高い検索ユーザーに表示をします。出品者がキーワードを選ぶ手間が省け、スピーディに広告を設定できるのが特徴です。広範囲にリーチでき、売上が発生する検索キーワードのデータを多く取得できるメリットがありますが、無駄なクリックが増えて広告費がかさむこともあります。

一方、マニュアルターゲティングは、出品者が任意のキーワード

スポンサードプロダクト広告商品の表示

Amazon 広告の出稿 4STEP

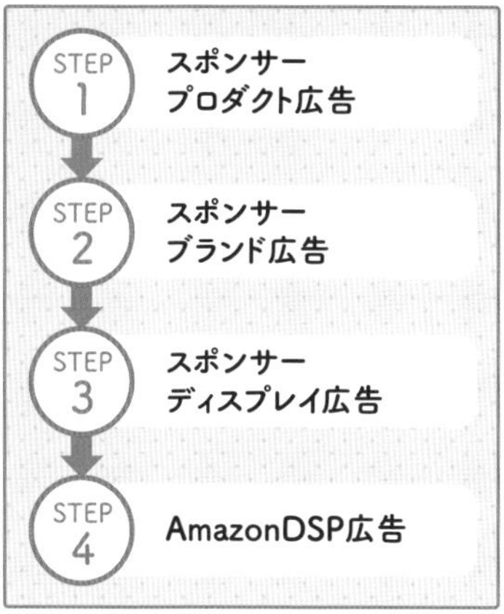

オートターゲティング広告の3つの戦略

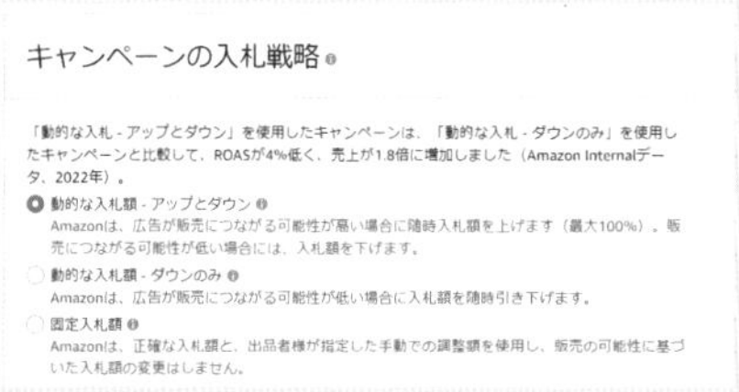

戦略①動的な入札-アップとダウン

Amazonが購入につながりやすいと判断した場合、入札金額を上げる強気の戦略。クリック率が高騰する可能性もあるため、十分な予算を確保したうえで最短で売上を立てたい事業者におすすめ。

戦略②動的な入札-ダウンのみ

Amazonは購入見込みの低いキーワードの入札金額を抑え運用をするため、無駄な広告費を軽減できる戦略。費用対効果の最大化が図りやすいため、確実に成果を出したい事業者におすすめ。

戦略③固定入札額

入札金額を手動で設定する戦略。費用対効果を考慮せず、検索順位を常に上位表示させたい場合や、広告運用の上級者におすすめの設定。

を個別に設定し、購入実績のある検索キーワードとマッチさせて広告を掲載します。設定したキーワードの検索ユーザーに的確にリーチでき、無駄なクリックを減らして広告費を抑えられます。キーワードの設定も自由度が高く、より細かな調整が可能です。

購買率の高い検索キーワードがわかっている場合はマニュアルターゲティングだけで十分ですが、効果的なキーワードを把握していない場合はオートターゲティングでキーワードを精査し、マニュアルターゲティングで詳細に設定するのが理想的です。

SECTION 08

海外販売／越境EC

世界に飛び出せ！越境ECで売上拡大

国境を越えてオンラインショップを行う「越境EC」が日本でも盛んになってきています。世界中の人が顧客対象になる越境ECは、売上向上の起爆剤になり得ます。とはいえハードルの高い市場でもあるので、ステップを踏んで攻略していきましょう。

今こそ越境ECをはじめよう

多店舗展開のひとつとして越境ECを忘れてはいけません。世界中の人を相手に商売できる可能性もありますし、何よりこの10年で越境ECの市場は大きく伸びています。

大きく理由は2つあります。1つ目は海外で高品質・低価格な日本製品の需要が高まっていること。2つ目は、企業がさらに広い市場を求め海外進出を目指すようになったことです。**自国にはないアイテムや日本製の信頼性の高いアイテムを購入できる消費者側と、さらに市場を拡大したい供給側の双方のニーズが高まった**ことで盛んになりました。そして2024年時点の状況でいえば、空前の円安基調もあり、国内商品の需要は増しているので、より一層越境ECの可能性が高まっています。

越境ECを攻略するための3つのステップ

越境ECへ打って出るにはいくつかの方法がありますが、次のステップで展開していくことをおすすめします。①海外配送代行サービスの利用、②海外モールでの展開、③自社ECでの越境ECです。

まずはじめにトライしたいのは、海外配送代行サービスです。自前の国内向けECサイトに「専用のタグを追加」するだけで、海外からのアクセスに対して販売が可能になります。リスクもほとんどなく、とても気軽に始められるので、越境ECを展開している感覚は薄いのですが、紛れのない越境販売です。

越境ECの成功ステップ

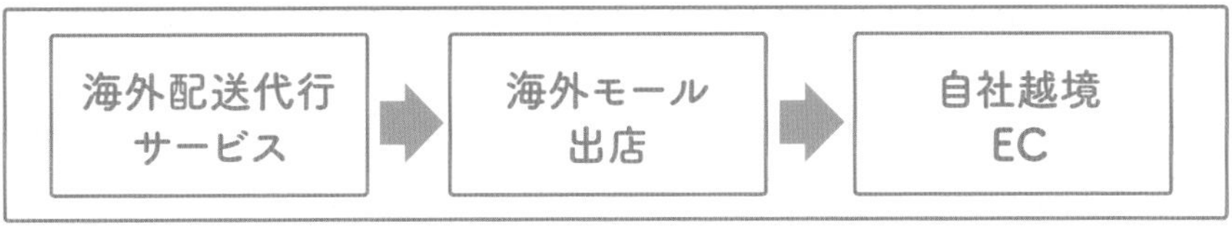

海外配送代行サービスのしくみ

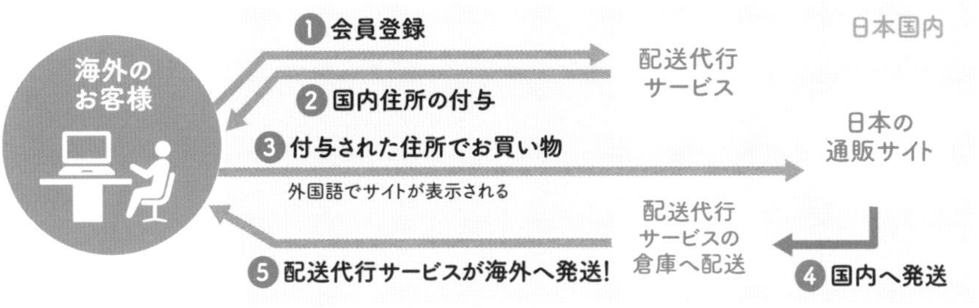

越境 EC 向け自動広告出稿ツール「BuzzEC」

続いて海外モールでの展開を検討します。国によって販売力のあるモールは異なるので、どの国に向けて販売したいのかによってモールを慎重に選びます。東南アジアなら「**Shopee**」といった具合です。世界中で展開している Amazon も当然、出店攻勢をかけていくべきです。

モール出店で顧客をつかみながら、最終的には自社の越境 EC で勝負します。この順番を間違うと成果を出すのにかなりの苦労をするはめになるので、成功のロードマップに沿って展開を進めていってください。

Shopee
シンガポールをはじめ、台湾・タイ・マレーシア・フィリピン・ベトナム向けに販売を行える越境 EC モール。

BuzzEC
英語圏に対応した広告自動出稿ツール。EC サイトの商品を国内外の広告媒体へ拡散し、アクセスを伸ばすことにより売上アップを支援するツール。

» Column

ECモールへの出店だけでいいのか？

自社ECサイトを持たずECモールのみで運営をしている事業者の方に、なぜ自社ECサイトを持たないかを質問すると「自社ECサイトでは売れないから」「ECモールじゃないと集客力がないから」という声が返ってきます。単純に比較すればECモールのほうが集客力はあるかもしれませんが、自社ECサイトだから売れないことはありません。

集客対策はどちらも必須

ECサイトで売上を伸ばすには、「サイトへのアクセスを増やすこと」が必要です。ECモール型サイトの場合、楽天市場やYahoo!ショッピングに知名度があるため、ECモール自体の集客力はあります。ただそこから自分のサイトに集客をするには、集客施策が必要になります。モールに出店している事業者の数が多いため、埋もれないようにする必要があるからです。ECモール型サイトでも自社ECサイトの運営と同様に集客施策は必須なのです。

「自社ECサイト」と「モールへの出店」どちらが売れますかと聞かれたら、「どちらも適切な対策を行えば売れますし、対策を怠れば売上を伸ばすことは難しいです」という回答になります。

自由な自社ECサイト、不自由なECモール型サイト？

ただし永続的にECサイトを運営していくのであれば、自社ECサイトは必須です。なぜならECモール型サイトはモール側の規定やルールの変更に従う必要があるためです。

楽天市場では、2020年から「39ショップ」として、一部地域を除き、3,980円以上の購入で送料無料となる制度を導入しました。このサービスはユーザーにとって魅力的でしたが、事業者側には商品価格の見直しを迫られ、反対の声が多く上がりました。しかし、2024年6月の時点では、8割以上のお店がこの制度に加入しています。加入しないとモール内で相対的に価格が高く見えてしまうためです。このように、ECモール型サイトでは、モール側の規定変更が事業者の販売方針に影響を与えることもあります。

Eコマース事業を長く続けるのであれば、ECモール型サイトとは別に自社ECサイトを運営し、安定して売上を立てられるようにしましょう。

購入特典

ECサイト売上アップの改善チェックポイント10選！

このページでは自社 EC サイトの売上を伸ばすために
特に優先して行うべき改善チェックポイントを紹介します！

	該当セクション	チェック項目	チェック
1	3-4	スマホファーストでつくり込みを行っている	□
2	3-5、6-3	共通ヘッダー内にフリーワード検索が設置されている	□
3	3-5	共通ヘッダー内に全商品へ遷移できるよう主要カテゴリーが配置されている	□
4	3-6	セカンドビューに最近閲覧した商品が配置されている	□
5	3-6、6-8	トップページの上部に、CVRの高い季節や旬の特集ページへのリンクを配置している	□
6	3-7	カテゴリーページ上部に、カテゴリー内ランキングやおすすめ商品を配置している	□
7	2-10、2-11、3-8	サイズ感/使用イメージが湧く画像を複数用意する	□
8	2-8、2-9	決済方法を充実させる	□
9	4-3	titleタグ、descriptionタグを設定する	□
10	6-6、6-7	「お客様の声」コンテンツを充実させている	□

もっと実務と知識を身につけたいEC担当者の皆様！
さらに詳細な売上UPチェックリストをご用意させていただきました。
下記よりダウンロードをして、ECサイトの運営にぜひお役立てください！

https://corekara.co.jp/ec_document/book_checklist/

» おわりに

本書を手にしてくださった読者の皆様に大変感謝いたします。

前作はたくさんの方からご好評の声や、最新情報を盛り込んだ新刊への期待の声も多く寄せられ、改訂版の出版に至りました。EC業界の流れは早く、次々に新しいテクノロジーが登場します。前作から4年の間に、縦型動画の拡大や、生成AIを誰もが利用できるような進化を遂げるなど目まぐるしい変化が起きています。

日々の業務に追われていると、ついつい未来への投資や新たな施策へのチャレンジを後回しにしてしまいがちです。定期的に振り返り、改善施策を考える時間を確保することをぜひオススメします。息抜きとして参考サイトやライバルサイトでお買い物を楽しんでみるのも、立派な市場調査になります。良質なユーザー体験をしたことがある人ほど、自社のサイトに対してもアイデアが浮かびやすくなります。

ECサイト改善の基本的な考え方は「常にユーザーファースト」であることです。

参考文献

『改訂版ネットショップ検定公式テキスト ネットショップ実務士レベル1対応』
一般財団法人ネットショップ能力認定機構（著）ISBN：978-4820789253

『ネットショップ検定公式テキスト ネットショップ実務士レベル2対応』
株式会社Eコマース戦略研究所（著），一般財団法人ネットショップ能力認定機構（認定）
ISBN：978-4820789314

『現代広告の心理技術101 ──お客様が買わずにいられなくなる心のカラクリとは』
ドルー・エリック・ホイットマン（著）ISBN：978-4904884775

『ビジネスフレームワーク図鑑 すぐ使える問題解決・アイデア発想ツール70』
株式会社アンド（著）ISBN：978-4798156910

『「やりたいこと」からパッと引けるGoogleアナリティクス4 設定・分析のすべてがわかる本』
小川 卓（著） ISBN：978-4800713087

本書は、自社ECサイトをはじめて運用する際に生じる疑問に答えられるよう、基礎的な知識から実践に応用できるヒントまでを解説しました。

ECサイトを立ち上げてから売上が安定軌道に乗るまでには、「担当者の必須業務」「コンセプト作成のポイント」「集客方法」「リピーター獲得」などの幅広い知識が必要になります。本書はサイトの企画立案から運営までの基礎的な内容を網羅していますが、お伝えしたいことはまだたくさんあります。本書を執筆して、改めてEC担当者の業務範囲の広さを痛感させられました。すべての問題を一度に解決するのは困難ですので、どの要素の課題がいちばん売上に影響するかを考え、ユーザーファーストの視点から優先順位をつけて一つひとつ解決していくことが大切です。新たな施策に取り組むとき、売上が伸び悩んだときの羅針盤になれれば幸甚です。

最後に、本書を手に取ってくださった皆様のEC事業がうまくいくことを心より願っております。またその際に本書がその一助となれば、著者としてはこの上ない喜びです。いずれ皆様とどこかでお会いすることがございましたら、ぜひ本書の感想を伺わせてください！

株式会社 これから

執著者

川村拓也　戸田裕文

増井貴大　達谷窟創太　吉留祐真　森永周一郎　志岐大地　渡邉裕美

Index

数字・アルファベット

あ 行

か 行

» Index

さ行

た行

な行

は 行

ま 行

や 行

ら 行

著者紹介

株式会社これから

自社ECに特化し、制作、集客支援、CRM施策、コンサルティングに至るまで、一気通貫体制にてサービス提供をするどヘンタイ集団。これまでの支援実績は2024年6月地点で延べ2万社以上。その豊富なサポート経験から生まれたノウハウとAIを融合させた自社EC特化型自動広告配信システム「BuzzEC」も提供中。また、日本のEC人材、AIエンジニアの圧倒的な不足を解消するため、小学生向けプログラミング教室も運営している。ECに特化したセミナー講演依頼は毎年100本以上。
ホームページ:https://corekara.co.jp/

■装丁　井上新八
■本文デザイン　山本真琴（design.m）
■本文DTP　小林沙織
■企画・編集　橘浩之
■編集・制作　ナイスク　https://naisg.com
松尾里央／高作真紀

図《ず》解《かい》即《そく》戦《せん》力《りょく》
EC《イーシー》担《たん》当《とう》者《しゃ》の実《じつ》務《む》と知《ち》識《しき》が
これ1冊《さつ》でしっかりわかる教《きょう》科《か》書《しょ》
【改《かい》訂《てい》2版《はん》】

2020年8月4日　初版　第1刷発行
2024年9月26日　改訂2版　第1刷発行

著　者　株式会社《かぶしきがいしゃ》これから
発行者　片岡　巌
発行所　株式会社技術評論社
東京都新宿区市谷左内町21-13
電話　03-3513-6150　販売促進部
03-3513-6185　書籍編集部
印刷／製本　株式会社加藤文明社

ISBN978-4-297-14369-5 C0034　Printed in Japan

◆お問い合わせについて

- ご質問は本書に記載されている内容に関するもののみに限定させていただきます。本書の内容と関係のないご質問には一切お答えできませんので、あらかじめご了承ください。
- 電話でのご質問は一切受け付けておりませんので、FAXまたは書面にて下記問い合わせ先までお送りください。また、ご質問の際には書名と該当ページ、返信先を明記してくださいますようお願いいたします。
- お送りいただいたご質問には、できる限り迅速にお答えできるよう努力いたしておりますが、お答えするまでに時間がかかる場合がございます。また、回答の期日をご指定いただいた場合でも、ご希望にお応えできるとは限りませんので、あらかじめご了承ください。
- ご質問の際に記載された個人情報は、ご質問への回答以外の目的には使用しません。また、回答後は速やかに破棄いたします。

◆お問い合せ先

［郵送］
〒162-0846
東京都新宿区市谷左内町21-13
株式会社技術評論社　書籍編集部
「図解即戦力
EC担当者の実務と知識が
これ1冊でしっかりわかる教科書
［改訂2版］」係

［FAX］03-3513-6181

［Web］https://book.gihyo.jp/116